文物保护单位安全与应急管理概论

李季梅　宁利君
李海鹏　张殿军　等著

文物出版社

图书在版编目（CIP）数据

文物保护单位安全与应急管理概论 / 李季梅等著
. —北京：文物出版社，2021.4
ISBN 978-7-5010-6416-8

Ⅰ. ①文… Ⅱ. ①李… Ⅲ. ①文物保护—安全管理—研究—中国 Ⅳ. ① K87

中国版本图书馆 CIP 数据核字（2019）第 263453 号

文物保护单位安全与应急管理概论

著　　者：李季梅　宁利君　李海鹏　张殿军 等著

责任编辑：贾东营
责任印制：张　丽

出版发行：文物出版社
社　　址：北京市东直门内北小街 2 号楼
邮　　编：100007
网　　址：http://www.wenwu.com
经　　销：新华书店
印　　刷：宝蕾元仁浩（天津）印刷有限公司
开　　本：787mm × 1092mm　1/16
印　　张：17.5
版　　次：2021 年 4 月第 1 版
印　　次：2021 年 4 月第 1 次印刷
书　　号：ISBN 978-7-5010-6416-8
定　　价：80.00 元

序

文物是人类社会活动中遗留下来的具有历史、艺术和科学价值的遗物和遗迹，是一个国家、民族历史文化的沉淀。文物承载灿烂文明，传承历史文化，维系民族精神。保护和传承文化遗产，就是守护国家和民族过去的辉煌、今天的资源、未来的希望。

安全是文物保护的第一要务，是其他各项工作的基础和前提。作为文物大国，我国文物安全管理工作一直在不断发展和进步。

在管理机制方面，1949 年中华人民共和国成立后，我国陆续建立了多个文物保护、研究与管理机构，如 1950 年国立敦煌艺术研究所改组为敦煌文物研究所（现敦煌研究院前身）。同年，中国科学院考古研究所（现中国社会科学院考古研究所前身）成立。1961 年《文物保护管理暂行条例》开始施行，该条例规定了我国采用文物保护单位管理体制并实行分级管理，将文物保护单位划分为全国重点文物保护单位、省（自治区、直辖市）级文物保护单位、县（市）级文物保护单位三级。同日，国务院公布第一批全国重点文物保护单位 180 处，截至目前，我国一共公布八批全国重点文物保护单位，共计 5000 余处，包含了古墓葬、古建筑、石窟寺、石刻、革命遗址和纪念地等多种类型的不可移动文物。

在立法方面，1982 年召开的第五届全国人民代表大会常务委员会第二十五次会议通过了《中华人民共和国文物保护法》（简称《文物保护法》），这是我国文物方面的第一部法律，对文物保护的原则、体系和方法作出了规定，对后续文物保护工作起到了重要的指导和规范作用。《文物保护法》在 1991 年、2002 年、2007 年、2013 年、2015 年和 2017 年先后经过了多轮修订，当前的《文物保护法》规定：“文物工作贯彻保护为主、抢救第一、合理利用、加强管理的方针。”

在技防系统方面，1990 年以来，国家文物局与公安部加大了对文物系统实施安全技术防范工程的管理工作，陆续出台并修订了《文物系统博物馆风险等级和安全防护级别的规定》《文物系统博物馆安全防范工程设计规范》等文博领域安防技术标准与规范，对文物风险等级分类标准、防护级别要求、报警系统功能要求、组织措施、风险等级认定、审批及工程验收等方面提出了具体规范要求。这些标准规范的制定与实施促使我国文物保护单位安全技术防范系统建设逐步走向标准化和规范化。

整体来看，在文物安全管理方面我们积累了一批宝贵的研究成果和经验，在守护文物的过程中发挥了极大的作用。但同时，我们也发现，当前的经验更多的是围绕文物本体的研究和保护开展的，随着越来越多的旅游开放、越来越先进的技术引入、越来越复杂的社会安全形势，我们在安全防范、游客安全、基础设施安全等方面的需求越来越高。当前，我国很多文物保护单位在安防、消防等硬件建设方面都已经非常先进了，然而受“重硬件、轻管理”的传统理念制约，整体管理水平和效能还有待继续提升。统计数据显示，2020 年中国各级文物行政部门及文物执法机构发现各类违法行为 590 起，“12359”文物违法举报平台共接收各类文物违法举报信息 1523 条，国家文物局会同公安部侦破各类文物犯罪案件 2134 起，文物安全形势不容乐观。中共中央办公厅、国务院办公厅印发的《关于加强文物保护利用改革的若干意见》也指出“一些地方文物保护主体责任落实还不到位，文物安全形势依然严峻”。

在这一背景下，亟需从文物保护单位的特点和实际需求出发，将各个领域的安全管理理论、方法、工具有机整合，形成适用于文物保护单位运行管理的解决方案，为文物工作者开展工作提供有效的支撑。

当前，很多机构的从业人员和专家学者也在通过实践工作积累和理论方法研究不断探索文物安全与应急管理的路径。敦煌研究院和北京市劳动保护科学研究所自 2015 年开始就文物保护单位安全与应急管理开展合作，先后对莫高窟、麦积山、西千佛洞、炳灵寺、榆林窟、北石窟寺等地进行了系统性的风险评估和安全管理体系建设，完善了很多安全管理方面的工作流程，在双方的合作过程中，也形成了一系列更贴合文物保护单位安全与应急管理需求的方法。

为了将这些理念和方法进一步进行推广、验证和完善，也为了更好地辅助文物保护单位管理机构开展安全管理，有效落实隐患治理、风险防控、事件处置各环节的工作，北京市劳动保护科学研究所和敦煌研究院的研究人员将相关成果和经验进行梳理、总结，编写了本书。本书基于文物保护单位经营管理流程和特点，构建了相应的安全与应急管理框架，结合文物保护单位的特点介绍了风险管理、日常安全管理、应急管理理论、方法和实施路径，设计了文物保护单位安全与应急综合应用系统，并以敦煌莫高窟为对象做了实例分析。这些内容都是文物保护单位在开展安全工作时需要了解和掌握的内容，可以为工作提供很好的启发和指导。

期望此书的出版能让更多从事文物安全工作的人更好地保护文物、让更多从事文物安全研究的人形成更完善的成果，为我国文博行业安全管理水平的提升发挥作用。

文物是全人类的财富，文物安全和保护需要全社会的参与，相信在大家共同的努力下，我们可以更好的守护文化遗产、传承中华文明！

甘肃省文物局局长

2021 年 3 月

前　言

新形势下，文物保护单位管理机构不仅承担保护文物、研究文物的职责，还肩负起文化传播、宣传教育的重任。“保护与开放”的矛盾、“传统文物建筑构造与新型运营系统”的矛盾、“有限的空间区域与持续增长的参观人群”的矛盾等，给文物保护单位管理机构带来保护、管理和运行等多重压力和挑战。

文物保护单位的安全运行是一项复杂的系统工程，涉及考古发掘、档案记录、保养修缮、科学研究、游客接待、陈列展览等一系列活动。当前，我国文物保护单位管理机构受传统管理模式的影响，尚存在重文物本体防护轻安全保卫、重技术系统建设轻管理流程规划等诸多问题。现有的安全领域书籍一般侧重在介绍安全的基本理论、方法、技术及其在安全生产等传统领域的应用，与文物保护单位运营管理特点的结合度不高。为更好的帮助文物保护单位管理机构开展安全管理工作，实现隐患及时治理、风险有效防控、事件科学处置，本书基于文物保护单位经营管理流程和特点，构建了相应的安全与应急管理框架，介绍了风险管理、日常安全管理、应急管理相关的理论、方法和实施路径，提出了文物保护单位安全与应急综合管理平台的架构和设计，并以敦煌研究院为例介绍了本书提出的安全与应急管理理论、方法、技术在实践领域中的应用效果。

本书撰写依托单位——北京市劳动保护科学研究所，是全国第一家经国务院批准成立的从事安全、环境与职业卫生领域研究的综合性科研机构，多年来致力于将国内外传统安全领域的相关理论和方法与文博系统中的管理需求相结合，参与了敦煌研究院、故宫博物院、北京市文物局等单位的风险评估、安全管理体系建设工作，设计并研发了相应的信息化平台。在与文物保护单位的长期合作交流中，深入了解了这些单位的安全与应急管理现状和问题，研究了相关的基础理论要点，形成了一套适用于文物保护单位的安全与应急管理体系。

本书是研究团队多年来工作成果和实践积累的提炼与总结，共分九个章节，各章内容如下：

第一章为引言，对文物的含义与分类方法进行了解释，说明了我国对不可移动文物采取文物保护单位管理制度，从而引出文物保护单位的概念及分级管理的模式，并进一步对我国文物保护单位管理机构的现状和面临的安全形势进行了分析。

第二章主要分析文物保护单位经营管理的过程及环节，对其经营管理活动过程中所涉及的管理主体、客体和管理活动进行了定义和分类梳理，明确了文物保护单位安全与应急管理工作所涉及的对象。

第三章基于对“风险 – 隐患 – 事件”的概念与管理目的辨析，给出了风险驱动下的日常安全任务触发、隐患发现与上报以及事件监测与处置一体化框架，并进一步结合文物保护单位的管理主体、管理对象、经营活动等特点，对其安全与应急管理的主要内容和方式进行了介绍，旨在对文物保护单位安全和应急相关的内容进行系统性梳理和分解，为各项工作开展提供整体思路。

第四章主要介绍文物保护单位风险管理的理论基础、风险评估的方法以及风险管控的措施和建议，系统地阐述了现阶段国内文物保护单位风险管理的策略和手段。

第五章介绍了文物保护单位日常安全管理基础性理论，并详细讲解了专项安全管理所涉及的知识要点和理论基础，最后对文物保护单位日常安全管理工作如何开展进行了详述。

第六章从应急管理基本理论入手，在此基础上从突发事件预防与准备、监测与预警、处置与救援、恢复与重建四个阶段分别介绍了文物保护单位的组织机构与人员职责、资源配置、工作流程及要求，最后介绍了文物保护单位应急管理体系建设内容。

第七章重点围绕文物保护单位中的“技防”手段，从设计原则、主要构成和功能等方面对当前文博领域常见的各类技术系统进行介绍，主要包括安全防范技术系统、消防安全技术系统、遗产监测技术系统，可为文物保护单位的技术防范系统设计和建设提供参考。

第八章在前文梳理和分析出文物保护单位安全与应急管理流程、管理对象和管理技术的基础上，构建了一整套面向文物保护单位安全与应急管理工作需求和工作特点的软件系统架构，为辅助文物保护单位开展安全与应急管理工作提供技术支撑。

第九章以敦煌研究院为例，将前文所述的安全管理、风险管理、应急管理理论和技术方法在实践领域的应用进行了系统介绍。

参与本书写作的人员均为从事公共安全与应急领域相关研究的人员，并作为核心技术团队参与了故宫博物院、敦煌研究院、八达岭长城等文物保护单位的风险评估、安全管理体系建设、软件平台建设等相关工作。李季梅、宁利君、李海鹏和张殿军是本书的主要编写人员，田文慧、钱重阳、王尧参与了部分章节的撰写及校稿工作。北京市劳动保护科学研究所的姚晓晖主任、敦煌研究院的张帅副处长和中国科学院科技战略咨询研究院的陈安研究员对本书的架构设计及内容组成提出了宝贵建议，在此一并感谢。

本书内容形成过程中得到了很多单位领导和相关专家学者的支持，在此特别感谢敦煌研究院、故宫博物院、北京市文物局的有关领导和老师，衷心感谢他们给予的指导与帮助；同时，感谢北京市劳动保护科学研究所课题“石窟寺文物保护单位安全与应急体系构建及专著编写（编号：H185）”和北京北劳科安全科技有限公司的资助！

本书在写作过程中，参考和引用了国内外学者的相关著作，限于篇幅有限，未能一一注明，在此向著作者深表谢意！

希望本书的出版发行能够为我国文物保护单位管理机构工作人员提供一种系统性的工作方法，解决实际工作中遇到的问题，为我国文物保护、文化传播做出贡献。

限于作者的能力、认识和经验，书中疏漏、不足及错误之处在所难免，恳请各位专家学者及广大读者批评指正，提出宝贵意见。

作　者

2021 年 3 月 31 日

目　录

第一章　引　言

文物是历史的见证，是一个国家、民族文化底蕴的沉淀，是人类智慧的结晶。我国是世界四大文明古国之一，灿烂的文化凝结成了数不清的文物瑰宝。然而，在旧中国，法制的缺失、长期的战乱和无序的管理造成了大量的文物流失和损坏。为加强文物管理，新中国成立后我国陆续出台了《禁止珍贵文物图书出口暂行办法》《古迹、珍贵文物、图书及稀有生物保护办法》《文物保护管理暂行条例》《中华人民共和国文物保护法》等法律法规和制度文件，我国的文物保护工作逐渐有法可依、有章可循。

本章对文物的含义与分类方法进行了解释，基于我国对不可移动文物采取"文物保护单位管理制度"的模式，引出了"文物保护单位"的概念及其分级管理的规则，阐述了文物保护单位安全管理的发展历程和管理现状，分析了当前文物保护单位保管机构所面临的问题和挑战，为后续章节的内容作了铺垫。

1.1　文物保护单位相关概念

1.1.1　文物基本概念

"文物"一词最早见于《左传》。《左传·桓公二年》记载："夫德，俭而有度，登降有数，文物以纪之，声明以发之；以临照百官，百官于是乎戒惧，而不敢易纪律。"此处，"文物"指刻文字于物体上。随着时代变迁和社会发展，"文物"一词的含义早已改变。根据2017年第十二届全国人民代表大会常务委员会第三十次会议通过的《中华人民共和国文物保护法》（以下简称"《文物保护法》"）第二条，"文物"所指的内容和范围如下：

在中华人民共和国境内，下列文物受国家保护：

（一）具有历史、艺术、科学价值的古文化遗址、古墓葬、古建筑、石窟寺和石刻、壁画；

（二）与重大历史事件、革命运动或者著名人物有关的以及具有重要纪念意义、教育意义或者史料价值的近代现代重要史迹、实物、代表性建筑；

（三）历史上各时代珍贵的艺术品、工艺美术品；

（四）历史上各时代重要的文献资料以及具有历史、艺术、科学价值的手稿和图书资料等；

（五）反映历史上各时代、各民族社会制度、社会生产、社会生活的代表性实物。

文物认定的标准和办法由国务院文物行政部门制定，并报国务院批准。

具有科学价值的古脊椎动物化石和古人类化石同文物一样受国家保护。

简而言之，文物指人类在社会活动中遗留下来的具有历史、艺术、科学价值的遗迹和遗物。也可以说，文物是历史上人民创造的或与创造活动有关的物质文化和精神文化的遗存，具有历史、艺术、科学价值，是重要的物质文化遗产（李晓东 2005）。

1.1.2 文物分类

在研究领域，常见的文物分类方法包括时代分类法、区域分类法、存在形态分类法、质地分类法、功用分类法、属性（性质）分类法、来源分类法等。这些分类方法中，依据文物体量的动与静，可以将文物划分为可移动文物和不可移动文物。

（1）可移动文物

常见的可移动文物有：石器、陶器、铜器、铁器、金银器、玉器、漆器、工艺品、书画、古文献等。

（2）不可移动文物

《不可移动文物认定导则（试行）》（文物政发〔2018〕5号）对不可移动文物

的定义是具有历史、艺术、科学价值的古遗址、古墓葬、古建筑、石窟寺和石刻；与重大历史事件、革命运动或者著名人物有关的以及具有重要纪念意义、教育意义或者史料价值的近代现代重要史迹、代表性建筑等。

1.2 文物保护单位及其分级

文物保护单位是我国各级政府依据《文物保护法》所规定的程序，审核公布的历史文化遗存，一般指具有历史、艺术、科学价值的革命遗址和纪念地、古墓葬、古建筑、石窟寺和石刻等不可移动文物（霍巍等 2016）。也就是说，“文物保护单位”指的是“应以一个整体单位的形式予以保护的一群不可移动文物”（有时也有少数单体文物，如一座古塔、一通碑刻等）（王运良 2008）。《文物保护法》中所规定的“文物保护单位”的概念并不是一个行政单位，既不是“文物保护的单位”，也不是“保护文物的单位”。截至 2019 年 10 月，我国已陆续认定了八批全国重点文物保护单位。

《文物保护法》为文物保护单位的管理提供了依据。该法确定了文物保护单位采取分级管理的方式，即：依据文物保护单位的历史、艺术、科学价值，分别确定为全国重点文物保护单位，省级文物保护单位，市、县级文物保护单位。

表 1–1 各级文物保护单位示例

文物保护单位级别	示例	时代	地址	省份	分类
全国重点文物保护单位	三元里平英团遗址	1841 年	广州市三元里	广东	近现代重要史迹及代表性建筑
	云冈石窟	北魏	大同市	山西	石窟寺及石刻
省级文物保护单位	求是书院	1897 年	杭州市上城区	浙江	——
	龙瑞寺大殿	唐天复元年	福州市仓山区	福建	——
市、县级文物保护单位	会宁汉代墓葬群	汉代	白银市会宁县	甘肃	——
	茂兰长安桥	清乾隆年间	临沧市云县	云南	——

《文物保护法》并没有对文物保护单位进行分类，只有国务院公布的全国重点文物保护单位名单根据文物的属性将文物保护单位划分成了六类。自1961年颁布第一批全国重点文物保护单位以来，这六类全国重点文物保护单位在排列顺序和归类原则上都有一些变化。

第1~3批全国重点文物保护单位分为以下六类：

（1）革命遗址及革命纪念建筑物；

（2）石窟寺；

（3）古建筑及历史纪念建筑物；

（4）石刻及其他；

（5）古遗址；

（6）古墓葬。

第4~8批全国重点文物保护单位分类则做了一定调整，分为以下六类：

（1）古遗址；

（2）古墓葬；

（3）古建筑；

（4）石窟寺及石刻；

（5）近现代重要史迹及代表性建筑；

（6）其他。

根据2018年国家文物局制定的《第八批全国重点文物保护单位申报与遴选工作指南》，全国重点文物保护单位的类别及其界定如下：

> （1）古遗址
>
> 古代人类活动遗留下来的、已被废弃的城郭、宫殿、村落、住所、作坊和寺庙等建筑物、构筑物及其他物质遗存。主要包括洞穴址、聚落址、城址、窑址、窖藏址、矿冶遗址、古战场、驿站古道遗址、军事设施遗址、桥梁码头遗址、祭祀遗址、水下遗址、水利设施遗址、寺庙遗址、宫殿衙署遗址等。
>
> （2）古墓葬
>
> 古代人类安葬死者形成的相关不可移动物质遗存，泛指人类采取一定方

式对死者进行安葬的遗迹，包括墓穴、葬具、墓地及其附属物等。主要有帝王陵寝、名人或贵族墓、普通墓葬等。

（3）古建筑

古代人类活动遗留下来的供人活动、居住、使用及具有纪念意义的建筑物与构筑物。主要有：城垣城楼、宫殿府邸、宅第民居、坛庙祠堂、衙署官邸、学堂书院、驿站会馆、店铺作坊、牌坊影壁、亭台楼阙、寺观塔幢、苑囿园林、桥涵码头、堤坝渠堰、池塘井泉等。

（4）石窟寺及石刻

石窟寺为开凿于山体、断崖的古代庙宇建筑；石刻为人类雕凿、刻划和题写等活动所形成的不可移动或不易移动的石质遗存。主要有：石窟寺、摩崖石刻、碑刻、石雕、岩画等。

（5）近现代重要史迹及代表性建筑

近现代重要史迹是指 1840 年以后与重大历史事件、革命运动或者著名人物有关以及具有重要纪念意义、教育意义或者史料价值的重要不可移动文物。近现代代表性建筑是指 1840 年以后建造的具有重大价值的建筑物和构筑物。主要有：重要历史事件和重要机构旧址、重要历史事件及任务活动纪念地、名人故居、传统民居、宗教建筑、名人墓、烈士墓及纪念设施、工业建筑及附属物、金融商贸建筑、水利设施及附属物、文化教育建筑及附属物、医疗卫生建筑、军事建筑及设施、交通道路设施、典型风格建筑或构筑物等。

（6）其他

未归入上述类别的具有重大价值的不可移动文物，如盐田、梯田、茶园等。

1.3 文物保护单位安全管理现状

1.3.1 安全管理的发展历程

文物保护单位安全管理是为了保护文物保护单位，使其免遭不可承受风险的伤害。文物保护单位安全管理工作的发展和社会经济、科技发展密不可分。结合我国经济社会发展历程和文物保护情况，可以将文物保护单位安全管理发展划分为四个阶段。

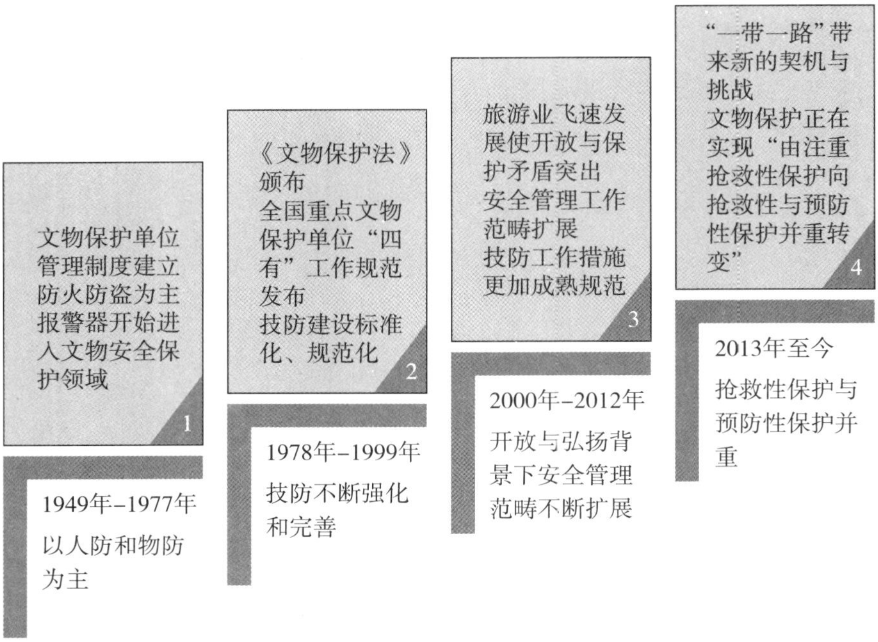

图 1–1　文物保护单位安全管理工作发展阶段

第一阶段：以人防和物防为主的安全管理工作阶段（1949 年 –1977 年）

这个阶段，我国国家秩序刚从战火中逐渐复苏，百废待兴。彼时，人们对不可移动文物的保护意识并不强，许多在战乱中幸存的不可移动文物在轰轰烈烈的建设中遭受了部分或全部损毁，不可移动文物保护形势十分严峻。这个阶段的文物保护主要是抢救性保护。在这个阶段，我国建立了文物保护单位管理制度、批准了第一批国家级文物保护单位，文物保护单位安全管理工作正式起步。防火防盗是这个阶段文物保护单位安全管理工作的重点，所采取的技术主要是靠人员看守、围栅栏等简单的人防、物防方式，防盗报警器技术刚开始逐步进入文物安全保护领域。

我国在建国初期就陆续建立了多个文物研究与保护机构以承担文物保护、研究和管理工作，如 1950 年成立敦煌艺术研究所（现敦煌研究院前身），1950 年成立中国科学院考古研究所（现中国社会科学院考古研究所前身）。我国从 20 世纪 50 年代开始，逐步建立起文物保护单位管理制度。1956 年，国务院发布《关于在农业生产建设中保护文物的通知》，明确提出要在普查的基础上择其重要者建立文物保护单位管理制度（王运良 2011a），各省、自治区、直辖市人民政府根据国务院通知要求，先后公布了一批文物保护单位。1961年《文物保护管理暂行条例》开始施行，我国正式建立文物保护单位管理制度。该条例规定了我国采用文物保护单位管理体制并实行分级管理，将文物保护单位划分为全国重点文物保护单位、省（自治区、直辖市）级文物保护单位、县（市）级文物保护单位三级。条例还对各级文物保护单位的确定、保护和管理等基本工作进行了规定。此后，文化部根据该条例，于1963年和1964年先后发布了《文物保护单位保护管理暂行办法》、《革命纪念建筑、历史纪念建筑、古建筑、石窟寺修缮暂行管理办法》以及《古遗址、古墓葬调查、发掘暂行管理办法》。这些法律法规初步构成了我国不可移动文物保护的法规体系。《文物保护单位保护管理暂行办法》提出文物保护单位必须划定保护范围，对于标志的设置、档案记录、保护机构的设置有一定要求。《革命纪念建筑、历史纪念建筑、古建筑、石窟寺修缮暂行管理办法》和《古遗址、古墓葬调查、发掘暂行管理办法》分别对革命纪念建筑、历史纪念建筑、古建筑、石窟寺的修缮工程以及古遗址、古墓葬考古发掘进行了规范。然而，这些制度并未对文物保护单位安全管理如何开展进行规定。

这一阶段文物保护单位被破坏的形势比较严峻，保护工作的重点在于抢救这些珍贵的文物，安全管理工作内容相对简单，主要是防火、防盗。直至1960年，我国第一台声控报警系统在刑事科学技术研究所研制成功，并在故宫珍宝馆安装投入使用，填补了我国利用科学技术手段加强文物安全防范的空白（刘起富 2009）。这一阶段是报警器进入文物安全保护领域的初期，应用并不广泛，且误报率较高、效果不佳、功能单一。

第二阶段：技防不断强化和完善的安全管理工作阶段（1978年–1999年）

这个阶段，国家进入改革开放新时期，经济社会快速发展，科学技术也发展迅速。相应地，文物保护单位安全管理工作得到了更多的经济支持和科技支撑，同样进入了一个新的发展时期。

1978年，十一届三中全会的召开标志着我国进入改革开放新时期。这一时期，文物保护单位制度进一步完善，文物保护技术手段随着科学技术的迅猛发展而得以丰富。

1982年，第五届全国人民代表大会常务委员会第二十五次会议通过了《中华人民共和国文物保护法》，这是我国文化方面的第一部法律，对文物保护的原则、体系和方法作出了规定，对后续文物保护工作起到了重要的指导和规范作用。同年，国务院公布了第二批全国重点文物保护单位。

1987年，全国安全防范报警系统标准化技术委员会成立，负责我国安全防范技术领域国家标准、行业标准的制、修订工作，这对文物保护单位安全防范技术的规范具有重要意义。

1988年，第三批全国重点文物保护单位被公布。同年，我国第一部安全技术防范的国家标准《入侵探测器通用技术条件》（GB10408.1–1989）由公安部发布，并于1989年9月1日起实施。

1991年，国家第一次修订《文物保护法》。同年，国家文物局发布实施了《全国重点文物保护单位保护范围、标志说明、记录档案和保管机构工作规范（试行）》。这部规范被称为“全国重点文物保护单位‘四有’工作规范”，要求全国重点文物保护单位需划定保护范围、设置标志、建立记录档案、建立健全保护机构，并对如何具体实施进行了指导。这项规范作为加强文物保护单位基础工作的重要技术标准，现在仍在普遍适用。

在1980年到1990年这段时间里，文物安全防范技术飞速发展。报警主机在单一报警功能的基础上，增加了巡检、记录等实用功能辅助工作开展。随着红外、振动、泄露电缆等报警探测技术的发展，报警探测器探测方式更加丰富。这中间，我国文物保护单位安防系统建设经历过一个无章可循的阶段，导致系统在安装、调试、使用上出现了很多问题，既无法起到有效保护文物的作用，又浪费了资金投入。1990年以来，国家文物局与公安部加大了对文物系统实施安全技术防范工程的管理工作。《文物系统博物馆风险等级和安全防护级别的规定》（GA27–1992）、《文物系统博物馆安全防范工程设计规范》（GB/T16571–1996）等文博领域安防技术标准与规范对文物风险等级分类标准、防护级别要求、报警系统功能要求、组织措施、风险等级认定、审批及工程验收都提出了具体规范要求。这些标准规范的制定与实施促使我国文物保护单位安全技防建设逐步走向标准化和规范化（刘起富 2008，2009）。

第三阶段：开放与弘扬背景下安全管理范畴不断扩展的工作阶段（2000年-2012年）

这个阶段我国经济、社会快速发展，国家对文物保护单位的投入增多、科技手段越来越丰富、人们的文物保护意识越来越强。

在文物保护单位安全管理内涵方面，随着我国旅游业飞速发展，对外开放的文物保护单位面临的接待压力陡增，文物保护与开放的矛盾日益凸显，防火防盗已经不能满足文物保护单位安全管理的需求。与陈列在博物馆中的可移动文物不同，文物保护单位作为特殊的不可移动文物，游客在参观时常置身于这些不可移动文物之中，或者和文物本体有着非常密切的交互，而游客数量增大、组成（国籍、宗教信仰等）更加复杂使得游客行为更加难以管理，这些都给文物保护单位安全管理工作带来了巨大压力。

为了提升旅游服务质量，文物保护单位周边会开设宾馆、饭店、旅游纪念品销售店等经营性单位，这对文物保护单位周边环境造成了或多或少的影响。2002年修订的《文物保护法》中，我国确立了“保护为主、抢救第一、合理利用、加强管理”的文物工作方针，突出了文物保护在文物工作中的重要性。2011年国家文物局发布了《国有文物保护单位经营性活动管理规定（试行）》（文物政发〔2011〕16号）。根据该规定，国有文物保护单位的经营性活动以文物保护单位管理机构为主体开展，未设置管理机构的国有文物保护单位，不得开展经营性活动。此处，“经营性活动”是指在建立博物馆、保管所或者辟为参观游览场所的国有文物保护单位开展的经营性活动。因此，我们常见的那些对外开放的、存在经营性活动的国有文物保护单位通常都有一个管理机构。该规定还要求：“国有文物保护单位开展经营性活动，不得增加文物保护单位及其环境的安全风险；经营性活动的内容和规模，应当与文物保护单位的文化属性和承载力相适应。安全防范设施设备未达标的国有文物保护单位，不得开展经营性活动。”这些都为文物保护单位在经营性活动过程中的安全管理工作提供了依据。

此外，在文物保护单位的考古挖掘、科学研究等其他环节中若发生事故，也会对文物安全造成威胁。因此，文物保护单位的安全管理工作内容不应局限于防火防盗，还应该围绕文物保护单位经营运作的各环节进行风险管控。

在安全保护技术方面，随着安全风险相关理论的研究，文物保护单位安防技术得以发展。《文物系统博物馆风险等级和安全防护级别的规定》（GA27-1992）被修订为《文物系统博物馆风险等级和安全防护级别的规定》（GA27-2002），主要改动包括增加了单位风险、部位风险、目标风险等新的名词术语，规定了实体防护装置防破坏能力的要求和保卫人员到达现场的要求等。2004 年，《安全防范工程技术规范》（GB50348 -2004）出台。2012 年，《文物系统博物馆安全防范工程设计规范》（GB/T16571-1996）修订为《博物馆和文物保护单位安全防范系统要求》（GB/T16571-2012），扩大了标准的适用范围，文物保护单位也适用于此标准，并相应增加了文物保护单位相关内容。随着安全防范技术的发展，标准中还增加了入侵报警、视频安防监控、出入口控制、电子巡查、防爆安全等子系统的技术要求及其他新的内容。文物保护单位的安防技术得以逐渐规范、成熟。

第四阶段：抢救性保护与预防性保护并重的安全管理工作的阶段（2013 年 - 至今）

国家文物局发布的《国家文物事业发展“十三五”规划》指出，文物保护正在实现“由注重抢救性保护向抢救性与预防性保护并重转变”。当前社会经济、技术等因素的发展为实现文物保护单位预防性保护提供了基础性的支持。数字化展示、文物环境监测、大数据分析等技术的发展和应用，都可以提升文物预防性保护水平。

2013 年，习近平总书记提出建设“新丝绸之路经济带”和“21 世纪海上丝绸之路”的合作倡议，我国开创了“一带一路”建设新局面。“一带一路”的实施对我国文物保护单位，特别是丝绸之路沿线的文物保护单位来说，既是一次发展契机，也是一次文物安全保护的挑战。一方面，“一带一路”战略将人们的目光汇聚在沿线文化遗产上，必然引发人们更加重视文物保护单位安全管理工作。另一方面，文物保护单位借助这个契机在扩大文物开放程度、开拓文物利用深度、提高文物工作社会参与度的过程将带来新的安全风险，给文物保护单位安全管理工作提出新的问题。如故宫博物院扩大开放面积后，新开放区域就可能面临一定程度的破坏；敦煌研究院为缓解窟区游客接待压力，同时更好地展示莫高窟、宣传敦煌文化而开设数字展示中心，也会产生新的安全管理需求。这些都对文物的预防性保护提出了新的要求。

2013 年、2015 年和 2017 年《文物保护法》先后经过了三次修订。当前的《文物保护法》规定："文物工作贯彻保护为主、抢救第一、合理利用、加强管理的方针。""保护"、"利用"和"管理"三者的辩证关系如下：保护是前提，利用是过程，管理是手段，传承发展是目的；保护与利用是文物工作不可或缺的两个方面，二者相互依存、缺一不可，必须两轮驱动，才能彰显价值；文物工作必须立足于保、保用结合，在保护中发展，在发展中保护（刘玉珠 2017）。

2016 年，国务院发布《国务院关于进一步加强文物工作的指导意见》（国发〔2016〕17 号），指出当前文物工作面临的问题和困难包括："一些文物保护单位因自然和人为因素遭到破坏，一些革命文物的保护没有得到足够重视，尚未核定公布为文物保护单位的不可移动文物消失加快；文物建筑火灾事故多发，盗窃盗掘等文物犯罪屡打不止"。2017 年召开的全国文物安全电视电话会议指出，当前存在着"非法盗掘、法人违法、因灾受损以及城镇化中保护不力等突出问题，文物安全面临严峻形势"。

这些自然和人为的破坏对文物保护单位的伤害并不是不可预防的，文物保护单位的保管机构可以通过风险管控的方法，将管理关口前移，实现文物保护单位的"预防性保护"。

2018 年，中共中央办公厅、国务院办公厅印发《关于加强文物保护利用改革的若干意见》，指出"一些地方文物保护主体责任落实还不到位，文物安全形势依然严峻"。在这样的形势下，文物保护单位保管机构更应该主动承担起责任，深刻认识到文物安全管理已经不再局限于防抢防盗，而是围绕文物的考古发掘、研究、使用、修缮、保养、迁移、利用的全过程的安全风险防护。在充分考虑不确定性因素的基础上，通过审视研究操作、保护施工、开放展览与文化宣传等文物保护单位运行过程，评估与文物产生直接或间接接触的操作和环境对文物的影响，降低或减缓风险源对文物保护单位可能造成的影响和破坏，从而实现全面的文物预防性保护。

1.3.2 安全与应急管理现状

当前，文物保护单位安全与应急管理制度越来越健全，围绕文物安全形成了文物安全行政管理和非文物安全行政管理两类责任体系。

文物安全行政管理责任体系是指承担文物安全保护职责的各级人民政府及其各个职能部门根据文物保护法律法规的规定，进行社会管理所形成的彼此之间既相互联系又分工明确的具有相对确定性的文物安全行政管理责任的总和（李明凤 2017）。

我国现行的文物行政管理体制一直遵循属地管理、分级负责的原则（陈启慧 2010）。各级人民政府承担文物安全主体责任；各级文物行政主管部门根据其职能履行文物安全行业监督管理职责；各级人民政府有关行政部门（如规划、住建、财政、工商、海关、水利、林业、宗教等），依法履行其所承担的保护文物的职责，维护文物管理秩序，确保文物安全。我国文物安全行政管理职责划分如表 1–2 所示。

表 1–2　我国文物安全行政管理体制职责表

<table>
<tr><th colspan="2">行政单位</th><th>工作职责</th></tr>
<tr><td colspan="2">国务院文物行政部门（国家文物局）</td><td>主管全国文物工作，履行文物安全行业监督管理职责。</td></tr>
<tr><td colspan="2">地方各级人民政府</td><td>负责本行政区域内的文物工作，肩负文物安全的主体责任。</td></tr>
<tr><td colspan="2">县级以上地方人民政府</td><td>承担文物保护工作的部门对本行政区域内的文物保护实施监督管理。</td></tr>
<tr><td rowspan="9">县级以上人民政府有关行政部门</td><td>规划</td><td rowspan="9">承担各自职责范围内文物保护的责任。</td></tr>
<tr><td>住建</td></tr>
<tr><td>财政</td></tr>
<tr><td>工商</td></tr>
<tr><td>海关</td></tr>
<tr><td>水利</td></tr>
<tr><td>林业</td></tr>
<tr><td>宗教</td></tr>
<tr><td>其他相关部门</td></tr>
</table>

非文物安全行政管理责任体系是指文物安全行政管理职能以外的，负有保障文物安全义务的国家司法机关在其法定职责范围内所应承担的文物安全职责和社会组织、公民个人在其生产、生活过程中所应承担的与文物安全保护相关的责任的总

和。当发生了文物犯罪刑事案件时，国家司法机关依据法律规定，在其各自的职责范围内履行文物安全保护责任。公安机关行使文物犯罪刑事案件的立案侦查权，承担着预防和打击文物犯罪的重要职责。人民检察院代表国家进行公诉，承担着依法追究文物犯罪被告人刑事责任的法定职责。人民法院依法审判并对文物刑事案件的罪犯予以刑事处罚（李明凤 2017）。

《文物保护法》第七条规定，一切机关、组织和个人都有依法保护文物的义务。文物保护单位实际管理责任由保管机构承担。《文物保护法》对此作出了规定：

> 各级文物保护单位，分别由省、自治区、直辖市人民政府和市、县级人民政府划定必要的保护范围，作出标志说明，建立记录档案，并区别情况分别设置专门机构或者专人负责管理。

由此可见，文物保护单位的管理方既可以是各级政府设置的专门机构，也可以是由政府指定的专人。

根据 1963 年文化部发布的《文物保护单位保护管理暂行办法》第七条和第八条，文物保护单位的不同管理方承担职责如下：

> 第六条　文物保护单位设置的专门机构，在保护管理方面应进行下列工作：
>
> （一）经常进行保养、整理环境工作，防止人为和自然的破坏，有条件的可以开展有关保护、修复的试验研究工作。
>
> （二）调查搜集有关历史资料、文献及实物，组织和参加有关调查、勘察工作。
>
> （三）定期进行全面检查工作，向上级汇报，如发生特殊情况，应及时汇报。
>
> （四）引导参观，向群众进行文物保护和文物知识的宣传工作。
>
> （五）其他。
>
> 第七条　接受委托负责保护管理文物保护单位的组织和使用单位，应进

行下列工作：

（一）防止人为的破坏，并不得改变文物保护单位的原状。

（二）注意保护标志和说明牌，如有损坏，应及时报主管部门处理。

（三）定期向主管部门报告保护情况和问题，如发生特殊情况，应及时报告。

（四）向群众进行宣传工作。

2017年修订的《中华人民共和国文物保护法实施条例》中规定："负责管理文物保护单位的机构，应当建立健全规章制度，采取安全防范措施；其安全保卫人员，可以依法配备防卫器械。"相比于专人看守，设立专门的管理机构显然保护力量更强、管理效果更优，如敦煌研究院是根据文物保护法设置的文物保护单位的管理机构，负责世界文化遗产敦煌莫高窟、天水麦积山石窟、永靖炳灵寺石窟，全国重点文物保护单位瓜州榆林窟、敦煌西千佛洞、庆阳北石窟寺的管理。但是考虑到管理成本、文物保护单位地理位置分布等实际情况，专人看守在一定条件下也是一项合理的选择。如榆林窟的管理范围除了位于榆林河峡谷两岸东西峭壁上的石窟外，还有分布在野外的零散石窟，这些石窟有的是由专人看守的。

在管理机构层面，这些机构要依法依规行使保护责任，落实文物保护的具体工作，同时受到文物行政主管部门及其他政府部门在各自职责领域的监管。整理这些部门对文物保护单位安全领域的监管情况，可以得到下表。

表1-3 我国文物安全行政管理监管职责表

部门	管理内容	工作开展法律法规依据
文物行政部门	检查督促保护管理工作	《文物保护单位保护管理暂行办法》
	文物保护工程的审批	《中华人民共和国文物保护法》 《中华人民共和国建筑》 《文物保护工程管理办法》
	文物行政执法监管，开展文物执法巡查	《中华人民共和国文物保护法》 《中华人民共和国文物保护法实施条例》 《文物保护单位执法巡查办法》

续表

部门	管理内容	工作开展法律法规依据
文物执法机构	文物行政执法监管，开展文物执法巡查	《中华人民共和国文物保护法》 《中华人民共和国文物保护法实施条例》 《文物保护单位执法巡查办法》
住建部门	建设工程的消防审查、验收、备案和抽查	《中华人民共和国消防法》
公安部门	公众聚集场所投入使用前进行消防检查 日常监督检查	《中华人民共和国消防法》
	大型活动举办消防安全许可 消防安全检查 消防安全重点单位备案	《中华人民共和国消防法》 《机关、团体、企业、事业单位消防安全管理规定》
	治安保卫工作监督 确定治安保卫重点单位	《企业事业单位内部治安保卫条例》
	机动车安全技术检验 机动车驾驶证审验 交通事故处理等。	《中华人民共和国道路交通安全法》 《中华人民共和国道路交通法实施条例》
应急管理部门	监督消防工作	《中华人民共和国消防法》
工会	监督职工劳动条件和安全卫生设施 职业病防治监督	《中华人民共和国工会法》 《中华人民共和国职业病防治法》
卫生行政部门	在职业病方面对建设项目进行监督核查	《中华人民共和国职业病防治法》
	公共场所卫生监督管理	《公共场所卫生管理条例实施细则》
职业卫生监督管理部门	对职业病防治工作进行监督检查	《中华人民共和国职业病防治法》
电力管理部门	电力监督检查	《中华人民共和国电力法》
特种设备安全监督管理部门	特种设备安全监察	《特种设备安全监察条例》

根据《关于加强和改进文物安全工作的指导意见》（文物督发〔2012〕7号）要求，文物、博物馆单位应依法设置安全保卫部门，按比例配备专职安全保卫人员；距离公安消防队较远、被列为全国重点文物保护单位的古建筑群的管理单位，应建立单位专职消防队；其他文物、博物馆单位应根据需要，建立志愿消防队等多种形式的消防组织（国家文物局等 2012）。在实际工作开展中，有的管理机构选

择建立一个专门的安全管理部门，安全工作由该部门具体负责，配以专门的队伍来支持安全相关工作的落实。如甘肃炳灵寺文物保护研究所，在并入敦煌研究院管理前，为落实安全相关工作，设有保卫科，下设民警队和监控室两支队伍分别负责值班值守和监控的工作。为便于管理，在队伍规模比较庞大或者队伍种类比较多时，管理机构还存在安全主管部门下设下级部门的情况。如敦煌研究院，安全工作由保卫处主要负责，下面设置多个科室共同协助完成任务。除了建立自己本单位的队伍外，为了实现更为专业的安全管理，或者在考虑成本的原因下，有些管理机构还可能将一小部分专业技术要求较高的工作内容托管给专业公司。如故宫博物院，其主要安全工作由保卫处、消防处、开放管理处、安全技术处、行政处等不同部门分别对安保、消防、开放、技防、基础设施等不同工作进行管理，但对技防设备设施的维护保养和巡检工作、开放管理场所的保安等工作都进行了部分托管。

1.3.3 安全与应急管理面临的问题与挑战

当前文物保护单位安全与应急管理工作主要面临如下问题与挑战：

（1）文物保护单位安全与应急管理工作通常被认为是保卫部门主责的工作，难以实现文物全流程安全保护

要实现全周期的文物保护单位安全管理，不仅要防火、防盗，还应该围绕考古挖掘、档案记录、保养修缮、科学研究、藏品保管、安全保卫、游客接待、陈列展览、文创活动等文物保护单位运行管理的各环节进行安全管理，才能真正保护文物安全。

然而，当前文物保护单位管理机构的安全工作通常由一个保卫部门或者某几个部门分工完成，这个（些）部门虽然有着一定的安全和应急的力量，但是其职责和能力无法应对文物保护单位运行各环节的风险和突发事件，从而造成安全管理上的漏洞。比如，文物保护单位的保护工程通常由专门的保护研究部门来负责，这些部门工作人员的专业侧重于文物保护修复领域，而工程施工过程中的安全管理知识相对薄弱，一定程度上增大了施工过程中文物、人员、设施设备所受到的安全威胁。

因此，要结合文物保护单位当前运行和管理实际，充分调动起所有安全相关部

门的积极性、提高相关工作人员主动性，如让开放管理部门做好游客行为管控、文物保护研究部门做好文物修复过程中的作业安全管理、库房管理部门明确文物接触相关工作安全制度。只有充分调动起所有相关机构共同做好其职责范围内的文物保护单位安全管理相关工作，才能切切实实确保文物安全。

（2）文物保护单位安全与应急管理工作相关部门各自为政，缺少统一的管理框架和方法

虽然文物保护单位安全管理工作的责任常常由安全保卫部门来承担，但是在长期的工作实践中，其他安全相关部门在历史突发事件的教训中也已经逐渐意识到自身职责相关的安全管理工作的重要性。通常来说，游客接待部门都会按照国家要求对游客数量进行管控，也开始有意识的采取措施去管控游客行为，如有的售票部门会通过调控售票速度来控制游客数量，更加严格一些的会在游客数量达到一定标准时停止售票；然而，降低人工售票速度或者突然停止售票都可能引起游客不满，从而引发冲突，这时，往往需要安保部门介入其中。对于安全保卫部门来说，工作不得不变得很被动，成为一个“到处奔跑的救火队员”。其原因就是因为这些与安全管理工作相关的部门往往是各干各的，没有形成统一的系统性的管理方法，造成部门协调、联动困难，从而导致管理水平、管理状态不一，难以形成安全管理合力，使得文物保护单位安全管理水平提升困难。

因此，文物保护单位应构建全员参与的安全与应急管理体系，以确保所有部门在统一的框架下行动，提升整体安全管理能力。

（3）文物保护单位安全与应急管控措施的制定与文物保护的关系难以平衡，导致文物保护措施悬而不决，难以落实

文物保护单位所有工作与其他工种相同、对象不同的工作比，其特殊性就在于保护对象涉及文物。文物保护工作的基本理念和原则包括了不改变文物原状、最小干预、慎重重建、真实性和完整性（刘玉珠 2017）。

然而，为保护文物，往往要在这些原则和文物保护实际需求间进行平衡。如加装围栏、包砌保护、建陈列馆等方法常用于文物展示过程中的安全防护。但因文物保护单位作为不可移动文物的特殊性，实施这些工作意味着对文物的原貌、完整性造成伤害。如在莫高窟开放洞窟内加装围栏，这是保护窟内壁画和佛像的一种方式，

但是安装围栏本身也是对洞窟原貌的破坏，与文物保护的原则相违背。

另外，文物保护单位针对不同风险所采取的安全防护措施之间也可能存在矛盾。如文物保护单位防火、防盗措施的制定，从追求防盗效果的角度看，防护层越多越坚固越好；而从消防的角度看，却希望能够减少阻碍，便于疏散和消防救援。

当产生上述矛盾时，缺少评估文物价值和风险后果的标准，导致难以衡量文物保护措施对文物安全和文物保护的贡献，使得部分文物保护工作悬而不决，难以落实，最终造成文物一直处在安全威胁的环境中。

针对上述问题和挑战，本书后续章节围绕文物保护单位生产经营过程中所涉及的文物、人员、财产安全问题进行阐述，梳理了文物保护单位安全与应急管理框架，构建了文物保护单位安全与应急管理体系，阐述了基本工作原理，并介绍了当下可以利用的技术手段，设计了适用于文物保护单位管理机构安全与应急管理工作的系统平台，最后以敦煌研究院为例实证分析了文物保护单位安全与应急管理全流程。

第二章 文物保护单位运行管理

文物保护单位运行管理过程中会涉及管理主体、管理客体，以及管理主体对管理客体实施的管理活动。文物保护单位运行管理，指的是在建立博物馆、文物保护所或者开发为科普宣教场所的文物保护单位开展的管理性活动。

本章首先根据文物保护单位的所有权归属情况，分别介绍了政府设置的专门机构、非政府组织（民间团体）和私人企业或个人三类文物保护单位的运行管理主体，其次是对文物保护单位运行管理的主要对象和主要运行管理活动进行了简要的说明，最后对文物保护单位内部安全与应急管理模式进行了归纳和总结。

2.1 文物保护单位运行管理主体

文物保护单位运行管理主体，是指博物馆、文物保护所或者开发为科普宣教场所的文物保护单位运行管理所有权的归属主体，该主体可以是国家、省、市县的地方政府的文物管理部门，也可以是其他非政府组织或个人。根据我国文物保护单位运行管理的所有权归属主体的现状，可以将文物保护单位运行管理方式分为以下三类：

（1）由政府设置的专门机构分级进行管理。包括全国重点文物保护单位、省级重点文物保护单位和市县级重点文物保护单位；

（2）由非政府组织（民间团体）进行管理（肖建莉 2012）；

（3）由私人企业或个人进行管理。

其中对于由非政府组织（民间团体）和私人企业或个人进行的不可移动文物管理一般统称为非国有不可移动文物管理。

2.1.1 政府机构管理

我国大多数文物保护单位，都是由政府的文物管理部门进行管理。政府机构管理的文物保护单位，指的是由我国各级政府的文物保护部门或是直属单位负责日常运行、管理、监督的不可移动文物和文物保护单位周围一定范围的重点保护区。

在未确定为文物保护单位前，我国对于文物古迹的保护要求主要参照2015年的《中国文物古迹保护准则》①，对文物古迹的保护和管理工作程序划分为六步，依次为调查、评估、确定文物保护等级、制定文物保护规划、实施文物保护规划、定期检查文物保护规划及实施情况。其中，在确定文物保护等级中要求："文物古迹根据其价值实行分级管理。价值评估是确定文物古迹保护等级的依据。各级政府应根据文物古迹的价值及时公布文物保护单位名单。"

当不可移动文物被确立为文物保护单位，就需要确立文物保护单位的经营管理主体。《文物保护法》第八条规定："国务院文物行政部门主管全国文物保护工作。地方各级人民政府负责本行政区域内的文物保护工作。县级以上地方人民政府承担文物保护工作的部门对本行政区域内的文物保护实施监督管理。县级以上人民政府有关行政部门在各自的职责范围内，负责有关的文物保护工作。"根据该法条可知，负责文物经营管理的主体是各级政府的文物管理部门（肖建莉 2004）。

我国对于政府机构负责管理的文物保护单位，实行三级管理和备案制度："确定为全国重点文物保护单位的，报国务院核定公布；确定为省级文物保护单位的，由省、自治区、直辖市人民政府核定公布，并报国务院备案；确定为市级和县级的文物保护单位，分别由设区的市、自治州和县级人民政府核定公布，并报省、自治区、直辖市人民政府备案；尚未核定公布为文物保护单位的不可移动文物，由县级人民政府文物行政部门予以登记并公布"。

---

① 中国古迹遗址保护协会 . 中国文物古迹保护准则 [EB/OL]. [2020-03-10]. http://www.icomoschina.org.cn/pics.php?class=26.

全国文物保护单位的管理主要是参照《全国重点文物保护单位保护范围、标志说明、记录档案和保管机构工作规范（试行）》（以下简称《规范》）来执行。《规范》中明确全国重点文物保护单位的管理内容如下："划定保护范围、树立标志说明牌、建立记录档案、建立健全保护机构、设立专门机构或专人负责管理"。在划定保护范围方面，《规范》中要求，文物保护单位需要明确重点保护的区域，对于各类不可移动文物要划分建设控制地带，对于面积较大和情况复杂的单位，要划分重点保护区和一般保护区。在树立标志说明牌方面，对文物保护单位的标志牌内容、大小尺寸、颜色进行标识。建立记录档案方面，对文物保护单位的记录档案分类及记录形式有明确说明。建立健全保护机构方面，对文物保护单位的管理机构或管理人员提出了要求。

对于省级或市县级文物保护单位，各地出台相关的文物保护管理条例对文物保护单位进行了要求和规范。以北京市为例，在《北京市文物保护管理条例》相关章节中，对文物保护单位保护范围内建设工程的审批、建设，文物建筑的保养、修缮等内容进行了具体规定。

2.1.2　非政府组织管理（民间团体）

非政府组织，指的是公共企业或非政府公共机构，它们与工贸企业和政府组织不同，但是与工贸企业和政府组织都有一定的关系，并且也和当地政府有一定的关系。非政府组织包括公益性企业、公共事业、非政府公共机构三类（肖建莉 2008），其中与文物保护单位有关的是公共事业和非政府公共机构。

公共事业，指的是政府投资兴办的文物研究保护机构（如故宫博物院、敦煌研究院等），主要特征是：由政府出资投资，其社会服务的所得收入全部上缴政府；其提供的服务或产品由政府定价；政府对该公共事业进行必要的行政管理。

非政府公共机构，如我国的中国妇女联合会、中国青少年基金会等，这类组织的经费由政府提供或完全由社会募捐所得，它们也承担着社会公共事业的服务和管理工作。与文物有关的，如中国文物保护基金会（Chian Foundation For Cultural Heritage Conservation，CFCHC）是经民政部批准、由国家文物局主管的具有独立法人地位的全国公募性公益基金组织。

对于以上的非政府组织，目前以公共事业型机构作为文物保护单位的管理者居多，很少有非政府公共机构能够作为文物保护单位的主要管理者。目前，我国三级文物保护单位，大多数都是采取公共事业型的非政府组织进行管理。

以故宫博物院为例，1949 年 2 月，北平解放，故宫博物院由中国人民解放军北平军事管制委员会文化接管委员会接管，同年 10 月 1 日，中华人民共和国建立，故宫博物院隶属于当时的中央人民政府文化部[①]。随后在 1951 年，故宫博物院对其内部的业务管理进行了调整。故宫博物院下设了陈列、保管、古建筑管理等部门及图书馆。目前故宫博物院隶属于文化和旅游部，是属于公益性质的博物馆，收入和支出两条线管理，所有门票收入全部上缴国库，国家对于该博物院的日常支出再进行单独拨付。

2.1.3 私人企业或个人管理

对于使用权归私人企业或个人管理的文物保护单位，其运行管理主体主要是私人企业或个人。

目前我国对于个人为主体经营管理的文物保护单位，没有单独的法律法规进行约束。《文物保护法》第六条规定，“属于集体所有和私人所有的纪念建筑物、古建筑和祖传文物以及依法取得的其他文物，其所有权受法律保护。文物的所有者必须遵守国家有关文物保护的法律、法规的规定”。

近年来被纳入到国家重点文物保护范围或名录为的由私人企业或个人管理的文物，部分也出现了由于个人管理或处置不当而导致文物被破坏的现象。

2006 年浙江省兰溪市，陈某家的老屋是一座具有 200 多年历史的清代木结构建筑，该屋与所在村子的其他房屋一起被纳入国家重点文物保护范围[②]。陈某为了给儿子解决新婚婚房的问题，将年久失修的危房进行部分拆除和修缮。当地文化部门了解到情况后，向陈某下发了停止拆除古建和停工的文书，并告知其要担负的法律责任，要求其恢复原状。最终陈某还是将整个房屋拆除，导致文物无法恢复。

---

① 中国网．故宫博物院 [EB/OL].（2006-02-21）[2020-03-10]. http://www.china.com.cn/zhuanti2005/txt/2006-02/21/content_6125015.htm.

② 人民网．自家房屋属于文物：私自拆建涉嫌犯罪 [EB/OL].（2012-12-16）[2020-03-10]. http://culture.people.com.cn/n/2012/1206/c172318-19812660.html.

2018年福建省龙岩市连城县，邹某欲拆除全国重点文物保护单位“翰香堂”周边的附属房屋，并在原址上翻盖新房[①]。当地文物局及相关单位工作人员得知后，对邹某破坏文物的行为进行制止，并报案。经现场查看，被损屋面约92平方米，空斗砖墙体约8.3平方米。依据2017年颁布的《中华人民共和国刑法》第三百二十四条第一款规定：“故意损毁国家保护的珍贵文物或者被确定为全国重点文物保护单位、省级文物保护单位的文物的，处三年以下有期徒刑或者拘役，并处或者单处罚金；情节严重的，处三年以上十年以下有期徒刑，并处罚金。”

从以上两个案例可以看出，个人管理的文物保护单位或者非国有的不可移动文物在经营管理的过程中存在一些利益矛盾。矛盾主要包括以下几个方面（安国瑞 2017）：

（1）归属问题。根据《中华人民共和国民法典》二百四十条规定“所有权人对自己的不动产或者动产，依法享有占有、使用、收益和处分的权利”。对于上述案例中的陈某和邹某来说，无论是被纳入到国家重点保护区的老屋还是本身属于重点保护单位的附属房屋，都属于他们个人所有，按物权法的规定，村民有权对自己的房屋不动产进行处置。但是《文物保护法》又对不可移动文物归属人进行了限制，没有考虑到个人所有的不可移动文物的权属问题。

（2）用途问题。对于不可移动文物所有人来说，不可移动文物最大的功能是居住使用功能，当该功能失效后，所有人为满足自身居住需求，会对不可移动文物进行翻新甚至是拆除重建。而从文物保护的角度来看，维持文物原貌，进行及时修缮才是对不可移动文物最大的保护。个人权属的不可移动文物在利用上与文物保护存在矛盾。

（3）价值问题。对于个人管理的不可移动文物来说，由于文物年代久远，需要大量的人力物力财力进行维修，但是对于仅仅能够提供居住的文物来说，个人在管理上的成本收益上是不平衡的。因此个人管理不可移动文物时，会注重不可移动文物的居住使用功能，而忽略保护研究的价值。

---

① 腾讯房产．龙岩连城一村民明知自家房屋属文物私自拆建涉嫌犯罪[EB/OL].（2018-05-07）[2020-03-10]. https://xm.house.qq.com/a/20180507/006738.htm.

2.2 文物保护单位运行管理对象

常见的文物保护单位运行管理保护对象包括：文物本体、附属文物、重要文物藏品、古树名木。其中，文物本体与附属文物之间有一部分互相重叠，随着文物保护单位的旅游开放与展览陈设等功能的不断扩展，文物保护单位的保护对象延伸出了基础设施、数据资料、游客等（见图 2-1）。本节分别对这些运行管理对象进行介绍。

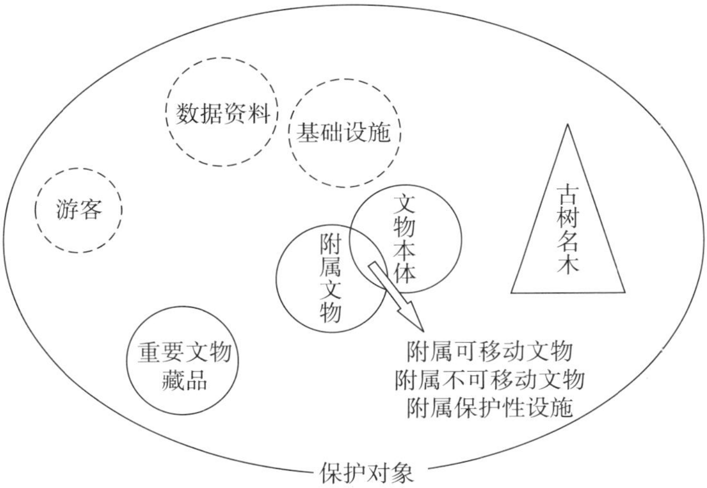

图 2-1 保护对象关系示意图

2.2.1 文物本体

“文物本体”的相关概念最早出现在 1991 年的《全国重点文物保护单位保护范围、标志说明、记录档案和保管机构工作规范》（以下简称《规范》）中。《规范》中写道：“保护范围是对文物保护单位本体及周围一定范围实施重点保护的区域。在保护范围内不得在地面、地下及空中从事危害文物保护单位安全的活动。”之后又提到：“保护范围根据文物保护单位的类别、规模、内容及周围环境的历史与现实情况合理划定。确定保护范围的原则是保证下列文物的完整性，并在文物保护单位本体之外保持一定的安全距离。”在后文还具体列出了四种文物类型：

（1）革命遗址、纪念建筑物、古建筑、石窟寺等的单体、群体及附属建筑；

（2）古遗址的文化堆积和相关遗迹现象；

（3）古墓葬封土或已探明的墓葬、墓群及陵园或其他地面建筑等；

（4）石刻、碑碣及其他文物的单体、群体和相关遗迹。

虽然《规范》中没有明确说明上述文物是如何参考划分，但已初步给出四类文物类型为文物本体的基本界定。

在随后2003年推出的《文物保护实施条例》以及2004年推出的《全国重点文物保护单位保护规划编制审批办法》中，都出现了文物本体的叫法，之后文物本体的概念就在该领域内普遍使用。

《文物保护法》中，将文物本体的概念进行了扩充，把受国家保护的文物分为以下五类：

（1）具有历史、艺术、科学价值的古文化遗址、古墓葬、古建筑、石窟寺和石刻、壁画；

（2）与重大历史事件、革命运动或者著名人物有关的以及具有重要纪念意义、教育意义或者史料价值的近代现代重要史迹、实物、代表性建筑；

（3）历史上各时代珍贵的艺术品、工艺美术品；

（4）历史上各时代重要的文献资料以及具有历史、艺术、科学价值的手稿和图书资料等；

（5）反映历史上各时代、各民族社会制度、社会生产、社会生活的代表性实物。

2.2.2　附属文物

附属文物的概念最早在60年代初的《文物保护管理暂行条例》中出现（朱明敏 2017）。2017年修订版的《文物保护法》中提出："使用不可移动文物，必须遵守不改变文物原状的原则，负责保护建筑物及其附属文物的安全，不得损毁、改建、添建或者拆除不可移动文物"。不过直到现在，法律法规中也未对"附属文物"做相关概念的具体解释。

在2003年国家文物局发布的《全国重点文物保护单位记录档案工作规范（试

行)》的配套文件《全国重点文物保护单位记录档案著录说明》中，将附属文物分为附属不可移动文物、附属保护性设施、附属可移动文物三类。

附属不可移动文物，指的是在文物保护单位内，距离文物本体距离较近的其他不可移动文物。通常情况下，附属不可移动文物在保护等级和价值上比文物本体要低，如2.1.3节中所提到的浙江省兰溪市陈某家的老屋，虽然不属于重点文物保护单位，但也处于不可移动文物保护范围之内。附属可移动文物，通常是一些文物本体的一部分，如祠堂等文物保护单位中的雕像、家具、牌匾等。附属保护性设施，是指为了保护文物本体，具有一定文物价值的功能性设施，如排水沟、通风设施等。

2.2.3 重要文物藏品

重要文物藏品，指的是与文物本体及其附属文物无关的文物，简言之就是文物本体和附属文物之外的文物。以广州的南越文王墓为例，1983年，发现的南越文王墓在被正式发掘后，在原址建立了“西汉南越王博物馆”。除了墓中出土的各类可移动文物外，西汉南越王博物馆还通过接受捐赠、征集等方式，收藏了各类古代瓷枕500余件，其中不少堪称精品（陈馨 2012）。这些捐赠的文物与南越文王墓本身没有任何联系，如果作为附属文物显然不合适，但如果选择无视，则显得有些不妥，毕竟它们的存在，与整个文物保护单位的展陈相关。因此，对于一些已辟为博物馆、纪念馆的文物保护单位，如果额外收藏了与本文物保护单位无直接联系的文物，但又具有一定的文物保护价值，就需要“重要文物藏品”这个概念了。

通常来说，对于一些文物保护单位，一些外来捐赠、征集到的文物，如果和本单位的文物本体、附属文物没有直接联系，或是本单位也没有更好的文物分类方法，划归为重要文物藏品是一种有效的分类方法。

2.2.4 古树名木

按照住建部2000年颁发的《城市古树名木保护管理办法》（以下简称《办法》）古树是指树龄在一百年以上的树木，名木则是指国内外稀有的以及具有历史价值和纪念意义及重要科研价值的树木。

《办法》中明确指出，古树名木分为一级和二级。凡树龄在300年以上，或者特别珍贵稀有，具有重要历史价值和纪念意义、重要科研价值的古树名木，为一级古树名木；其余为二级古树名木。我国要求城市人民政府城市园林绿化行政主管部门对本行政区域内的古树名木进行调查、鉴定、定级、登记、编号，并建立档案，设立标志。其中，一级古树名木由省、自治区、直辖市人民政府确认，报国务院建设行政主管部门备案；二级古树名木由城市人民政府确认，直辖市以外的城市报省、自治区建设行政主管部门备案。

2.2.5　基础设施

为了确保文物保护单位正常运行，内部工作人员正常开展研究活动等工作，我国各文物保护单位在不改变原有建筑格局和风貌的情况下，利用传统文物保护单位的系统格局，进行供水、供热、供电等设施建设。除此之外，随着对外接待游客任务和社会责任的加大，文物保护单位还面临着文物保护及安保任务，文物保护单位的消防设施、通信设施、安防设施也相应产生。本书所指的基础设施主要包括以下几类：

（1）能源设施类，主要是指文物保护单位内的供水、供电、供热系统，以及相应的管道、线路等设备设施。以故宫博物院的能源设施为例，先后铺设了给水管线、热力管线、电缆等能源设施，见图2-2至图2-4（李德山2017）。

图2-2　故宫给水管线穿越金水河

图2-3　故宫电缆

图 2-4　故宫热力管线

图 2-5　故宫消防给水

（2）消防设施类，主要包括文物保护单位内的温感、烟感报警器，以及灭火器、消火栓、水泵房、消防管网等设施。故宫博物院早在 20 世纪 80 年代至 90 年代后期就建了临时高压消防管网、水泵房和室内消防栓等设施，见图 2-5（李德山 2017）。

（3）通信设施类，主要包含文物保护单位内的固定电话、手持对讲、通信网络等通信工具。固定电话主要用于内部工作人员日常办公使用，有着通话质量清晰、通信稳定的优点，但受使用位置的限制。手持对讲主要用于内部保卫、展览人员实时沟通交流使用，有着使用位置灵活、呼叫响应时间短等优点，但手持对讲容易受到干扰，通话质量相对较差，有时还会因为工作频段分配不足，导致该文物保护单位的手持对讲群组最大使用人数受到限制。文物保护单位的通信网络一般包括内部办公网、安消防系统运行网、互联网等网络，建设时需注意统一规划、符合保密要求。

（4）安防设施类，主要指安全防范系统。安全防范系统是以保障博物馆和文物保护单位安全、防止风险事件发生或将风险事件造成的危害降低到最低程度为目的，通过科学规划、合理设计，将人力防范（人防）、实体防范（物防）、技术防范（技防）等手段有机组合、综合应用而建立的防御体系。根据我国《博物馆和文物保护单位安全防范系统要求》（GB/T 16571-2012），安全防范系统主要包括表 2-1 所示内容：

表 2-1　安全防范系统组成表

序号	安防系统名称	用途
1	入侵报警系统	利用传感器技术和电子信息技术探测并指示非法进入或试图非法进入设防区域（包括主观判断面临被劫持、遭抢劫或其他危机情况时，故意触发紧急报警装置）的行为、处理报警信息、发出报警信息的电子系统。
2	视频安防监控系统	利用视频技术探测、监视设防区域并实时显示、记录现场图像的电子系统。
3	出入口控制系统	利用自定义符识别或 / 和模式识别技术对出入目标进行识别并控制出入口执行机构启 / 闭的电子系统。
4	声音复核装置（系统）	利用音频技术探测现场声音、对报警区域的声音进行拾音收听，以确定警情真实性的电子装置（系统）。
5	电子巡查系统	对安全保卫的巡查路线、方式及过程进行管理和控制的电子系统。
6	防爆安全检查系统	检查人员、行李、货物是否携带爆炸物、武器、管制刀具、易燃易爆品或其他违禁物品的电子系统。
7	安全管理系统	对入侵报警、视频安防监控、出入口控制、声音复核、电子巡查等系统进行组合或集成，实现对各子系统的有效联动、管理和 / 或监控的电子系统。

2.2.5　数据资料

根据《全国重点文物保护单位记录档案工作规范（试行）》，文物保护单位的数据资料实质上被称为记录档案。记录档案包括对全国重点文物保护单位本身的记录和有关文献。内容分为科学技术资料和行政管理文件，形式有文字、图纸、照片、拓片、摹本、电子文件等。

近年来，随着电子化水平的提高，我国对于文物保护单位的数据资料由原来的纸质化水平向电子化水平发展。以秦始皇兵马俑为例，为了实现秦始皇陵区兵马俑文物的动态监测、管理、保护、研究，建立了“秦始皇陵兵马俑文物保护数据库”（李明明等 2007），采用地理信息系统平台，利用大型关系数据库管理空间数据，最终建立了以 C/S 和 B/S 结合方式运行的数据库管理系统。再以敦煌研究院壁画数字化为例，敦煌研究院对壁画数字化技术研究始于 1993 年，目的是利用计算机数字化技术永久地、高保真地保存敦煌壁画彩塑的珍贵资料（刘刚 2019）。敦煌壁画与虚拟漫游技术相结合，不仅实现了洞窟的逼真重现，还可以用于引导浏览、作为壁画数据资料等。通过十多年与国内外计算机数字化研究机构的合作，敦煌研究院完成了敦煌石窟 22 个典型洞窟的数字图像，基于 QuickTime VR 技术的虚拟漫游洞窟 42 个；自 2006 年至今又独立完成了 22 个典型洞窟的数字图像，基于 QuickTime VR 技术的虚拟漫游洞窟 7 个。

2.2.6 游客

对于对外开放的文物保护单位，游客是日常管理中较为重要的对象。我国的《中华人民共和国旅游法》规定："景区接待旅游者不得超过景区主管部门核定的最大承载量。景区应当公布景区主管部门核定的最大承载量，制定和实施旅游者流量控制方案，并可以采取门票预约等方式，对景区接待旅游者的数量进行控制。"

2017 年，国家文物局出台了《文物保护单位游客承载量评估规范》(WW/T 0083—2017)，对文物保护单位游客承载量评估的相关参数和指标以及计算方法进行了明确。游客承载量，指的是一定时间内，在保证游客安全的前提下，既不会对文物本体及文物环境造成损害，也不会降低参观质量的文物保护单位所能容纳游客的最大数量。不同类型的文物保护单位内部开放空间、公共区域和游步道的承载量不同，具体如表 2–2、表 2–3 所示：

表 2–2 不同类型类文物保护单位内部开放空间承载量限值

文物保护单位类型	极限值	展示面积	高度
古文化遗址（内部参观）	≥ $1m^2$/ 人	≥ $13m^2$	≥ 2m
古墓葬（内部参观）	≥ $0.52m^2$/ 人	≥ $5m^2$	≥ 1.8m
古建筑（内部参观）	≥ $1m^2$/ 人	≥ $10m^2$	≥ 2m
石窟寺 / 石刻（内部参观）	≥ $0.52m^2$/ 人	≥ $13m^2$	≥ 2m
近代、现代建筑（内部参观）	≥ $1m^2$/ 人	≥ $10m^2$	≥ 2m
壁画	按所处地点归类于上述类型		

表 2–3 不同类型文物保护单位公共区域和游步道承载量限值

文物保护单位类型	公共区域	游步道
古文化遗址	≥ $4m^2$/ 人	≥ $0.8m^2$/ 人，≥ 0.8m/ 人
古墓葬	≥ $4m^2$/ 人	≥ $0.6m^2$/ 人，≥ 0.8m/ 人
古建筑	≥ $4m^2$/ 人	≥ $0.8m^2$/ 人，≥ 1m/ 人
石窟寺 / 石刻	≥ $4m^2$/ 人	≥ $0.6m^2$/ 人，≥ 0.8–1m/ 人
近代、现代建筑	≥ $4m^2$/ 人	≥ $0.6m^2$/ 人，≥ 1m/ 人
壁画	按所处地点归类于上述类型	

2.3　文物保护单位运行管理活动

传统意义上的文物保护单位运行管理活动可能只涉及保护，即考古挖掘、保养、修复等，但是随着文物保护单位对外开放程度加大和游客数量的增长，很多文物保护单位出现了其他运行管理活动：

（1）游客接待。游客进入文物保护单位参观游览，对于客流的限制、管控等属于文物保护单位的日常运行管理活动。

（2）陈列展览。我国部分文物保护单位对外进行陈列展览，作为文化宣教、爱国主义教育基地，向游客开展传统文化和爱国主义宣传教育。

（3）文创活动。文物保护会出现文创等商品售卖活动，商品销售活动分为线上和线下两种方式。线下会在文物保护单位内设置零售点（甚至是商业街、小吃街），这些零售店有的是本单位自主经营，有的采取外包服务；线上经营会有网上销售文创产品、电子售票、数字展览等。

下文将围绕文物保护单位运行管理的各项活动，介绍它们的具体内容以及现行的要求，并对每项活动所涉及的现状问题和安全风险进行初步的辨识。

2.3.1　考古发掘

考古发掘是指为了科学研究，经文物行政部门批准，根据发掘计划，对埋藏文物的地方、古文化遗址、古墓葬进行调查、勘探和发现、挖掘文物的活动或工作。

我国的《文物保护法》规定：“一切考古发掘工作，必须履行报批手续；从事考古发掘的单位，应当经国务院文物行政部门批准。地下埋藏的文物，任何单位或者个人都不得私自发掘。”该法还规定了：“考古发掘的文物，应当登记造册，妥善保管，按照国家有关规定移交给由省、自治区、直辖市人民政府文物行政部门或者国务院文物行政部门指定的国有博物馆、图书馆或者其他国有收藏文物的单位收藏。经省、自治区、直辖市人民政府文物行政部门或者国务院文物行政部门批准，从事考古发掘的单位可以保留少量出土文物作为科研标本。考古发掘的文物，任何单位或者个人不得侵占。”

我国在 1984 年颁布施行的《田野考古工作规程（试行）》，在 2009 年 10 月重新修订和颁布。我国考古发掘管理主要内容大致有三个方面：

（1）考古发掘计划管理。主要内容是组织制定有关考古发掘和文物保护重点课题的规划以及对发掘项目的审查、批准，协调考古发掘与基本建设及各考古部门之间的关系；配合考古发掘项目的调查和发掘，开展区域性重大科研课题及涉外考古发掘和水下考古等。审查考古发掘项目的内容包括：发掘单位和发掘项目，领队个人的资格，发掘对象的性质和重要性，确定项目的依据，发掘面积，文物保护措施，经费预算和来源等。考古发掘单位填写申请书，报国家文物行政管理部门审查批准。对外合作的考古发掘项目，由国家文物行政管理部门审核，报国务院批准。未经批准的项目，不准进行发掘。

（2）考古发掘质量的管理。包括制定各种工作规程，对发掘的全过程进行检查，培训考古发掘项目领队人员，组织多学科、多部门的协作。检查的重点是考古发掘工地，内容包括：领队职责，对各种遗存的操作过程，各种记录，出土遗物和标本的采集、保管和保护，以及对发现的重要现象的认识和建议。对违背考古田野工作规程、不能保证质量的单位或工地，主管机关有权责令停止发掘，进行整顿，必要时撤销其发掘证照。

（3）考古发掘成果的管理。主要内容是：组织发掘收获、经验的汇报和交流，奖励工作好的单位和个人，审核发掘成果的新闻报道，指定出土文物保管单位，限期发表发掘报告等。

早在 20 世纪末，对于考古发掘的活动就有着较为全面的工作规程（1984 年）和管理办法（1998 年）作为参考，但当时这些文件大多关注文物保护方面，关于考古人员在挖掘过程中的安全保障的相关内容较少。近些年来，考古人员安全、设备设施安全和工地安全水平等方面，也渐渐成为考古挖掘活动中较为关注的内容。在 2018 年，国家文物局印发《考古装备及设施配备导则（试行）》（2018 年），其中对于考古人员在考古工作过程中的装备及设施配备提出了一定的要求。但对于考古人员来说，考古过程中可能会涉及挖掘、支护、用电等专业，由于工程方面的操作规程和具体程序相对欠缺，可能在考古挖掘的过程中存在一定的施工安全风险。

2.3.2 档案记录

考古发掘、文物研究、文物修复等过程中形成的文字、照片、录像和数据等记录，都为重要的原始记录资料，属于档案记录的内容。

我国的《全国重点文物保护单位保护范围、标志说明、记录档案和保管机构工作规范（试行）》（1991 年）中，对考古发掘过程中的记录档案工作有详细的要求："记录档案包括对文物保护单位本身的记录和有关文献史料，内容分为科学技术资料和行政管理文件，形式有文字、摄影（照片、幻灯片、电影胶片）、录像、绘图、拓片、摹本、计算机磁盘及其他信息载体。记录档案分为主卷、副卷和备考卷。主卷以记录保护管理工作和科学资料为主。副卷收载有关行政管理文件及日常工作情况。备考卷收载与该文物保护单位有关、可供参考的资料。"

我国还相继出台了《全国重点文物保护单位记录档案工作规范（试行）》及与之配套的《全国重点文物保护单位记录档案著录说明》（2003 年）和《全国重点文物保护单位记录档案卷盒、卷内表格、专用纸规范》（2003 年），对各重点文物保护单位的档案记录工作进行规范和要求。

档案记录的风险主要是出现在形成档案记录后保存的过程中。通常形成的档案记录以纸质记录、照片的形式较多，保存档案记录的地方需要注意火灾、潮湿等风险因素，其中最主要的风险因素为火灾因素。

2.3.3 保养修缮

对于文物保护单位的保养修缮审批，我国《文物保护法》要求："对文物保护单位进行修缮，应当根据文物保护单位的级别报相应的文物行政部门批准；对未核定为文物保护单位的不可移动文物进行修缮，应当报登记的县级人民政府文物行政部门批准。"我国《文物保护法实施条例》（2017 年）规定："文物行政主管部门在审批文物保护单位的修缮计划和工程设计方案前，应当征求上一级人民政府文物行政主管部门的意见"。《文物保护工程管理办法》（2003 年）："全国重点文物保护单位保护工程，以省、自治区、直辖市文物行政部门为申报机关，国家文物局为审判机关"。

全国重点文物保护单位的文物保养修缮所要具备的条件和准备的材料如下：

（1）全国重点文物保护单位修缮计划审批：其中包含计划书和省级文物行政部门的意见。

（2）全国重点文物保护单位修缮工程设计方案审批（抢险性保护项目等由国家文物局审批方案的项目）：其中包含申请书，由相关专业单位根据文物保护工程有关技术标准规范编制的修缮方案和工程设计资料，以及省级文物行政部门的意见。

（3）全国重点文物保护单位安全防护工程项目审批：其中包含工程项目行政许可申请书、工程项目设计方案、项目实施计划和工程项目所在地省级文物行政部门转报文件。

保养修缮涉及的工艺和设备较多，存在的风险也较多。如城墙、建筑等不可移动文物的保养修缮，工人需要搭设脚手架登高进行作业，则可能涉及高处坠落风险、脚手架倒塌的风险；瓷器制品的文物在保养过程中，可能会使用一些化学染剂等化学制品，那么有关这些化学染剂的储存需要考虑到火灾和爆炸的风险；对于木质文物的修缮过程中，使用切割机、刨床等设备对原料进行加工，修缮工人可能会面临割伤甚至是粉尘爆炸风险。

2.3.4 科学研究

对于文物保护单位文物的科学研究，是一门文理科交叉的技术科学。文物科学研究的内容包括：文物保存环境研究、文物材料性质研究和文物修复技术研究（郭宏 2018）。

（1）文物本体的研究

为了使得文物本体得到长期的保存，首先需要以文物本体作为研究对象进行研究。比如，研究文物本体的材质，金、银、铜、铁等金属类的可移动文物；木质等建筑类的不可移动文物；以及应用物理、化学、生物等技术，研究其制作工艺、病变过程等。

（2）文物修复技术研究

当文物在考古发掘、展陈过程中，文物发生开裂或损害，就需要及时进行文物修复，相应的文物修复技术也就逐渐成熟。目前文物修复技术的研究包括修复材料研究和修复工艺研究，这些研究都是为了恢复已损文物的原貌，找到效果较好的修复材料和技术。

（3）文物保存环境研究

为了更好地保存文物，文物保存环境方向的研究也逐渐发展。文物保护单位内的文物保存环境主要受到空气、温度、湿度、光照、雨水、风沙、病虫害等影响。不同文物，处在不同的保存环境下，对环境影响的敏感程度各有不同。比如敦煌石窟壁画，对于空气的氧化作用、风沙的风蚀作用都较为敏感，并且随着游客接待量的增大，在洞窟内产生的水汽也渐渐增多，对壁画也有一定的影响。

文物科学研究的过程中，除上文提到的关于保护修缮时面临的风险外，在研究过程中还可能有相关的设备设施故障、触电、辐射等风险。使用精密仪器对文物进行探照和研究过程中，设备设施本身会存在故障或导致研究人员触电的风险；另外，也有学者（哈鸿飞 1986）提出 γ 射线保护文物的方法，对文物进行辐射灭菌消毒、辐射固化和辐射重现文物的图纹彩色，这些方法使用过程中也有可能对人产生辐射风险。

2.3.5　藏品保管

由于各种藏品的材料、性质不同，它们的保管方法也就各不相同，应参照各类文物藏品的性质特点进行保管。目前，可将藏品分为七类进行保管，它们包括：纸质类、石制类、金属类、陶瓷类、纤维类、骨角质类和其他等。不同类别的藏品，保存的环境及要求各不相同。比如，图书、字画等纸质类藏品，易于被霉菌和病虫腐蚀，水、氧气、光照、温度变化等还会使得字画上的内容褪色，因此，纸质文物收藏时要控制保存环境的温度和湿度，纸和纺织物也要控制保存环境的光照强度。

随着现代科技的发展，采用常温干燥箱或者低温干燥箱以及恒温箱等技术措施来保存文物藏品。目前这些技术已经开始得到应用，并起到了良好的效果。藏品保管面临的风险主要和它们的材质有关。对于纸质类、纤维类、骨角质等易燃和可燃的文物，它们的保管可能会面临火灾风险。

2.3.6　安全保卫

文物保护单位的安全保卫工作，按照涉及的文物、人员及环境划分涉及以下几个方面：

（1）工作人员（包括讲解人员、管理人员等）的日常工作、工作环境与职业安全健康；

（2）科研人员在工作和文物研究过程中的职业安全与健康；

（3）游客在参观游览过程中的人身健康和财产安全；

（4）文物安全，包括文物自身不受到环境因素、人为因素的破坏；

（5）环境安全，文物保护单位的保护区范围内的原始环境不受到破坏，保持原有的环境风貌。

我国现行的国家标准中，对文物保护单位安全规范较为全面的规定为《博物馆和文物保护单位安全防范系统要求》（GB/T 16571–2012），其中对博物馆和文物保护单位中的安全防范、实体防范、技术防范进行要求，并作为上述两者安全防范系统设计、施工、检验、验收的基本依据。

近年来，我国根据文博系统的特点出台了有关文博系统风险等级的规定《文物系统博物馆风险等级和安全防护级别的规定》（CA27–2016）。在该规定中对风险等级以及防范等级都有明确的划分。我国各地文物保护单位也开展了有关安全风险评估工作。以敦煌研究院为例，开展了包括莫高窟在内的六个石窟的风险评估工作，对可能存在的风险进行了辨识评估。

2.3.7 游客接待

对外开放的文物保护单位，经营管理活动中最重要的一个环节就是游客接待。游客接待涉及游客的讲解服务、游览路线设计、游客参观体验活动等。

我国国标《文物保护单位开放服务规范》（GB/T 22528–2008）中，对游客的接待服务过程中涉及的开放区域、开放内容、开放方式、开放服务进行了规范，其中，重点对开放服务中的开放服务人员、接待服务、服务人员培训、参观环境、质量保证与评估等进行了规范。

目前游客接待涉及售票、安检、检票、观赏体验这四个环节。

当前，游客接待在售票环节，分为现场人工售票和网上售票两种形式。对于现场人工售票，大多数采用人工核算人数及发放票据。票据上会有该文物保护单位票据专用章、价格和注意事项等。很多文物保护单位的现场售票也会需要游客的身份证件。网上售票则需要游客到该文物保护单位指定的售票网址进行购票，购票时需要填写个人身份证号等信息。

在大多数文保单位入口前，一般会进行安检。安检的方式主要是安检员进行手检，对游客携带物品进行机器检验。在安检过程中对于游客携带的瓶装液体再进行单独检验，通常是由游客进行试喝或是再对液体进行单独检验。

当安检合格后，对游客进行检票。一般使用身份证在网上订票的游客，可出示手机二维码或兑换码进行校验，也有的文物保护单位现场售票的，则是由人工在入口处进行校验。相比较这两种校验票的方式，电子校验更为安全可靠。因为通过网上买票的观众，需要票证统一才能进入。而现场买票的游客，通常不会对游客的身份进行核实，不能校验游客的身份。

当游客进入文物保护单位后，可能会获得该单位的介绍手册，有的文保单位还会提供广播宣传讲解等。

对于进入文物保护单位参观、游览的游客来说，主要面临的风险有拥挤踩踏风险、意外伤害的风险等。

2.3.8　陈列展览

文物保护单位陈列展览，指的是文物保护单位对文物周边采用一定的保护形式后，面向公众进行展示的活动。陈列展览分为以下几种形式：

- 开放式陈列展览，不在文物周边设置任何围栏和设施；
- 半开放式陈列展览，在文物周边设置围栏等，有一定的安全距离；
- 封闭式陈列展览，将文物放置到封闭的玻璃橱窗内；
- 网上陈列展览，将文物进行三维扫描，在文物保护单位官网上进行展示。

（1）开放式陈列展览

开放式的陈列展览一般在文物保护单位用于文物体积较大的或本身为建筑的文物。以故宫博物院为例，故宫中部分水缸以及大门都为开放式的陈列展览，游客可以随意触碰。

对于有开放式陈列展览的文物保护单位，一般展陈的为体积较大的文物或建筑，这些文物数量较多，文物价值相对较小，因此很多文保单位采用开放式的陈列展览。这样做可以使得游客近距离的接触文物并欣赏，但随着时间变化和游客常年触碰，很多开放式陈列展览的文物都出现光泽暗淡、掉漆、锈蚀等现象。

（2）半开放式陈列展览

对于一些文物价值较高的受环境影响较小的文物及文物复制品，进行半开放式的展览。通常会在文物四周设置护栏，将游客参观道路与文物之间分割出一段距离，防止游客触碰文物。这样做既可以有效防止游客触摸文物，又能使游客有较好的观览体验。半开放式的陈列展览一定程度上能够防止游客随意触碰，但是不能阻止游客故意进入受控区域并破坏，因此在很多有着半开放式的陈列展览的文物保护单位中，都会有专人进行监督，防止游客不听劝阻进入受控区域。

（3）封闭式陈列展览

封闭式的陈列展览，是由于文物本身材质和质地较为脆弱且价值较高，又易受到光照、温度、湿度等环境因素影响，将文物放置在封闭透明的玻璃房内，供游客参观。

封闭式的陈列展览，一方面能够在玻璃橱窗内安装不影响文物保存且有能够满足游客观赏的灯具，并安装各类温湿度传感器，监测环境变化，另一方面也能够有效地防止游客触碰，达到欣赏的目的。

（4）网上陈列展览

近年来，由于互联网行业的发展，陈列展览的形式也在发生着变化，越来越多的文物保护单位可以在网上开展陈列展览活动。以故宫博物院为例，在其官网的展览窗口中，将数字馆、古建馆、书画馆等藏馆进行数字三维显示。数字馆可在三维地图中进行数字体验。珍宝馆等藏馆中，将文物进行图片展示和介绍，进行陈列展览。

网上陈列展览的形式大大丰富了游客观赏体验，游客在任何时间都能对较为感兴趣的文物藏品进行观赏，不但能为游客带来新的观赏体验，还能为游客节省时间。

陈列展览过程中，游客会给文物或文物保护单位带来一定的风险。开放式、半开放式、封闭式的现场陈列展览的方式，游客都或多或少的会给文物带来一定的磨损或损坏的风险；而网上的在线陈列展览，由于一些文物保护单位的网络安全等级保护水平较差，个别黑客会对网上陈列展览的网页等进行破坏，短时间内导致网上陈列展览的体验效果较差。

2.3.9　文创活动（线上和线下）

文物保护单位的文创活动，指的是依托文物保护单位馆藏文化资源，开发各类文化创意产品。《关于推动文化文物单位文化创意产品开发的若干意见》（2016 年）中对文物保护单位中的文化活动产品开发提出了若干意见，指出："对于文物保护单位馆藏文化资源，推动文化创意产品开发，要始终把社会效益放在首位，在履行好公益服务职能、保护好国家文物、做强主业的前提下，调动文化文物单位积极性，鼓励和引导社会力量参与，充分运用创意和科技手段，满足广大人民群众日益增长、不断升级和个性化的物质和精神文化需求。"

目前，我国部分文物保护单位都有或多或少的文创产品和文创活动。我国文物保护单位在线下活动较多，经常会在文保单位内出现旅游纪念品和相关食品的销售。近几年来，随着我国互联网行业的发展，文物保护单位在线上的活动日益丰富起来，其中文创活动最为活跃、影响力最大的要数故宫博物院的文创活动。

2005 年，故宫博物院专门成立了管理经营活动的部门（杨晓波 2017），当时将文创活动工作任务定义为"管理院内的文化产品开发和经营"。2007 年 10 月起，故宫博物院开展自主文创产品研发工作。随着对文创工作认识的不断加深，2012 年起，故宫博物院使用"文创产品研发"一词来替代"文化产品开发"，体现了故宫博物院对文创工作的重视和对产品创新性的提升和规范。故宫从传统文化中，创建了以故宫为元素的产业链条。如 2013 年 8 月，故宫博物院第一次面向民众征集故宫的文化产品创意，举办以"把故宫文化带回家"为主题的文创设计大赛。

近十年的故宫文创发展，使得故宫的文创行业品种逐年增多。经统计，2013 年增加文化创意产品 195 种、2014 年增加文化创意产品 265 种、2015 年增加文化创意产品 813 种，三年累计研发文创产品 1273 种[①]。文创产品研发速度逐年提高，至今已累计研发了近万种文化创意产品，除了在院内实体店销售，还在淘宝网、天

---

① 搜狐网 . 故宫文创产品去年营收近 10 亿：要开网络旗舰店 [EB/OL].（2017-01-24）[2020-03-10]. https://www.sohu.com/a/125050014_117391

猫和京东商场开设官方旗舰店。

据统计，故宫博物院的文创产品累计已经开发超过万余种，文创产值于 2015 年近 10 亿元[①]。文物保护单位围绕着文物进行线上和线下文化创意互动，将文化与使用物品的功能结合，使得公众通过使用产品，起到了解文化的作用，从而也能达到传承文物保护单位文化的目的。

文创活动对于文物保护单位也有一些安全与应急的相关问题。文创活动虽然能够宣扬文物保护单位的文化品牌和价值并且有一定的创收，但同样也可能给文物保护单位带来负面舆论风险。网络舆论可能会因为线下的一间咖啡厅、一间火锅店，甚至是线下活动拍摄后发布到线上的某次活动的照片，而掀起轩然大波。由于公众对于文物保护单位内具体安排和活动不全面知晓，存在对文物保护单位有着很高的崇敬感，当文创活动冲击到他们对于该文物保护单位组织活动的认知时，公众就会在网络上进行评论甚至是攻击，要求单位负责人回应舆情事件。因此文物保护单位在文创活动的同时，同样也要考虑消息的公开透明及舆论反映等所带来的风险。

2.4 文物保护单位内外部安全与应急管理模式

文物保护单位的外部机关单位和单位内部本身都对文物保护单位提出了安全与应急管理的要求和约束。文物保护单位外部机关单位一般通过出台法律法规、标准对文物保护单位形成具体的外部安全与应急管理要求，各文物保护单位可参照进行合规性评价。文物保护单位内部安全与应急管理模式可分为直线式和委员会式。

2.4.1 文物保护单位外部安全与应急管理要求

通过梳理，我国关于文物保护单位安全与应急外部管理要求可以分为四类：国家法规、部级法规、国家及行业标准和地方性法规。

（1）国家法规

截止到 2020 年 4 月，主要适用于文物保护单位安全与应急管理的国家法规主

① 搜狐网．故宫文创产品去年营收近 10 亿：要开网络旗舰店 [EB/OL].（2017-01-24）[2020-03-10]. https://www.sohu.com/a/125050014_117391

要如表 2–4 所示：

表 2–4　文物保护单位安全与应急管理的国家法规一览表

序号	法律、条例名称	文件号	实施日期
1	《中华人民共和国宪法》	2018.3.11 第十三届人大会第一次会议通过	2018.03.11
2	《中华人民共和国消防法》	中华人民共和国主席令第 6 号	2009.05.01
3	《中华人民共和国文物保护法》	中华人民共和国主席令第 81 号	2017.11.05
4	《中华人民共和国文物保护法实施条例》	中华人民共和国国务院令第 676 号	2017.03.01
5	《中华人民共和国道路交通安全法》	中华人民共和国主席令第 47 号	2011.05.01
6	《中华人民共和国道路交通法实施条例》	国务院令第 405 号	2017.10.07
7	《中华人民共和国工会法》	中华人民共和国主席令第 18 号	2009.08.27
8	《中华人民共和国职业病防治法》	中华人民共和国主席令第 24 号	2018.12.29
9	《中华人民共和国未成年人保护法》	中华人民共和国主席令第 65 号	2013.01.01
10	《中华人民共和国电力法》	中华人民共和国主席令第 23 号	2018.12.29
11	《中华人民共和国劳动合同法》	中华人民共和国主席令第 73 号	2013.07.01
12	《中华人民共和国突发事件应对法》	中华人民共和国主席令第 69 号	2007.11.01
13	《企业事业单位内部治安保卫条例》	国务院令第 421 号	2004.12.01
14	《国务院办公厅关于印发突发事件应急预案管理办法的通知》	国办发〔2013〕101 号	2013.10.25
15	《突发公共卫生事件应急条例》	国务院令第 588 号	2011.01.08
16	《危险化学品安全管理条例》	国务院令第 645 号	2011.12.01
17	《使用有毒物品作业场所劳动保护条例》	国务院令第 352 号	2002.05.01
18	《特种设备安全监察条例》	国务院令第 373 号	2009.05.01

（2）部级法规

截止到 2020 年 4 月，适用于文物保护单位安全与应急管理的部级规定主要如表 2–5 所示：

表 2–5　文物保护单位安全与应急管理的部级规定一览表

序号	规定名称	文件号	实施日期
1	《博物馆安全保卫工作规定》	文化部 1986.6.19 颁布	1985.01.25
2	《博物馆藏品管理办法》	文化部颁布	1986.06.19

续表

序号	规定名称	文件号	实施日期
3	《博物馆管理办法》	文化部令第 35 号	2005.12.22
4	《公共场所卫生管理条例实施细则》	中华人民共和国卫生部令第 80 号	2011.03.10
5	《古建筑消防管理规则》	文化部、公安部颁布	1984.02.28
6	《关于使用文物古迹拍摄电影、电视故事片的暂行规定》	文化部颁布	1984.12.11
7	《国家文物局突发事件应急工作管理办法》	文物办发 [2003]87 号	2003.11.21
8	《机关、团体、企业、事业单位消防安全管理规定》	公安部令第 61 号	2002.05.01
9	《突发事件应急预案管理办法的通知》	国办发 [2013]101 号	2003.11.21
10	《文物保护单位保护管理暂行办法》	文化部 1963 年发布	1963.04.17
11	《文物保护单位执法巡查办法》	国家文物局文物督发〔2011〕21 号印发	2011.12.27
12	《文物保护工程管理办法》	文化部令第 26 号	2003.05.01
13	《文物保护工程施工资质管理办法（试行）》	文物办发 [2003]43 号	2003.06.11
14	《中国文物古迹保护准则》	国际古迹遗址理事会中国国家委员会制定	2002

（3）国家及行业标准

截止到 2020 年 4 月，文物保护单位安全与应急管理的国家及行业标准主要如表 2-6 所示：

表 2-6 文物保护单位安全与应急管理的国家及行业标准一览表

序号	国家标准名称	文件号	实施日期
1	《安全防范工程程序与要求》	GA/T 75-1994	1994.07.01
2	《安全防范工程费用预算编制办法》	GA/T 70-2004	1994.07.01
3	《安全防范工程技术规范》	GB 50348-2018	2018.05.14
4	《安全防范工程监理规范》	GA/T 1184-2041	2014.10.01
5	《安全防范视频监控联网系统信息传输、交换、控制技术要求》	GB/T 28181-2012	2012.06.01

续表

序号	国家标准名称	文件号	实施日期
6	《安全防范系统雷电浪涌防护技术要求》	GA/T 670-2006	2006.04.01
7	《安全防范系统通用图形符号》	GA/T 74-2017	2000.12.01
8	《安全防范系统验收规则》	GA 308-2001	2001.12.01
9	《报警系统环境试验》	GB/T 15211-1994	1995.04.01
10	《博物馆和文物保护单位安全防范系统要求》	GB/T 16571-2012	2012.02.01
11	《博物馆照明设计规范》	GB/T 23863-2009	2009.12.01
12	《出入口控制系统工程设计规范》	GB 50396-2007	2007.08.01
13	《出入口控制系统技术要求》	GA/T 394-2002	2002.12.31
14	《弹性元件式一般压力表、压力真空表和真空表检定规程》	JJG 52-2013	2013.12.27
15	《电力工程电缆设计规范》	GB 50217 — 2007	2008.04.01
16	《电子防盗锁》	GA/T 374-2019	2002.06.01
17	《电子巡查系统技术要求》	GA/T 644-2006	2013.01.29
18	《防弹复合玻璃》	GA 165-1997	2004.12.01
19	《防盗安全门通用技术条件》	GB 17565-2007	2008.04.01
20	《防盗保险柜》	GB 10409-2001	2002.04.01
21	《防盗报警控制器通用技术条件》	GB 12663-2001	2010.04.07
22	《高处作业分级》	GB/T 3608-2008	2009.06.01
23	《古建筑防雷工程技术规范》	GB51017-2014	2015.06.01
24	《家用和类似用途电器的安全使用年限和再生利用通则》	GB/T 21097.1-2007	2007.07.01
25	《建设工程施工现场环境与卫生标准》	JGJ 146-2013	2014.06.01
26	《建筑施工高处作业安全技术规范》	JGJ 80-2016	1992.08.01
27	《建筑施工扣件式钢管脚手架安全技术规范》	JGJ 130-2011	2011.12.01
28	《建筑施工起重吊装工程安全技术规范》	JGJ 276-2012	2012.06.01
29	《建筑物防雷设计规范》	GB 50057-2010	2010.10.01
30	《建筑物防雷装置检测技术规范》	GB/T 21431-2015	2008.10.01

续表

序号	国家标准名称	文件号	实施日期
31	《脉冲电子围栏及其安装和安全运行》	GB/T 7946-2015	2009.06.01
32	《民用建筑电气设计规范》	JGJ 16-2008	2008.01.31
33	《入侵报警系统工程设计规范》	GB 50394-2007	2007.08.01
34	《入侵报警系统技术要求》	GA/T 368-2001	2002.06.01
35	《入侵探测器 第 1 部分：通用要求》	GB 10408.1-2000	2007.06.07
36	《施工现场临时用电安全技术规范》	JGJ 46-2005	2005.07.01
37	《视频安防监控系统工程设计规范》	GB 50395-2007	2007.08.01
38	《视频安防监控系统技术要求》	GA/T 367-2001	2001.12.01
39	《停车库（场）安全管理系统技术要求》	GA/T 761-2008	2008.06.01
40	《文物保护单位标志》	GB/T 22527-2008	2009.02.01
41	《文物保护单位开放服务规范》	GB/T 22528-2008	2009.12.01
42	《文物建筑防雷技术规范》	QX 189-2013	2013.09.16
43	《文物系统博物馆风险等级和安全防护级别的规定》	GA 27-2002	2003.03.25
44	《职业健康安全管理体系要求及使用指南》	GB/T 45001-2020	2020.03.06
45	《指纹防盗锁通用技术条件》	GA 701-2007	2007.10.01
46	《质量管理体系 要求》	GB/T 19001-2016	2009.03.01
47	《智能建筑工程质量验收规范》	GB 50339-2013	2003.10.01

（4）地方性法规

截止到 2020 年 4 月，文物保护单位安全与应急管理的地方性法规（以北京市为例）主要如表 2-7 所示：

表 2-7　文物保护单位安全与应急管理的地方性法规（以北京市为例）一览表

序号	地方性法规名称	文件号	实施日期
1	《北京市道路交通安全防范责任制管理办法》	北京市政府 162 号令	2006.01.01
2	《北京市电气防火检测技术规范》	DB 11/65-2010	2010.11.01
3	《北京市历史文化名城保护条例》	北京市人民代表大会常务委员会公告第 32 号	2005.05.01

续表

序号	地方性法规名称	文件号	实施日期
4	《北京市利用文物保护单位拍摄电影、电视管理暂行办法》	北京市政府第 277 号令	2018.02.12
5	《北京市实施〈中华人民共和国道路交通安全法〉办法》	北京市第十二届人民代表大会常务委员会第十五次会议	2004.10.22
6	《北京市实施〈中华人民共和国文物保护〉办法》	北京市人民代表大会常务委员会公告第 26 号	2004.10.01
7	《北京市市容环境卫生条例》	北京市人大常委会公告第 52 号	2020.06.01
8	《北京市文物保护单位保护范围及建设控制地带管理规定》	北京市人民政府第 200 号令修改	2007.11.23
9	《北京市消防安全责任监督管理办法》	北京市人民政府令第 143 号	2004.04.20

2.4.2　文物保护单位内部安全与应急管理模式

文物保护单位内的不同工作事务，对应不同的安全与应急管理模式。通过了解文物保护单位内部安全与应急管理现状，结合组织行为学理论（张德 2011），归纳总结出文物保护单位内部安全与应急管理模式可分为两种模式，分别为直线式和委员会式的安全与应急管理模式。对于文物保护单位内部的日常安全工作事务，是属于直线型的安全与应急管理模式；对于文物保护单位内部处置突发事件或组织多部门专项工作时，采用的是委员会式的安全与应急管理模式。

（1）直线式的安全与应急管理模式

直线式的安全与应急管理模式是在日常安全工作事务中，按照一定的安全与应急职能进行专业分工，从而执行和处理文物保护单位内部日常工作中的相关事务，发挥职能机构的专业管理作用。在文物保护单位的安全管理系统中，直线式的安全与应急管理模式的特点在于，各部门中的专业指导监督人员，负责本单位内的一部分安全职能以及对同级别部门的同类工作事务进行业务指导或监督，但不能直接对同级发号施令。

以敦煌研究院为例，日常业务工作事务中采取的是有相关安全职责加业务监督指导的直线式安全与应急管理模式。该院保卫处作为安全保卫主管部门，归口管理遗址和文物安全、生产安全、消防安全、治安保卫相关的日常安全管理、风险管控、应急准备和响应工作。但当涉及数展中心的安消防工作时，敦煌研究院的保卫处仅负责监督、检查和指导工作，并不直接对数展中心的日常安消防工作进行决策和建设。

再以故宫博物院为例，日常安全工作事务中采取的是直线式安全与应急管理模式。该院直接与安全和应急相关的部门为保卫处、消防处、开放管理处和安全技术处[①]。这四个部门分别负责全院的安全和应急相关的一部分内容，管理部门梳理图如图 2–6 所示。各职能部门在日常职能业务上各自负责一个专业领域方向，相互之间在日常业务工作执行的过程中互不干涉。如：保卫处是院内安全管理的职能部门，对院内职工、非开放时间的文物安全等负责；开放管理处是负责开放时间内文物、观众安全，为观众提供服务的部门；消防处是负责内部消防安全工作的职能部门，安全技术处是负责安全技术防范系统建设与维护的职能部门。

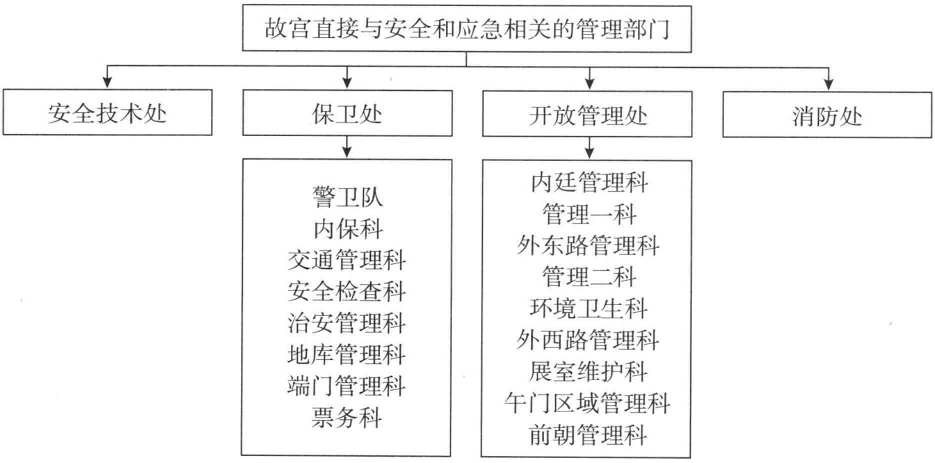

图 2–6　故宫直接与安全相关的管理部门梳理图

日常安全工作事务中，直线式的安全与应急管理模式的优点在于能够将文物保护单位安全管理的相关职责按照专业或具体事项分别进行管理，特定事项由专业的人精准负责，使得内部任务更加明确和具体化，也使各个部门的职责具有清晰的界限；其次各个安全相关的职能部门能够做自己专业内的工作，对自己的专业负责，提高了办事效率。缺点是由于各职能部门分开开展安全与应急管理相关业务，可能

① 故宫博物院 . 机构设置 [EB/OL].（2020–05–06）[2020–05–06]. https://www.dpm.org.cn/about/organization.html

导致各安全部门之间缺少信息交流，缺少全面构建文物保护单位安全与应急管理的全局观点；这也可能导致不同部门之间因为目标不统一而不能达成一致，最终只能通过更高的领导者牵头进行协调或某一部门的妥协来解决此类问题。

（2）委员会式的安全与应急管理模式

根据目前了解到的情况，各文物保护单位在开展专项行动或发生突发事件后，通常会采用委员会式的安全与应急管理模式，主要是为了协调解决多部门共同处理专项工作或突发事件时因为部门上级领导限制而不能协同配合的问题。委员会式的安全与应急管理模式是一种特殊类型的管理模式，实质上来讲，它是一种临时性的机构。通常都会以文物保护单位某安全专项工作领导小组或突发事件应急管理委员会的形式出现在该单位的专项行动工作方案或总体应急预案当中，委员会组成的成员为该文物保护单位各相关职能部门。委员会式的模式一般下设有一个办公室，通常会设置在该文物保护单位与安全保卫相关的部门科室中，来处理专项行动或突发事件应急管理的日常工作。委员会办公室的主要职责是定期或不定期组织讨论、开展专项行动或分析近期的突发事件等。

以敦煌研究院为例，成立了安全委员会和应急领导小组。为了统筹全院安全管理工作，敦煌研究院成立敦煌研究院安全委员会，安全委员会成员单位由全院下属各部门组成。院安委会办公室设在保卫处，由保卫处处长兼任办公室主任，负责召集办公室主任会议，负责对全院安全工作的部署和督促检查；保卫处作为安全管理委员会的办事机构，负责全院安全工作的归口管理。其次，为了更快、更明确、更有效地处理院内日常办公生活、游客在参观过程中产生的各类突发事件，还成立了敦煌研究院应急领导小组，其在应急职能上与院安委会是一致的。

委员会式的安全与应急管理模式，优点在于当处理专项工作或突发事件时，能够临时将不同职能部门的人员汇聚到一个组织中，集中解决文物保护单位的专项工作或突发事件，集中研判安全与应急管理工作。缺点在于委员会式的安全与应急管理，由于是临时集中各部门人员，如果没有明确的预案、工作方案或规定，他们的责任难以明确，各部门人员责任感相对较弱，难以对文物保护单位的安全与应急管理持续发挥作用。

第三章 文物保护单位安全与应急管理框架

我国文物保护单位坚持的是“保护为主、抢救第一、合理利用、加强管理”的文物工作方针，而安全工作是一切工作得以顺利开展的前提，是实现文物保护与抢救、文物合理利用和有效管理的基础。各级政府近年来对文物安全工作提出越来越高的要求，需要文物保护单位明确风险管控、隐患治理、事件处置之间的关系，将各项工作进行高效衔接、将相关信息进行充分互联，以实现事前有效准备、事发快速响应、事中科学处置、事后及时恢复。面对各类风险因素、各类管理对象，如何从要害着手，让资源和人员发挥最大功效，同时通过现代化技术和方法实现信息的即时有效传递、过程的留痕和追踪、有效的决策支持，达到安全工作事半功倍的效果显得尤为重要。

本章基于对“风险—隐患—事件”的概念与管理目的辨析，给出了风险驱动下的日常安全任务触发、隐患发现与上报以及事件监测与处置一体化框架（李季梅和姚晓晖 2019），并进一步结合文物保护单位的管理主体、管理对象、经营活动等特点，介绍了安全与应急管理的主要内容和手段，旨在对文物保护单位安全和应急工作内容进行系统性梳理和分解，为相关工作开展提供整体思路。

3.1 安全与应急管理的关键管控要素

风险、隐患和事件作为任何单位安全工作的核心管控对象，反映内在根源，呈现外在表象，存在相互转化，需要对其进行范畴和内涵的定义，明确每一要素的管理目的。对文物保护单位而言，文物是其核心管理对象，其安全与应急管控的重要目标是实现文物安全，同时确保游客、基础设施和周边环境的安全。

《风险管理指南》(ISO 31000-2018)、《职业健康安全管理体系要求》(GB/T 28001-2011)、《职业健康安全管理体系》(ISO 45001-2018)、《安全生产事故隐患排查治理暂行规定》(原安监总局16号令)等相关法律法规和技术标准中对风险、风险源、危险源、隐患、事故等基本概念的定义都有涉及，但因具体到安全生产、职业卫生、公共安全不同领域时实际对象和场景不同，因此在概念起源、定义、边界及其之间的区别与联系上不同的学者理解不一。从当前研究来看，学者虽在相关细节上存在争议，但对危险源是风险存在和事故发生的根源、隐患是导致事故发生的直接原因这一基本界定和逻辑关系的认识是统一的（图3-1）。

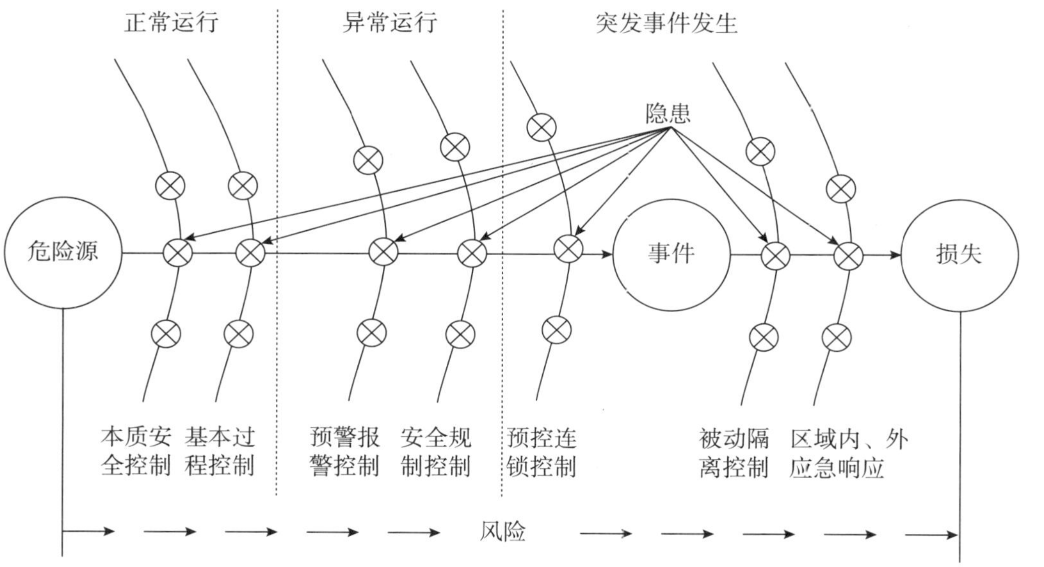

图3-1 “风险－隐患－事件”作用关系框架图

3.1.1 风险

风险的定义有很多，《风险管理指南》(ISO31000-2018)中定义风险为“不确定性对目标的影响”，广义上来讲影响有可能是积极的也有可能是消极的，在安全领域讨论的风险特指会造成负面的、消极的影响的风险，这种风险带有“不确定性”、“客观性”、“损失性”等特征。

文物保护单位的风险首先取决于区域内存在的主要保护对象，一般来讲需要重点关注的风险评估对象包含文物、人员、基础设施以及周边环境等，文物保护单位典型风险评估对象见表 3–1。

表 3–1　文物保护单位典型风险评估对象

序号	评估对象大类	评估对象分类
1	文物	古文化遗址、古墓葬、古建筑、石窟寺、石刻、壁画等不可移动文物以及陶瓷、书画、青铜器、玉石、文献、手稿、图书资料等可移动文物，以及与文物相关的库房、展馆、修复研究场所等
2	人员	游客、工作人员、来访人员、施工人员、经营人员等
3	基础设施	电力设施、供排水设施、供热设施、燃气设施、通信设施等
4	周边环境	林木、水域等

风险存在的根源是危险源的存在，即危险的物质、能量及其载体在客观上导致突发事件发生的必然，因此在确定评估对象的基础上必须对具体的危险源开展辨识和分析，危险源种类主要包括自然类、生物类、人为类、设备类、物质类和作业类等，典型示例见表 3–2。各项安全工作的开展目标就是消除、转移、降低风险，使突发事件发生的概率降低或造成的损失降低。因此，工作如何开展、资源如何配置取决于风险的类型和等级。

表 3–2　文物保护单位典型危险源示例

序号	类型	示例
1	自然	温湿度、光照、空气污染、降雨、沙尘暴、雷电、高温、地质灾害等
2	生物	虫害、霉菌、赤潮、抓划、外来生物入侵等
3	人为	偷盗、破坏、恐怖袭击、周边重大项目建设（如水电站、采沙场）等
4	设备	压力管道、起重机械、压力容器、电梯等
5	物质	硝化甘油、乙炔等有害、易燃、易爆危险化学品
6	作业	动火作业、受限空间作业、吊装作业、盲板抽堵作业、动土作业、高处作业、设备检修作业等

风险管理的目的是制定各种管控措施，进行风险管控。风险管控可基于防护层模型通过不同层级的防护层屏障建设实现，从根源到现象、从主动到被动，防护

续表

层可从本质安全控制、基本过程控制、预警报警控制、安全规制控制、预控连锁控制、被动隔离控制、区域内外应急响应七个层级进行管控措施的分解制定和落实，如图 3–1 所示（许铭等 2014）。风险管控的落实和执行可通过安全管理体系的建设和运行来实现。

3.1.2 隐患

隐患的一般定义为“可导致事故发生的人的不安全行为、物的不安全状态及管理上的缺陷”（许铭 2018）。直观理解，图 3–1 中七个风险防控层上出现的问题就是隐患，隐患是需要即时发现并快速整改的。隐患的存在是风险导致事故的条件，因此基于风险管控措施的逐层排查，确保防护屏障的有效性是避免事件发生的重要手段。

隐患管理一般遵循“谁主管谁负责，谁使用谁负责”的原则，以明确隐患排查和整改的主体责任。《安全生产事故隐患排查治理暂行规定》（2007 年）中规定隐患可分为一般事故隐患和重大事故隐患。一般隐患是指危害和整改难度较小，发现后能够立即整改排除的隐患。重大事故隐患，是指危害和整改难度较大，应当全部或者局部停产停业，并经过一定时间整改治理方能排除的隐患，或者因外部因素影响致使单位自身难以排除的隐患。

隐患的管理应坚持闭环管理原则，主要工作包括制定合理的排查计划、编制科学的排查标准、及时进行隐患信息的上报和整改，并持续动态监管隐患的闭环。

（1）定期排查：文物保护单位自身以及监管机构人员应制定排查计划，可通过专项排查或综合排查等多种途径开展隐患排查，确保全覆盖。

（2）及时上报：对于发现的隐患能现场整改的应立即整改，并做好记录，现场无法整改的隐患应做好记录，确定责任人、整改期限和整改要求并及时进行上报和派发。

（3）分级管理：根据隐患影响范围、整改难度等因素确定隐患的级别。对于整改难度较大的隐患应制定临时应对方案，确保整改期间处于可控状态。

（4）整改追踪：对于隐患的整改进度进行持续跟踪，确保在整改期限内完成。

（5）复查审核：制定复查审核计划，对隐患的整改情况进行审核，以实现隐患的有效消除。

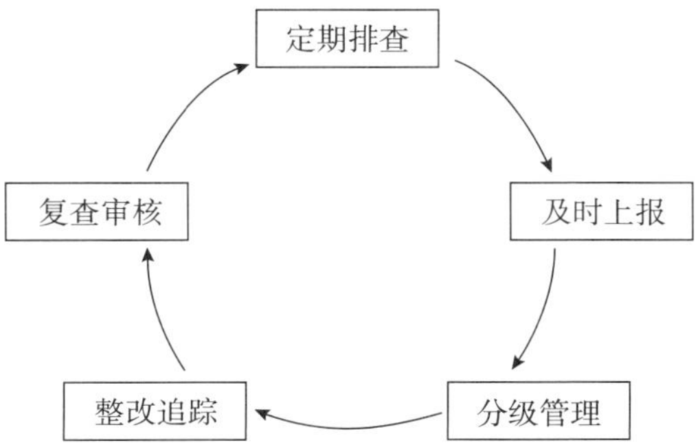

图 3-2 隐患管理闭环示意图

3.1.3 事件

《中华人民共和国突发事件应对法》（2007 年）中定义“突发事件是指突然发生，造成或者可能造成严重社会危害，需要采取应急处置措施予以应对的自然灾害、事故灾难、公共卫生事件和社会安全事件。”突发事件的发生，尤其是事故灾难类突发事件的发生有其偶然性和必然性，是在必要的安全工作执行不到位的状况下出现的，需要启动应急响应措施，利用各种应急资源开展救援的紧急状况。

突发事件应急管理包括事前编制应急预案、开展应急演练、储备应急物资和装备、组建应急队伍和训练，事发的即时监测、报警和响应，事中有效组织各类资源和人员快速制定并实施救援工作，事后开展事件调查、善后处置等工作，其全过程如图 3-3 所示。

3.1.4 三要素关系

风险、隐患和事件存在或产生的根源都是危险源。其中，风险和危险源是互相依存、不可分割的，也即只要危险源存在则风险一定存在。安全工作的目标是使风险处于可控的水平，从而避免危险源的危险能量伤害人员、财产、环境，引起社会影响。隐患是由于风险防控措施的执行落实不到位而产生的，是可做到且应该做到

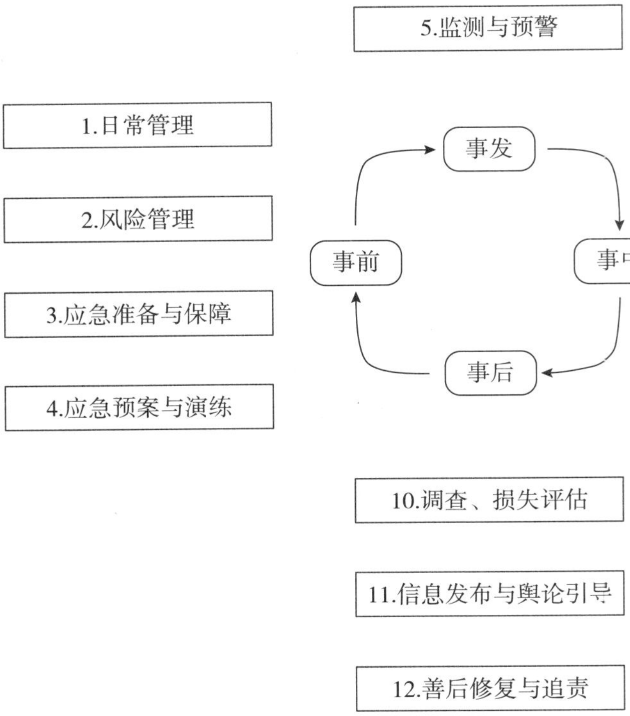

图 3-3 突发事件全过程管理

立即整改消除的，理想的状态是没有隐患存在，从而切断危险源到事件的路径，确保事故不发生。突发事件是隐患没有及时发现并消除，致使各层风险防控措施同时存在缺陷，风险水平处于不可控状态时发生的，其影响范围和规模在根源上取决于危险源的能量。

以“液化石油气瓶”危险源为例，其存储物质的有毒有害、易燃易爆特性决定了存在中毒、窒息、火灾、爆炸的风险，从风险管控的角度需要确保气瓶本身合格、安全附件有效、人员操作规范、存储场所合规、有泄漏监测报警装置等防控措施，如果管理不到位，出现气瓶老化、阀门关闭不严、泄漏报警装置失效等隐患时，就可能导致爆炸、中毒等突发事件发生。

3.2 安全与应急管理一体化框架

基于对“风险—隐患—事件”的分析可以看出，风险辨识和评估是安全工作开展的前提和基础，只有对区域内存在的危险源进行系统科学的分析，并对不同风险当前的等级进行研判，才能据此制定本区域的风险控制方案，明确本区域的安全设备、人员、制度应如何配置，各类检查、演练、培训、审核工作应该如何开展。危险源在与敏感时期、异常天气、重大活动等条件叠加时会触发特殊的风险事件并形成风险控制任务，任务按照区域内的部门职责分工进行定向派发。

根据风险管控措施的归类和分析结果可以形成区域年度的工作方案、相关工作的流程和要求，并通过安全检查、应急演练、工程管理、危险化学品管理、会议管理、审核评估等各类计划任务和临时任务的派发和执行实现安全工作的落实。在各项安全工作过程中发现的问题或工作本身没有被有效执行均应作为隐患进行记录和派发，并进行全过程监督管理。任务的执行情况和发现的问题均会对风险的等级产生影响。

日常安全管理过程中各类技术监测系统和人工巡查等发现突发事件后转为应急模式下的指挥调度，在应急模式下需要借助日常建立和维护的应急预案、应急物资台账、现场监控视频等辅助决策信息的支持。事件的发生会反作用于风险信息和日常监管工作，对风险的类型、等级，安全检查的方向、区域、频次，培训演练的重点等产生影响。

风险管理、日常安全管理、应急管理的信息流转框架如图 3–4 所示。

3.3　文物保护单位安全与应急管理内容

文物保护单位的安全与应急管理就是文物主管部门、文物保护单位、属地政府、应急管理部门、公安部门等单位通过风险评估、隐患排查、演练培训、监测预警、处置救援与事故调查等方式，对文物保护单位开展的考古发掘、保养修缮、科学研究、藏品保管、安全保卫、旅游接待、陈列展览、零售服务等各项活动和业务进行管理，以实现对文物本体、附属文物、重要文物藏品、古树名木、基础设施、数据资料、观众等对象的保护，如图 3–5 所示。

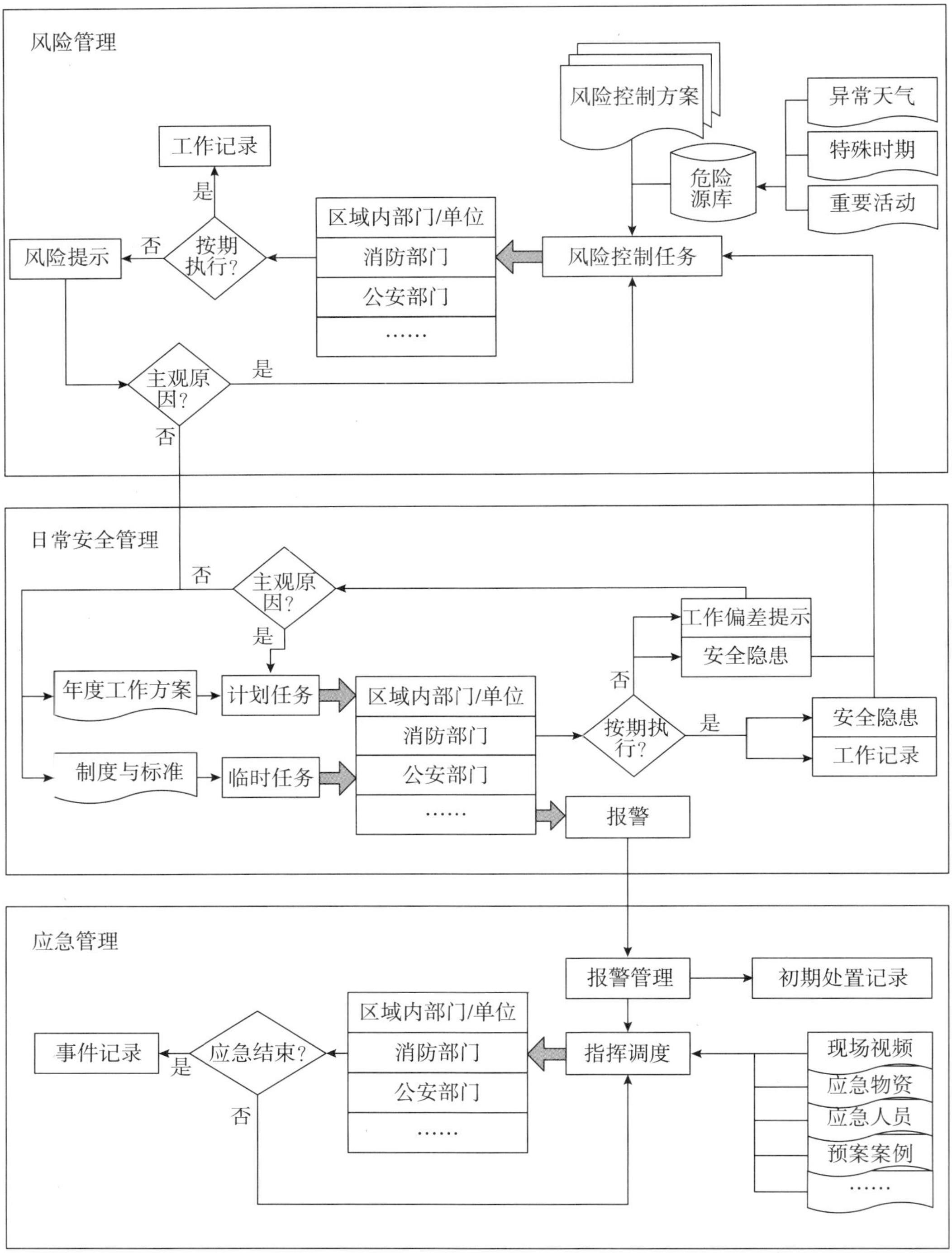

图 3-4　安全管理与应急指挥一体化框架

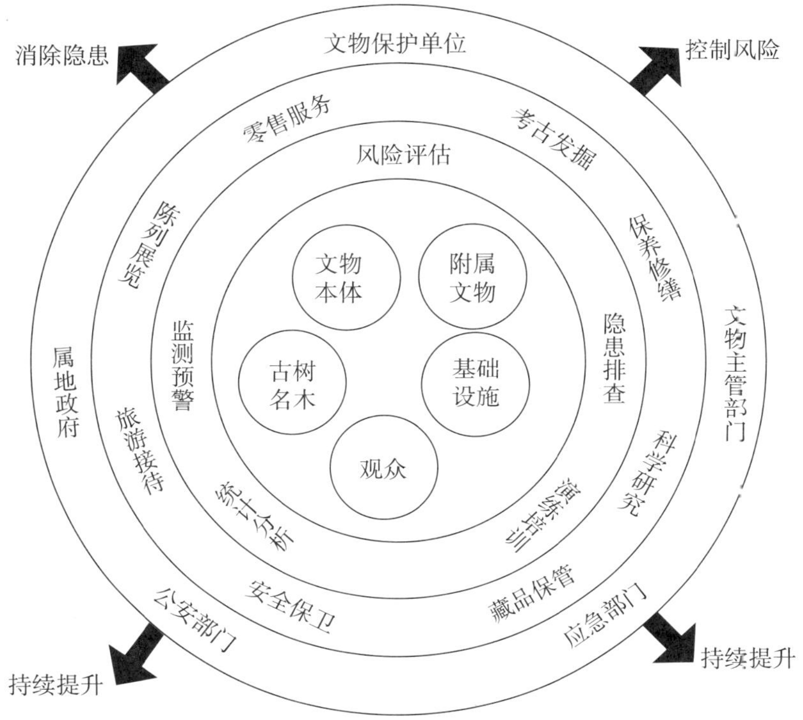

图 3–5　四层安全监管体系示意图

文物保护单位安全与应急管理应该以年度工作目标为基准进行工作任务的分解，通过安全责任制的分解确定各级人员职责和任务，通过安全教育和培训、风险评估和管控、专项工作安全管理、安全检查、应急准备与响应、职业健康管理、合规性评价、管理评审等工作来实现安全。

文物保护单位的安全与应急管理工作应遵循“PDCA”原则进行闭环管理。PDCA 最早由美国质量管理专家戴明提出来的，所以又称为“戴明环”。PDCA 的含义如下：P（PLAN）—计划、D（DO）—执行、C（CHECK）—检查、A（ACTION）—行动，对检查的结果进行处理，成功的经验加以肯定并适当推广、标准化，失败的教训加以总结，未解决的问题放到下一个 PDCA 循环里。以上四个过程不是运行一次就结束，而是不断循环，一个循环解决一些问题，未解决的问题进入下一个循环，实现阶梯式上升。PCDA 循环实际上是对任何一项工作都有效的工作程序。

（1）P（计划）

第一步要先确认安全管理需改善的问题，通过分析现状，收集整理数据，找出存在的问题；第二步尽可能穷尽地分析产生问题的各种原因或影响因素；第三步比较并选择主要的、直接的影响因素；第四步针对问题的主要因素，寻找可能的解决方案，制定措施，提出行动计划和相应的资源（逄玮和张多俭 2016）。P（计划）是应该重点关注的部分，计划中至少包括依据事实或数据统计的问题确认，通过选取合适的参照系或标杆的对照，收集目前表现的数据或信息来界定问题的范围、程度和性质，结合文物保护单位的年度目标确立安全工作目标。

（2）D（执行）

按照既定的计划实施、协调和跟进，注意实施过程中的数据收集，以便后期的分析。

（3）C（检查）

检查执行计划的结果，找出问题，分析数据。在检查过程中要反问和思考：我们获得的结果是否符合设定的目标？我们制定的措施是否有效？是否有不足和差距？

（4）A（行动）

这一阶段分两步。首先，肯定并学习、推广并遵循成功经验，采取行动来保证这些经验长期有效，将新举措标准化、规范化、文件化，并进一步推广；其次，总结失败经验，以免重蹈覆辙，找出本循环中悬而未决的问题，将其放入下一个PDCA循环中。

文物保护单位安全与应急管理应分析现有的安全管理制度，结合联合国教科文组织、国际标准化组织、国际博协、美国博协等机构在安全、保卫、消防、展览等方面成熟的经验与流程，以安全运行现状为基础，对安全管理规则与流程进行系统性分类归纳与优化，使管理水平达到从依靠性管理到独立性管理的提升。主要工作模块包括日常安全管理、风险管理和应急管理。

（1）日常安全管理

日常安全管理工作主要包含以下内容：以文物保护单位现有安全管理规则为基础，以安全需求及愿景为目标，结合国内外相关经验，搭建文物保护单位的安全管理流程框架与规则；设定文物保护单位的安全管理政策方针，设计闭环的安全工作流程与要求；优化文物保护单位安全年度目标，并对目标进行分解，设定各安全工作相关部处的年度安全指标及安全保卫年度工作策划；优化各层级人员的安全工作权限、责任与要求，优化内部具体的各项安全工作程序与要求，具体见表 3–3。

表 3–3　日常安全管理工作示例表

序号	名称	注释
1	安全管理组织构架与各级人员职责	编制文物保护单位的安全管理组织构架，明确各级人员安全相关职责与权力。
2	文件及记录管理	编制出程序文件与记录的格式标准与管理程序，优化管理，便于查阅与咨询。
3	安全管理培训	编制出完整的培训制度和培训内容，提升整体人员的安全素质和业务水平。
4	内部安全管理规程与控制	根据现有的管理规程，完善管理规程，明确执行流程的个人和责任。
5	日常安全管理运作程序	完善文物保护单位安全管理作业流程，明确执行流程的个人和责任。
6	安全管理宣传、促进与处罚	编制安全管理宣传、促进活动细则，创造工作环境的人文气氛。
7	设施设备的维护与保养	编制设施设备的保养与维护制度，明确管理流程与要求。
8	沟通、参与和协商	通过沟通、参与和协商管理程序，形成明晰的管理层、部门层在安全方面的决策、信息沟通与下达、执行反馈与状态监控机制。
9	事件调查、处理与知识管理	通过设立一套完善的程序，对发生的事件的调查及处理进行明确的授权及职责划分，采取预防和改正行动措施来降低影响，并确保预防和改正行动措施的落实，以防止后续事件的发生。
10	安全管理检查	定期定量的监测安全管理执行绩效。
11	商户、建设施工承包商的评估、选择与管理	对商户与建设施工承包商进行评估、选择，确保第三方人员的安全资质及在文物保护单位内的日常生产经营活动在安全方面受控。
12	职业健康与环境卫生管理	为所有工作人员、第三方和参观人员创造一个愉悦、舒适、安全的工作和参观环境。

（2）风险管理

风险管理工作主要包含以下内容：对文物保护单位现有各类安全风险类别和风险管理状态进行梳理分析；明确风险管理需求；结合国际博协安保分会（ICMS）

及美国博协（AAM）等的风险管理理念与策略，搭建文物保护单位的风险管理框架与运行思路；设立风险辨识需求、类别与边界；创建风险评估模型，结合国际上的风险评估工具，编制出文物保护单位自身的风险评估方法；设立风险评估结果（风险程度）的管理思路，对不同的风险程度采取不同的风险消除与降低措施；编制风险管理跟踪措施，对每个具体的风险的执行情况进行追踪落实；建立整体的风险统计分析模型和数据库，从而进行风险的实时监控与态势分析，具体见表 3–4。

表 3–4 风险管理工作示例表

序号	名称	注释
1	风险管理组织构架与职责	明确组织构架与职责，实施文物保护单位整体风险管理。
2	风险管理流程	
2.1	风险鉴定	根据文物保护单位目前的风险状况与形式，确定每个具体风险的状况及所属类别。
2.2	风险分析与风险等级确定	编制科学的风险分析与等级确定方法。
2.3	风险控制	引入风险控制方法，对每个需控制风险实施具体控制措施。
2.4	风险电子监控、汇总与自动分析	借助信息化手段，自动监控风险控制的执行状态与电子留痕反馈。
3	风险记录	

（3）应急管理

应急管理工作是指建立文物保护单位应急管理模型，设立标准应急响应机制，针对各类重大事件建立相应应急流程，实现在警情发生后，应急响应人员各司其职，能迅速有效地进行应急处置。

应急管理工作主要包括：进行应急管理的框架建模；对文物保护单位现有应急管理规则与流程进行调研；梳理领导及各部门的指挥协调职能；根据文物保护单位现有事件应急响应程序，优化设立相应应急响应与应急演练工作程序；针对应急响应的不同等级和类别，编制不同的应急响应流程；建立应急演练培训要求与计划；建立应急人员数据库与应急物资数据库；编制应急响应的记录报告与应急演练的记录报告模版，具体见表 3–5。

表 3–5　应急管理工作示例表

序号	名称	注释
1	管理机构与人员职责	根据文物保护单位目前的应急管理模式，编制应急管理组织机构与机构内人员职责。
2	应急响应级别	根据文物保护单位现状和需求，划分应急反应的级别。
3	应急管理流程	根据文物保护单位现状和需求，建立应急管理执行流程。
3.1	应急准备要求	建立应急准备流程与制度，在应急事件未发生时做好充分准备，在应急事件发生时能立即行动。
3.2	应急响应要求	建立应急响应程序，缩短应急反应时间。
3.3	重大事件应急预案	建立各类重大事件应急预案，固化应急管理流程，为各类突发应急事件做指导。
4	应急演练	通过定期的应急演练，使人员熟悉应急管理机制并提升应急管理自我执行能力

3.4　文物保护单位安全与应急管理手段

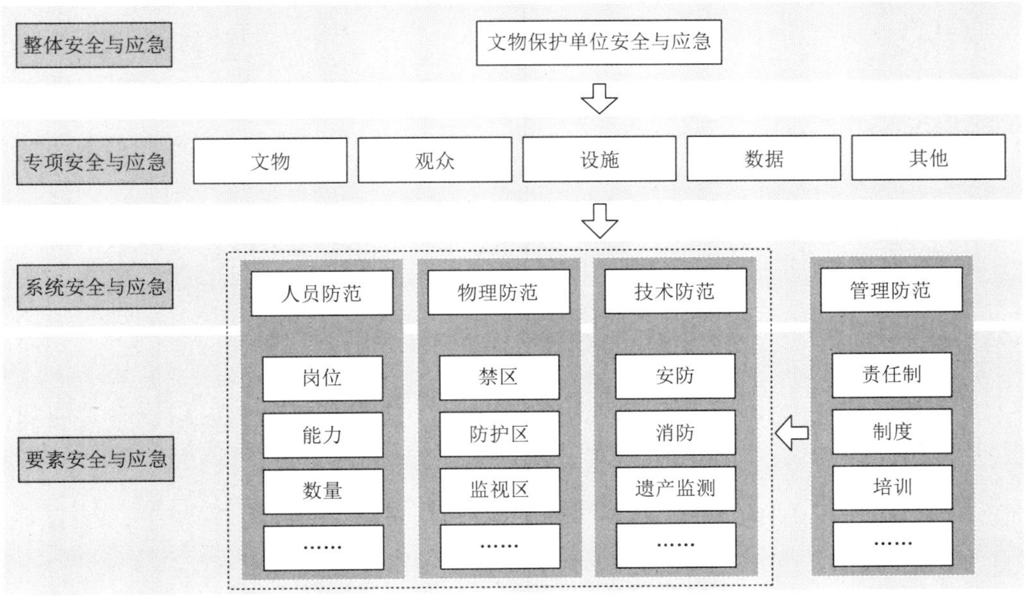

图 3–6　文物保护单位安全与应急管理手段

安全与应急管理的核心目标是确保防护目标的安全。人防和物防是古已有之的传统防范手段，它们是安全防范的基本方法。人防和物防就是通过人力和物力手段进行安全防范，比如人员巡逻、站岗以及各种实体防范等。随着科学技术的不断进步，传统的防范手段与新科技也在不断融合。技防是通过现代科学技术进行安全防范，比如电子监控、声控报警、红外报警等。在实际管理中，应把这几种防范措施有机结合起来，适应新时代文物安全防范的需求。同时，管理作为一种综合保障手段，是使“人防”“物防”“技防”能够有效整合，实现最大化效用的纽带。

物防是基础，人防是保证，技防为人防和物防提供更高效的支撑，管理将三者进行有效融合，如图 3–6 所示。做好安全工作，人是第一位的，应提高文物保护单位安全管理人员的思想认识，强化安保工作者的基本素质，将“文物安全重于泰山”“文物无小事”等观念充分贯彻到日常工作中，从观念树立到行动落实，真正做好文物保护单位安全工作。

3.4.1 人防

人防是指利用人力资源进行安全防范，利用人们自身的眼、手、耳等进行观测，发现危害安全的征兆和行动，进行阻止或延迟危险的发生。在文物保护单位中，常见的人防手段包括设立岗哨、24 小时值班制度等，这些人防措施可以用来保卫文物保护单位的外围安全，而展览开放期间的文物安全人防手段则为设置文物看管人员。人力是人防的基础，是不可或缺的条件。每个文物保护单位均应建立健全保卫制度，严格以制度为标准，打造完善的队伍，明确岗位职责（张英 2011）。

对于文物保护单位而言，展厅与外围是两个相互依存的安全线。外围安保人员是第一道人力防线，通过在主要出入口的固定岗位人员与沿一定路线巡逻的流动岗位人员结合，发现可疑人员，实现提前防范。展厅、展室内各处一般设有文物看管员，负责观众游览过程中的文物看护以及观众的疏导。

由于人防对人力资源需求较大，目前文物保护单位的安全保卫人员一般由本单位员工和外部派遣合同工共同组成，同时根据文物保护单位的重要程度，协同属地武警、公安、消防力量共同组成人防队伍。人防建设应明确组织架构和职责分工，队伍应配置充足、能力过硬，通过培训和演练等方式强化其业务素质，系统性提高人防效能。

3.4.2　物防

物防，又称实体防范，是指用于安全防范目的、能延迟风险事件发生的各种物理防范手段，如修建坚固的建筑、围墙、防护栏等，主要利用其物理上难于破坏或者逾越的特点实现防护。

物防主要包括周界和重要区域 / 重要部位两个层面。对于周界，宜建立金属栅栏、砖、石或混凝土围墙等实体防范，建设时金属栅栏的竖杆间距、围墙的厚度和高度应符合相关标准要求。《博物馆和文物保护单位安全防范要求》（GB/T 16571–2012）中规定：金属栅栏竖杆间距应不大于 150mm，1m 以下部分不应有横撑；新建的砖、石围墙的厚度不宜小于 370mm，高度不宜小于 2.2m。展示、存放藏品的区域，室内通向室外的所有通风口、管道口与室外开口之间的通道宜为 S 型。藏品库房应安装防盗安全门，存放藏品的临时库房应设置防盗保险柜，存放珍贵藏品的展柜应由具有防砸性能的透明防护屏障及相关框架组合而成，且应安装防盗锁并具有防撬功能，裸露的展品应设置实体隔离设施。

3.4.3　技防

技防，是通过在重要的场所安装、设置各种电子信息设备组成系统，如各类报警器、摄像机等，提高探测、延迟、反应能力和防护功能的安全防范手段。技术防范主要包括入侵报警系统、视频安防监控系统、出入口系统、声音复核系统、安防专用通信系统、电子巡查系统、防爆安全检查系统、安全管理系统等。

技防系统的防护范围应包括周界警戒线内的全部区域。周界入侵探测的防护范围应完整封闭，综合考虑防区分布、环境特点等因素，合理选择不同探测原理和技术性能的入侵探测装置，构成点—线—面或其组合的综合防护系统，不应有盲区。《博物馆和文物保护单位安全防范要求》（GB/T 16571–2012）中规定视频安防监控系统应能保持图像和 / 或声音记录信息的原始完整性，并具备防篡改、防销毁、防窃取等功能，出入口设置的视频采集设备应能清楚地显示出出入人员面部特征、机动车号牌等信息。出入口控制系统的设置应满足紧急情况下人员疏散的要求。声音复核系统应能清晰地探测现场内的语音、人走动、撬、挖、凿、锯、砸等动作发出的声音。入侵探测装置应与视频安防监控、出入口控制、声音复核、辅助照明等装置联动。

技防系统在安装和运行过程中不得对防护对象造成损伤和破坏。对于古建筑、石窟寺及石刻、古文化遗址、古墓葬等安全防范工程，确需在文物本体上敷设管线、安装前端设备时，应征求文物专家意见、尽可能减少对文物本体和环境的影响。

3.4.4 管理

管理作为一种软实力，一定程度上决定了安全防范系统的整体效能。在保护文物安全的过程中，文物保护单位领导是单位安全保卫工作的统筹者，领导的重视和职工的安全意识是最重要的。文物保护单位应建立健全定期学习制度、教育制度，结合实际，全面贯彻各项规章制度。根据自身实际情况，建立安全保卫规章制度，做到制度完善配套，程序规范可行；应健全保卫组织机构，配备专职兼职保卫干部，使保卫工作大事有人抓、小事有人管，对安全保卫工作定期进行检查；应定期进行保护文物安全和职业道德纪律、法制宣传的教育，及时传达上级文物部门对安全工作的要求和精神，不断提高职工的安全意识和工作责任感，使其树立常备不懈的安全观念，自觉遵守单位内的各项安全保卫规章制度，真正把安全保卫工作落到实处。

第四章　文物保护单位风险管理

文物保护单位风险管理是其安全管理的重要组成部分，文物保护单位在开展文物保护工作的同时，还需注重自身的风险管理，识别出可能面临的风险，评估出风险等级，确定并实施相应的风险控制策略，以实现对文化遗产的全方位有效保护。1996 年 9 月首次明确提出“文化遗产风险防范”概念的《关于文化遗产风险防范的魁北克宣言》在魁北克第一届文化遗产风险防范会议上通过，1997 年 7 月“风险”的概念在《关于文化遗产风险防范的神户－东京宣言》中出现，标志着“风险”首次被引入文化遗产保护中，整体防范策略“灾前预防、灾中应急、灾后恢复”也首次被明确提出（张文波和侯卫东 2017）。文化遗产一旦遭受损坏，其后果是不可逆的，因此风险防范是文物保护的最佳方式。

本章主要介绍文物保护单位风险管理的基础理论、风险评估的方法以及流程，并重点对现阶段国内文物保护单位风险管理的策略和手段进行系统介绍。

4.1　风险管理基础理论

法国人法约尔 18 世纪首次将风险管理引入企业管理；一战之后，美国首先提出了风险的接受、转移和消除的相关理论和方法，并成立了专门研究风险管理的组织机构，对风险管理进行了深入的研究；二战之后，随着社会、经济的全面发展，各类新技术、新工艺和新材料逐步被研发并使用，这些在带来发展的同时也带来了新的风险，逐步促进风险管理走向科学化、体系化。

美国通用汽车公司 1953 年 8 月 3 日发生的自动变速装置失火事故在造成了 5000 万美金经济损失的同时也给风险管理科学的发展带来了契机。一方面，各研究机构加强了风险管理理论的研究；另一方面，各大中型企业设立了风险管理部门和机构，进一步加强企业风险管理。

随着各研究机构和大中型企业对风险管理的重视，60年代美国首先将风险管理作为一门新兴的管理科学进行研究，并在70年代将风险管理在世界范围内传播。

全面风险管理的概念是近年来才被提出，按照全面风险管理理念，风险是需要动态管理的，可以采取系统的方法对风险进行控制，以减少工程项目实施过程中的各种不确定性。因此，风险管理人员必须树立风险意识，要在各个阶段、各个方面采取有效的风险控制措施，形成一个全面有效的风险管理体系。

4.1.1 风险的基本定义

《Risk Management Guidelines》（ISO 31000：2008）中，对于风险的定义是"不确定性对目标的影响"；《职业健康安全管理体系要求及使用指南》（GB/T 45001-2020）中，对风险的定义是：发生危险事件或有害暴露的可能性，与随之引发的人体伤害和健康损害的严重性组合。

由此可以看出，风险是用来描述未来可能发生的、对某种保护对象存在不好的影响的可能性，也就是说风险是伴随着生产经营活动、设备设施而客观存在的，一般来说风险的描述可以从风险导致的事故发生的可能性和事故后果的严重程度来描述风险的等级。

4.1.2 风险管理的基本原则

风险管理是通过识别可能存在的风险，并对风险导致事故发生的可能性和严重程度进行分析，同时持续管理风险的整个过程，最终目的是消除风险或者通过控制措施减少这些风险的影响程度。一般来讲风险管理包括四项基本原则：

（1）风险先行原则

在所有工作开展之前，特别是一项新的工艺、方法、设备设施使用之前，都必须对其可能存在的风险开展辨识、评估工作，并针对评估出的风险制定相应的控制措施，以确保实施过程中的安全，将风险等级降低至可接受的范围之内。

（2）人人参与原则

风险管理不是某一个部门或者某一个人员负责的，必须实现自上而下、层层管理，要求所有层级的员工都必须有风险管理的意识。领导层负责整体的风险管理，同时对部门层及员工层风险管理提供支持；部门层需对本部门负责的风险进行管理，同时对其他部门的风险管理提出建议；员工层需加强本岗位的风险管理，这样便形成了“领导层－部门层－员工层”的分层风险管理机制，实现人人参与风险管理的意识形态。

（3）分级管理原则

风险管理的第三个基本原则是对重点风险重点管理，也就是风险的分级管理原则，不同等级的风险紧急程度及严重程度不同，因此需要将风险按照其评估出的等级进行分级管理，对高等级风险进行重点管控，以确保风险管理工作实施的有效性。

（4）闭环动态监管原则

风险应按照“风险识别—风险评估—风险控制—动态更新”的闭环动态管理流程进行管理和控制，确保能够实时掌握风险的变化及管控情况，及时调整风险管控措施。

4.1.3　风险管理的基本流程

风险管理工作的主要流程可以分为三个方面，包括风险辨识、风险评估和风险控制，在开展具体的风险评估工作之前还需搜集相关资料并分析，以更好地了解评估对象的实际情况，为下一步开展风险评估工作做好准备，评估流程图如图 4–1 所示。

（1）风险辨识

首先，开展资料搜集工作。在开展风险辨识评估之前应先搜集相应的生产工艺、设备设施、管理制度等相关资料，在充分了解整体情况后，再根据不同区域的功能、岗位设置、设备设施、生产工序、使用物料、管理情况等信息辨识单元内的危险源和风险。充分搜集相关行业资料、风险源辨识与评估的相关知识，结合自身的实际情况和相关行业的经验辨识危险源，争取做到不遗漏。

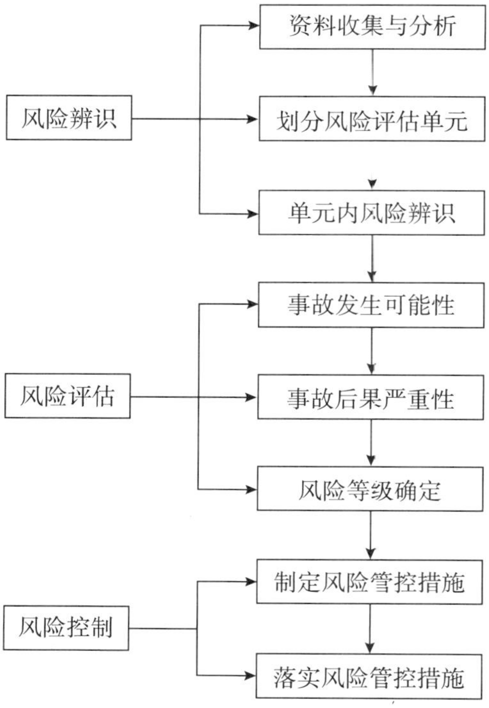

图 4-1 风险管理工作流程图

其次，划分评估单元。评估单元的划分要遵循独立性、全面性和合理性三个原则。

◆独立性。各功能场所应相互独立为宜，互相不关联，如果两个不同场所为同样的功能和工艺，使用相同的设备设施，则可以视为同一个评估单元。

◆全面性。单元的划分应该全面，不能遗漏，覆盖所有功能单元，全方面地、细致地进行辨识。

◆合理性。单元的划分应合理，不同功能区域应划分不同评估单元，存在交叉风险、衍生风险的区域应合理地辨识危险源和评估风险。

最后，对评估单元内的风险进行辨识。结合具体单元内的情况开展风险辨识。整个风险辨识可分为四步：

第一步，根据风险管理范围、任务要求，采取问卷调查和现场勘查、实地走访相结合的方式开展风险评估前期调研工作。调研内容包括风险辨识对象的基本情况以及国内外相关事件案例等资料；

第二步，针对排查确定的各类安全风险，从不同的层面、不同的角度，分析、列举该风险可能导致的各种不利情况，进行风险分类；

第三步，明确可能导致不利事件发生的原因、致灾因子、薄弱环节等，判断其可控程度、预判其可能性等；

第四步，以此为基础，细化各类安全风险的具体风险源、风险点、危险源、薄弱环节、重点防护目标等，并尽可能空间化；最终通过必要的筛选、排除和调整，形成本单位安全风险清单。

（2）风险评估

风险评估是确认辨识出的风险及其风险等级的过程。一般来讲，风险等级的评估可利用风险矩阵的评估方法，从发生的可能性以及后果的严重程度两个角度进行风险分析。

◆风险可能性分析。通过对风险自身特点、保护对象的承受能力、管理人员的控制能力等相关要素进行综合分析，可以确定风险的可能性。风险可能性与风险自身特点有很大关系，与保护对象的承受能力和管理人员的控制能力成反比。因此风险可能性评估可以在这三个方面综合考虑。

◆风险后果严重性分析。风险评估中另一个重要内容是后果严重性分析，后果严重程度的分析结果对于后期该风险导致的突发事件应对准备工作有重要影响，能否准确、客观地评估出后果严重程度，对最终确定风险等级有直接影响。后果严重性分析主要从该风险导致的事故后果对保护对象的影响程度进行分析，具体可以从人员伤亡、财产损失、环境影响、社会影响、媒体关注度等方面进行评估，后果严重程度与风险本身的固有属性有关，也与其可能影响范围相关。

（3）风险控制

风险管控措施是否能够落实，风险是否控制在可接受的范围之内，是风险评估工作中最为重要的环节。风险控制措施主要包括消除、取代、隔离以及个体防护几个方面，风险管控措施的制定，必须考虑闭环、动态、分级以及多层次控制的原则，保证整个风险管控措施的落地和执行。

4.1.4 风险评估的一般方法

在具体的风险评估过程中，可以采用半定量、定量、定性等方法中的一种或多种方法的组合。半定量方法包括矩阵法、事件树分析法、层次分析法、故障树分析法、历史演变法等；定量分析方法包括指数分析法、概率分析法、模糊综合评价法、计算机模拟分析法等；定性方法包括类比法、检查表法、现场调查法、德尔菲法、经验分析法等。《风险管理 风险评估技术》（GB/T27921-2011）中对风险评估的一般方法进行了总结，较为常见和通用的风险评估方法主要有：

（1）风险矩阵法

风险矩阵法是一种利用二维表格来评估风险等级的半定量方法。风险矩阵的两个维度分别是风险发生的可能性以及后果严重性两个维度，分别判定这两个维度的等级后，利用风险矩阵图确定最终的风险等级。该方法的优点是易于掌握、简单明了，缺点是过度依赖评估人员的经验，主观性强。

（2）头脑风暴法

头脑风暴法是指组织相关行业领域的专业人员在不受任何限制的气氛中，打破常规，积极思考，畅所欲言，充分发表看法以确定风险及其等级的方法。一般包括“确定人员－抛出问题－会议讨论－记录结果”四个步骤。该方法的特点是操作简单，激发想象力，有助于发现新的风险和全新的解决方案，缺点是对参与者素质要求较高，也难于保证过程及结果的全面性。

（3）德尔菲法

德尔菲法，也称专家调查法，是一种匿名反馈函询法。该方法是通过多次反复征求专家反馈意见，并对每次的反馈意见进行归纳、整理、统计，以得到最终一致的意见的过程，在整个过程中，所有成员不得互相讨论，只能与调查人员交流。其优点是能够充分征求所有专家的意见，避免权威人士的影响，主要缺点是缺乏沟通交流，易忽略少数人的观点，存在调查者主观影响。

（4）情景分析法

情景分析法又称脚本法或者情景构建法，是在假定某情景的前提下，采取建设、预测、模拟等手段，对未来可能发生的各种后果进行分析的方法。一般情况下是通过预设情景发生发展的整个过程，按照情景过程分析可能的后果，以此来确定可能存在的风险，在具体分析过程中也可与定量分析方法相结合。情景分析法可以使测试情景和将来可能的实际情境尽可能相似，最终的结果具有较好的预测效果，但情景分析法依然摆脱不了分析人员的主观判断和个人经验对其结果的影响，容易忽略一些将来可能出现、现阶段看起来不切实际的结果。

（5）检查表法

检查表法是按照编制的固定表格进行检查的方法，表格一般按照以往的工作经验并结合实际情况编制而成，是一种包括危险、风险或控制故障等信息的清单，检查者按照具体的清单进行评估。检查表法可以是一种比较标准、全面的方法，非专业人士经过一定的培训也可以使用，但是过于标准的检查清单反而会限制评估人员的想象力，无法及时发现可能存在的潜在风险。

（6）预先危险分析

预先危险分析是一种较为简单的归纳分析方法，主要用于对危险的物质、工艺和装置等进行分析。一般是在设计的开始阶段，利用经验判断、技术诊断等手段，对系统可能存在的危险、发生危险的条件、危险发生后的事故后果等进行分析，并将所有可能存在的危险性汇总成预先危险性分析表，最后根据相应的危险等级，针对性地制定防范措施。预先危险分析法简单易行、经济、有效，在系统生命的初期即可分析其可能存在的风险，但局限性也较为明显，只能提供初步分析结果，不能提供全面的风险防控措施。

（7）失效模式和效应分析

失效模式和效应分析是一种归纳方法，从元件开始逐级分析导致该元件故障的原因、可能的后果以及可以采取的控制措施，可通过分析各个组件失效模式来推断其对于整体的影响，以确定如何才能避免或减少损失。该方法能够识别组件可能的失效模式及其对系统的影响，能够在设计初期发现可能存在的问题，但该方法无法同时识别多个失效模式，只能进行单个失效模式识别，因此也无法适用于复杂多层的系统。

（8）危险与可操作性分析

危险与可操作性分析方法是一种基于危险和可操作性研究的定性分析方法，该方法主要是对设计、程序或系统等各个步骤能否实现最终目标提出质疑，一般由一支多专业团队通过组织多次会议来实现最终目标。该方法能够系统、彻底地分析可能存在的风险并形成相应的解决方案，但这种方法会耗费大量的时间，实施成本较高，同时对分析人员的专业知识要求较高，普适性较差。

（9）故障树（事故树）分析

故障树是由上往下的演绎式失效分析法，可以用来识别和分析造成某种特定不良后果的各类因素。可利用归纳法对造成故障的各类因素进行识别，也可以用逻辑符号将某特定事故与各类因素之间进行连接，最终形成一种树形图。该方法是一种自上而下的、系统的、规范的分析方法，同时也具有足够的灵活性，但这种方法是一种静态分析模型，对于时序上的互相关系无法进行处理，对分析人员的要求较高。

（10）事件树分析

事件树分析着眼于分析事故的起因，即初因事件。事件树从事件的起始状态出发，按照一定的顺序，分析可能导致该事件的各种因素，从而定性或定量地评价系统的特性，事件树分析方法在分析事故直接原因的同时，可以深入地分析事故的潜在原因。该分析方法思路明确，逻辑性强，既可定性分析，也可定量分析，但使用该方法需要全面分析所有潜在初因事项，分析过程中有可能会忽略部分初因事项或分析路径上的从属因素。

（11）层次分析法

层次分析法是通过把与最终结论有关的元素分解成目标层、准则层和方案层等层次，并在此基础之上进一步进行定性和定量分析的方法。该方法通过构建层次结构模型，利用对比矩阵计算得出比较因素的向量权重，进而确定各类风险对目标值的影响。该方法简单明了，通过将定性思维数学化、模型化来提供最终的定量分析结果，但这种方法也过度依赖评估人员的主观经验，评判过程较为粗糙，不适用于精度较高的决策问题。

（12）马尔可夫分析法

马尔可夫分析法是一种定量分析方法，通常用来分析在时序关系上有一定关联性的各种状况的发生概率，生产现场危险状态、市场变化情况的预测可采用该方法，但系统的中长期预测并不推荐使用该方法。该方法的优点是可以定量给出系统未来处于各种状态的概率，但由于该方法在初始阶段假设状态变化的概率是固定的，因此在计算过程中需要了解状态变化的各种概率，且对使用人员的专业性要求较高，不具备普适性。

（13）作业风险分析

作业风险分析法是一种安全风险分析方法，是一种将具体的作业活动，划分为几个具体的作业步骤，针对每个步骤分析其可能存在的具体风险，并判定其风险等级，制定管控措施的分析方法。该方法适用于对一个具体作业活动的风险进行分析。

（14）ABC 分析方法（ICCROM 2016）

ABC 分析方法是一种专门适用于文博领域的风险评估方法，该方法从事故发生频率和定量描述文物损失的价值两个角度进行分析，风险等级 MR 是 ABC 三个定量结果之和，其中 A 描述事件发生的频率，B 定量描述单个文物的损失价值，C 定量描述有多少遗产受到影响。

（15）九度分析模型

风险九度分析模型是陈安等在传统的可能性与后果严重性的二维分析思想基础上，基于风险管理理论、管理机制设计理论、系统理论等，对风险一般性的特征规律进行总结归纳与科学分类，并以此建立的风险多维度分析模型，具体的九度分为时间类的周期度与波动度，空间类的暴露度与集中度，状态类的确定度、饱和度、承受度、减缓度、容忍度，从九种不同维度对风险进行评估和分析（陈安等 2019）。

4.1.5 常见风险的评估方法

近年来随着风险管理意识的普及，越来越多的学者、研究人员及具体行业领域的工作人员针对不同类型的风险进行了研究，将不同风险评估方法与不同类型的风险进行匹配，以提升风险评估结果的准确性，这些常见的风险如恐怖袭击、危险化学品、拥挤踩踏等，所适用的风险评估方法也有所不同。

（1）社会治安风险

常规的社会治安风险评估需要考虑城镇化经济发展、生态环境、发展公平、人口管理、社会保障等因素，同时结合人民法院、公安机关当前案件受理的数目等进行评估，以确定当前的社会治安风险的情况（韩春梅等 2019）。

文物保护单位的社会治安风险可以在常规评估方法和评估要素的基础之上，结合当前社会的“文物收藏热”、本单位在安保工作的投入情况、参观游客的数量等方面进行评估，以确定本单位的社会治安风险情况。

（2）火灾风险评估

火灾风险评估是一项较为成熟的风险评估工作，一般的火灾风险评估可以从危险性、易损性和抗灾能力三个方面进行评估，其中危险性考虑建筑耐火等级、易燃易爆危险源影响两个因素，易损性考虑建筑密度、人口密度和经济密度三个因素，抗灾能力主要考虑消防站布局这个因素（陈志芬等 2019），进而全面评估当前的火灾风险等级。

在文物保护单位的火灾风险评估方法中，可以在原有火灾风险评估方法的基础之上，将古建筑文物防火等级纳入危险性考虑因素中，将文物等级和文物密度纳入易损性考虑因素中，将本单位消防安全培训教育情况、日常消防隐患排查情况、消防物资配备情况等方面纳入抗灾能力因素中，进而更加全面的结合本单位的实际情况评估当前的火灾风险等级。

（3）恐怖袭击风险评估

常见的恐怖袭击风险评估，一般从评估对象的脆弱性角度进行分析，脆弱性是一种危险要素，可以采用脆弱性的定量的度量值，作为恐怖袭击风险的评估因素，刘霞等（刘霞和李佩兵 2016）提出可以从地域、人群、基础设施三个方面评估恐怖袭击的风险。地域因子指的是恐袭发生地所在的地理位置或行政区域，地理位置指的是评估对象是否在人群密集区、建筑密集区等，行政区域主要考虑评估对象所处区域是否给其带来了一定的政治、经济以及影响力等属性；人群因子一般是指受到恐袭的人或人的群体及其社会特征，主要是人口社会学特征；设施因子指的是评估对象自身所带的社会属性，如是否是公共交通工具、民用基础设施和重大公共基础设施等容易造成较大社会影响的设施。

文物保护单位恐怖袭击风险的评估方法，可以结合地域、人群、基础设施三个方面，考虑文保单位的开放情况、所处位置、知名度等方面，评估其恐怖袭击的风险等级，也可以结合单次活动，如要人来访、特殊时期等具体工作的开展情况，单次评估其恐怖袭击风险的等级。

（4）危险物质风险评估

常规的危险物质包括化学品、放射源等存在一定能量、意外释放极易造成一定人员伤亡和财产损失的物品，一般的危险物质风险评估可以考虑危险物质自身的理化特性及其可能意外释放后造成的人员伤亡、财产损失等方面来评估，常规的 LEC 法、矩阵法等都可以用于危险物质的风险评估。国家针对不同类型的危险物质也有相应的评估要求和准则，如《化学品风险评估通则》（GB/T34708-2017）就对化学品风险评估提出了明确要求。

一般的文物保护单位危险物质存储量较小、类型单一，因此在评估过程中可以结合其引发的其他类型事故情况进行评估，特别是将危险物质对文物的影响结合到具体的评估因素中，从而使评估结果更加符合文物保护单位的实际情况。

（5）拥挤踩踏风险评估

拥挤踩踏风险的评估方法也较为成熟，常见的拥挤踩踏风险的评估主要是结合人、场所、管理三个方面建立评估指标体系，划分不同指标的权重。人的因素主要考虑场所中人员的数量、年龄分布、移动速度、心理特点等人员自身属性；场所的因素主要考虑场所的硬件设施情况、通道情况、有无瓶颈点等内容；管理因素主要考虑场所管理人员的数量、素质、控制措施等方面；最后综合三个方面的评估情况判定场所整体的拥挤踩踏风险等级。

文物保护单位在开放过程中，必须要考虑整体的拥挤踩踏风险，特别是文物保护单位的场所多数情况下需要考虑文物保护的要求，无法专门为旅游开放进行设计和改造；另有部分文物保护单位本身带有宗教意义，参观人员的年龄分布特点、人员心理特点等也与常规的开放场所有所不同，部分文保单位的管理人员也是宗教人士，管理力度和安全意识参差不齐，这些都是文物保护单位在进行风险评估过程中需要考虑的问题。

（6）大型活动风险评估

现阶段大型活动的安全管理多由公安部门主管，国家层面也出台了相应的大型活动管理办法和要求，部分地方也出台了相应的管理细则和风险评估细则。公安部出台了五项大型活动安全管理的要求，其中第一项《大型活动安全要求 第 1 部分：安全评估》（GB/T 33170.1–2016）就是从风险的角度对大型活动的安全进行评估，主要从人员、设备设施及物品、环境场地、管理以及基本资质五个方面进行评估，评估的过程覆盖大型活动的组织流程，确保大型活动组织过程中可能存在的风险都可辨识出来。

文物保护单位涉及的大型活动，既有作为承办方参与的，也有作为场地方仅提供场地的情况，更多情况下文物保护单位既作为承办方又作为组织方还是场地提供方，因此在大型活动组织过程中，可以参照评估要求，从各个角度对单次大型活动的整个组织流程进行评估。

（7）建筑施工风险评估

建筑施工的风险评估工作与其他常见活动的风险评估有一定的区别，建筑施工过程中存在的风险源会随着整个建筑施工的不同阶段不断变化，因此建筑施工过程中的风险评估工作要结合当前所处的施工阶段开展，可利用 LEC 法来辨识评估该阶段可能存在风险的等级。

在文物保护单位内，建筑施工风险评估还需考虑当前建筑施工过程中存在风险对文物、旅游开放的影响，特别是当建筑施工工地距离文物本体较近时，必须考虑建筑施工过程中的工艺、设备等所产生的振动、噪声等对文物本体的影响；涉及土方工程的，还需在施工之前进行勘测，确保地下施工范围内没有文物，发现文物的要及时上报，不得进行破坏性施工。

（8）自然灾害风险评估

自然灾害风险评估一般从三个方面开展，第一是未来灾害可能达到的强度与频度；第二是本区历史上的灾度与成灾率；第三是灾区的人口密度、经济发达程度和防灾抗灾能力（高庆华等 2007）。可以看出自然灾害风险评估主要是考虑自然灾害本身的破坏能力和发生概率以及可能造成的严重后果三个方面进行评估的。

文物保护单位在开展自然灾害风险评估时，可以结合以上三个方面，同时还需要在灾害严重后果中加入自然灾害对文物本体的影响这一因素，以提升该类评估方法的在文物保护单位的适用性。

（9）展览展出活动风险评估

目前，针对展览展出活动没有专门的风险评估方法，但展览展出活动可以采用作业风险分析的评估方法，将展览展出活动的整个流程划分为不同的阶段，对相应阶段的活动进行评估，在不同阶段都要特别考虑每个阶段中对文物本体安全的影响。

按照作业风险分析的分析方法，可以将展览展出活动划分为“出库－运输－布展－展览－撤展－运输－入库”几个阶段，由于展览展出活动会触及文物本体，因此需要特别考虑过程中可能直接造成文物损坏的各类风险，如出库过程中文物的包装，运输过程中颠簸等都可能直接造成文物的损坏。

（10）旅游开放风险评估

现阶段多数的文物保护单位承担了文化弘扬的职责，也就是在开展文物保护工作的同时对公众开放，旅游开放过程中既有公众所面临的风险，也有文物所面临的风险，而且风险贯穿旅游开放的整个过程，各个阶段主要的风险类型也各不相同，在旅游开放过程中一般采用作业风险分析的方法来辨识可能存在的风险。

按照作业风险分析的评估方法，首先将整个旅游开放的过程划分为不同的阶段，一般旅游开放可以划分为“购票－检票－安检－存包－参观－取包－离开”几个阶段，然后分别辨识每个阶段可能存在的风险，这样既可保证全面辨识风险，还能确保分析结果准确有效，也就更能采取有效的风险管控措施，降低各类突发事件的发生。

4.2　文物保护单位风险管理的主要内容

4.2.1　文物保护单位风险分类与辨识

当前的文物保护单位已经不是一个单纯的“文物保护”单位，文物保护单位已经从单纯的“文物看守”发展成为一个以“文物保护和研究”为基础，囊括了后勤保卫、人力资源、文物修复和展出、开放接待等多部门协同工作的综合性文物保护单位。因此文物保护单位运营过程中，如何做好风险管理是现阶段面临的主要问题。

陈安等在原有风险分类的基础之上，结合文物保护单位的特点，对文物保护单位面临的风险进行了分类（陈安等 2019），宁利君等在文物保护单位风险分类的基础之上，结合了石窟寺类文物的特点也提出了相应的分类方法（宁利君等 2019）。总体来看，文物保护单位的风险从其保护对象的角度可分为藏品风险、古建风险、观众风险等，从运行管理过程角度可分为展示展览、维修维保、研究保护等过程中的风险，从风险产生的原因角度可分为自然类风险、人为类风险和技术类风险等，从引发事件类型的角度可划分为盗窃风险、火灾风险、拥挤踩踏风险等。为实现风险分类的多维交叉融合，结合风险致因来源和特征，文物保护单位的风险类型分为突发灾害类风险、渐发病害类风险和经营活动类风险三大类。

（1）突发灾害类风险

突发灾害类风险主要指由气象、水文、地质等原因所引起的、突然发生的、影响范围较大的风险，具体如表 4-1 所示，其通常会对博物馆内的各类对象造成巨大影响，如地震、洪水、泥石流等，这类风险引发的事故具有随机性、偶发性。对于此类风险的管控，应重点从承载体的防护等级设计、建设以及应急物资、设备配备等方面展开。

表 4-1 突发灾害类风险一览表（国际文物保护与修复中心 2010）

序号	风险分类	风险子类
1	气象类	暴雨、冰雪、气旋 / 飓风 / 台风 / 龙卷风、冰雹、沙尘暴、雷电、高温等
2	水文类	降雨洪水、暴涨洪水、河流或湖泊洪水、溃坝洪水、风暴潮、干旱等
3	地质类 / 地貌类	滑坡、泥石流、火山、地震、块体运动（陆地和海洋）、侵蚀（河岸 / 海岸 / 礁石）等
4	生物类	虫害、赤潮、外来生物入侵、重大动物疫情等
5	人为类	疾病、恐怖袭击、战争、核 / 放射性事故、采矿等活动诱发的地质活动等、周边重大项目建设（如水电站、采沙场）等

（2）渐发病害类风险

渐发病害类风险主要指由风沙、潮湿、光照、虫害等原因而引起的、持续存在和发生的、风险后果与风险承载体的材质特征密切相关的风险，如风化、褪色、霉变等，这类风险引发的损失具有缓慢性、累积性。对于此类风险的控制，应重点从风险持续性监测及针对性病害治理入手。

文物的病害类风险主要有两个方面的因素决定，一方面是文物自身材质的理化特性，另一个方面是文物所处的环境。文物的本身材质特点、所采取的制作工艺、文物自身保存的状况、所处环境条件等多种多样，作用机理错综复杂，各因素可单独对文物本体构成危害，多类型因素共同作用则会产生更加严重的影响。文物保护单位病害类风险主要包括环境中的水、气、酸碱度、各种盐类、温度及土壤的氧化还原反应、馆库的温湿度、光照、空气状态、昆虫微生物等引起（于群力和杨秋颖 2005），如表 4–2 所示。

表 4–2　渐发病害类风险一览表

序号	风险分类	风险子类
1	温湿度类	翘曲、空鼓、龟裂、变形、酥碱粉化、变色等
2	光照类	褪色、变色等
3	空气污染类	腐蚀、空鼓、酥碱粉化、变色、褪色、老化、裂化、污染等
4	生物类	菌害、霉变、蛀损、抓划、腐蚀、污染等
5	地质活动类	垮塌、沉降、开裂、错位、叠压等

（3）经营活动类风险

经营活动类风险主要指由于布展、施工、游览、临摹等活动中工具使用不当、操作过程不合理、人为故意或非故意等原因而带来的风险，如高处坠落、触电、中毒、盗窃等，这类风险存在的时间和区域与活动组织过程紧密相连，影响对象为活动中涉及的人员、文物、建筑、环境等。对于此类风险的控制，应重点从管理规则设计、过程监督控制、人员教育培训等方面实施。

国际博物馆协会在《经营博物馆》中将主要活动分为了藏品库存与建档，藏品照管与维护，陈列、展出与展览，观众的照管，博物馆教育，博物馆管理，人事管理，市场营销，博物馆安全和应灾准备，非法交易控制等几项（帕特里克·博伊兰 2010）。基于此，结合一般生产经营活动类型以及每类活动中具体的过程和可能存在的风险，文物保护单位经营活动类风险可分为游览管理类风险、布展陈列类风险、文物修复类风险、建设施工类风险、临摹拍摄类风险、安全保卫类风险、基础设施管理类风险、道路交通类风险、重点场所类风险等，具体如表 4–3 所示。

表 4–3 经营活动类风险一览表

序号	风险分类	风险子类
1	游览管理类	盗窃，故意破坏，游客纠纷，游客拥挤踩踏，游客突发疾病，游客闯入禁区，游客携带危险物品，闭馆 / 闭库后游客滞留，钥匙 / 门锁管理不当，安全标识、告知不充分等
2	布展陈列类	借入借出记录缺失、文物包装材料选择及操作不当、搬运过程中文物损坏、展厅 / 展柜设计及环境不合理、布展陈列过程中文物损坏、文物被盗、临时用电不合规等
3	文物修复类	修复工具（脚手架、梯子等）搭建、使用不合规，修复工具与文物接触面防护不当，危化品保存和使用不当，修复单位、人员资质不合规，修复过程缺乏安全监管，配套材料放置、清理不当，临时用水、用电不合规等
4	建设施工类	脚手架、梯子等搭建与使用不合规，临边防护缺失或不当，特种设备证书缺失，特种作业人员证书缺失，起吊作业不合规，临时用电、用水不合规，动火作业不合规，有限空间作业不合规，安全培训、安全交底不全等
5	临摹拍摄类	工具结构设计、材质选择、搭建过程不合规，工具与文物接触面防护不当，人员资质证书不合规，临时用电不合规，安全培训、安全协议不全，临摹拍摄过程缺乏监管等
6	安全保卫类	展柜展室 / 库房 / 周界 / 出入口物理防范、技术防范、人员防范缺陷，巡查、值班设计不合理，安保人员资质、数量不合理，非法入侵，故意破坏，人员纠纷，恐怖袭击等
7	基础设施管理类	供排水管道破裂、被堵，电线电缆破损、短路，沟渠盖板损坏，安消防物资、设备、系统故障 / 缺失等
8	道路交通类	出入口控制不当，车辆检查与维护不足，道路规划、限速要求不合理，标志线、警告标识缺失或不充分等
9	重点场所管理类	变配电站 / 室、锅炉房、水泵房、危化品存储区、档案室 / 资料室、安消防控制室、文物库房、餐厅、停车场等

4.2.2　文物保护单位风险评估

一般的文物保护单位风险评估可采用的评估方法有风险矩阵评估方法和 ABC 风险评估方法。

（1）风险矩阵评估方法

文物保护单位风险评估可以采用《Risk Management Guidelines》（ISO31000：2018）推荐使用的风险矩阵方法，按照人员伤害、政治影响、文物 / 设备损失 3 个维度对风险的严重程度进行定性分析，从 1–5 个等级的逐级上升进行分析；同时，对风险发生的概率也从 1–5 个等级的逐级上升进行分析。具体分析方法见表 4–4。

表 4–4　风险矩阵

严重性		可能性				
		5	4	3	2	1
		五级	四级	三级	二级	一级
5	灾难性		高			
4	极度			中		
3	一般					
2	轻度					低
1	可忽略不计					

严重性鉴定一般从人员伤害、政治影响和文物 / 设备损失三个角度进行说明：

- 灾难性　　5
- 极度　　4
- 一般　　3
- 轻度　　2
- 可忽略不计　　1

可能性鉴定一般从事件发生的可能性进行说明：

- 五级　5（多次重复出现，每年超过 10 次）
- 四级　4（可能会发生数次，每年 5–9 次）
- 三级　3（有时会发生，每年 2–4 次）
- 二级　2（发生的概率较低，每年 1 次）
- 一级　1（未发生过且发生概率极低）

风险矩阵可分为如下 3 个区间，不同等级的风险所采取的管控措施的要求也有所不同，高等级的风险采取零容忍态度，需要将风险控制在可接受的范围之内；中等级的风险需要采取定期检查，但是针对可能对文物、人员和重要财产造成影响的风险，必须采取措施将风险降低；低风险是可接受的，忽略不计的，具体如表 4–5 所示。

表 4–5　风险等级及区间解释

风险等级	描述
高等级	不可容忍等级，必须将风险控制在可接受的范围之内
中等级	采取定期检查，但是针对可能对文物、人员和重要财产造成影响的风险，必须采取措施将风险降低
低等级	可接受的，忽略不计的

* 注：风险等级 = 严重性 × 可能性

（2）ABC 风险评估方法

ABC 风险评估法方法是 ICCORM–CCI–ICN（2007）提出的一种针对文物本身风险的定性及半定量的评估方法，最终风险等级 MR 的计算方法是：

MR（风险等级）= A（可能性）+ B（文物损失值）+ C（受影响范围）

ICCORM–CCI–ICN 针对 A、B 和 C 分别赋值并说明了其含义，其中 A 值代表风险发生的可能性，一般是按照两个事件发生的时间间隔或达到某种损失程度的累计时间进行赋值，不同时间间隔对应不同的数值，如表 4–6 所示。

表 4–6 A 值的区间说明

A 值	两个事件发生的时间间隔或达到某种损失程度的累计时间
5	1 年
4.5	3 年
4	10 年
3.5	30 年
3	100 年
2.5	300 年
2	1000 年
1.5	3000 年
1	10000 年
0.5	30000 年

B 值代表单个文物损失价值的大小，主要是按照受损价值占全部文物价值的比例，具体赋值如表 4–7 所示。

表 4–7 B 值区间说明

B 值	受损价值占比	备注
5	100%	几乎全部损失
4.5	30%	/
4	10%	非常大的损失
3.5	3%	/
3	1%	小范围的损失
2.5	0.3%	/
2	0.1%	非常小的损失
1.5	0.03%	/
1	0.01%	轻微的损失
0.5	0.003%	/

C 值代表受影响的文物范围，根据受影响文物占所有文物的价值比例来划分不同的区间并赋值，具体如表 4–8 所示。

表 4-8 C 值区间说明

C 值	价值损失	实际影响范围	备注
5	100%	100%–60%	全部或大部分遗产受到影响
4.5	30%	60%–20%	/
4	10%	20%–6%	比较大部分的遗产受到影响
3.5	3%	6%–2%	/
3	1%	2%–0.6%	小范围的遗产受到影响
2.5	0.3%	0.6%–0.2%	/
2	0.1%	0.2%–0.06%	非常小范围的遗产受到影响
1.5	0.03%	0.06%–0.02%	/
1	0.01%	0.02%–0.006%	非常细微范围的遗产受到影响
0.5	0.003%	0.006%–0.002%	/

最终文物风险等级 MR = A（可能性）+ B（文物损失值）+ C（受影响范围），根据最终计算得出的 MR 值，也就可以得出相应的风险等级，根据 ABC 三者的计算结果，MR 值最终计算结果共有 20 个数值，考虑实际文物风险评估的需求，最终将 20 个计算结果划分为 5 个风险等级，MR 值风险等级说明如下表所示。

表 4-9 MR 值说明

风险等级	MR 值	遗产资产的预期价值损失
灾难性的	15	1 年内损失 100%
	14.5	每年损失 30%
	14	每年损失 10% 或 10 年损失 100%
	13.5	每年损失 3% 或 10 年损失 30%
极端的	13	每 10 年损失 10% 或 100 年损失 100%
	12.5	每 10 年内损失 3% 或每 100 年损失 30%
	12	每 10 年内损失 1% 或每 100 年损失 10%
	11.5	每 10 年损失 0.3% 或每 100 年损失 3%
高等级的	11	每 100 年损失 1%
	10.5	每 100 年内损失 0.3%

续表

风险等级	MR 值	遗产资产的预期价值损失
高等级的	10	每 100 年损失 0.1% 或每 1000 年损失 1%
	9.5	每 100 年损失 0.03% 或每 1000 年损失 0.3%
中等级的	9	每 1000 年损失 0.1% 或每 10000 年损失 1%
	8.5	/
	8	每 1000 年损失 0.01% 或每 10000 年损失 0.1%
	7.5	/
低等级的	7	每 1000 年损失 0.001% 或每 10000 年损失 0.01%
	6.5	/
	6	每 1000 年损失 0.0001% 或每 10000 年损失 0.001%
	5.5	/
	5	每 1000 年损失 0.00001% 或每 10000 年损失 0.0001%

4.2.3　文物保护单位风险控制

风险评估的最后一个环节是制定并落实风险控制措施。风险控制措施可以从安全技术、设备材料、安全检查、安全管理、预警机制、培训教育等方面来对辨识及评估出的风险进行控制。风险管控措施的制定，必须考虑闭环控制、动态控制、分级控制以及多层次控制的原则，保证整个风险管控措施的落地和执行。

（1）A1——安全技术控制措施

A1.1——请专家 / 第三方对该风险论证；

A1.2——随着时代变迁，对早期的论证成果进行复核；

A1.3——采纳已有的安全工艺与技术方案；

A1.4——必要的设计；

A1.5——对现有的技术与工艺进行优化改进；

A1.6——新增安全工艺与技术；

A1.7——从合法性考虑工艺与技术的优化问题；

A1.8——考虑变更地点进行工作的开展，减少对文物的影响；

A1.9——考虑变更方式进行工作的开展，减少对文物的影响；

A1.10——对游览路径进行优化设计，更合理调配资源。

（2）A2——设备或材料控制措施

A2.1——对机械设备的安全使用状态与缺陷进行检查；

A2.2——对设备与材料的证书进行检查，存档管理；

A2.3——对特种设备的校验进行管理；

A2.4——对设备与材料的日常维护保养进行管理；

A2.5——对设备与材料的库存进行管理；

A2.6——对设备与材料的停用、报废进行管理；

A2.7——对设备与材料的采购安全标准进行明确与管控；

A2.8——对消防与应急设备的需求类型与数量进行明确，做出资金预算；

A2.9——实施结构加固。

（3）A3——安全检查控制措施

A3.1——开展定期例行检查；

A3.2——开展专项检查；

A3.3——开展节假日前检查；

A3.4——开展作业审批前检查；

A3.5——开展上级单位来检查的陪查；

A3.6——开展行业内已发生事故的通报自查；

A3.7——重新设计检查制度与配置检查人员；

A3.8——安装在线监测设备。

（4）A4——安全管理控制措施

A4.1——优化管理方法

A4.1.1——现有管理制度优化；

A4.1.2——将制度与记录相结合；

A4.1.3——将制度普及化，宣传化；

A4.2——管理资源优化

A4.2.1——资源进行地域差异性综合调配，保障安全资源的落实；

A4.2.2——提供激励措施，让人员积极性最大化，从而人力资源得以最大利用；

A4.2.3——设计与标准化应急物资，消防物资的配置数量，型号与标准；

A4.3——工作组织架构和计划优化

A4.3.1——岗位职责与工作要求细化；

A4.3.2——提前设定不同岗位的工作目标；

A4.3.3——分析现有缺乏的岗位，赋予他人此岗位职责要求；

A4.4——人员持证管理

A4.4.1——核查特殊工种人员的持证；

A4.4.2——建立持证人员数据库，进行定期更新。

（5）A5——预警机制控制措施

A5.1——设定预警汇报流程；

A5.2——与上级单位进行预警信息的时间和内容上的统一；

A5.3——设定预警触发流程。

（6）A6——教育培训控制措施

A6.1——开展专项培训；

A6.2——开展能力培训；

A6.3——开展常规培训；

A6.4——提出培训需求；

A6.5——做出培训年度策划。

（7）A7——采用标准化作业控制措施

A7.1——新增操作程序；

A7.2——修订操作程序；

A7.3——审核程序的执行状况。

（8）A8——根据作业风险分析结果制定控制措施

A8.1——新增工作危险分析程序；

A8.2——修订工作危险分析程序；

A8.3——执行状况的审核程序。

（9）A9——其他控制措施

A9.1——专项例会研讨。

4.3 文物保护单位风险管理实施

文物保护单位的风险管理工作应自上而下开展，需成立相应的风险管理委员会，同时应分类实施风险评估工作，包括整体风险评估和单项风险评估。

其中整体风险评估是为了掌握文物保护单位整体的风险情况，同时为了掌握风险态势的变化趋势，需要定期评估和管理整体风险情况的变化态势，以确保整体风险态势在可接受范围之内，并根据风险评估态势的变化趋势，调整单位风险管理的重点和方向；单项风险评估指的是针对新开展的工作或者可能会造成严重后果的工作开展风险评估工作，以确保工作开展后的风险在可接受的范围之内，同时还需要开展针对性的风险态势跟踪和管理工作。

4.3.1 风险管理委员会内各类人员的职责与权利

风险管理委员会包括风险管理委员会主任、风险管理委员会总协调、以及部门负责人，相应的职责与权力如下。

（1）风险管理委员会主任

文物保护单位主要负责人作为风险管理委员会主任，负责风险的整体策划与统筹管理，需要定期组织召开风险管理例会、授权相关人员风险管理权力、研究制定风险管理措施、协调风险管理工作过程中所需的人财物等。

（2）风险管理委员会总协调

风险管理委员会主任可以任命分管安全管理工作的领导作为风险管理总协调，负责风险管理执行过程中的上传下达，特殊情况下可以代理风险管理委员会主任开展相关工作，同时负责具体风险现状的分析工作，也负责跟踪管控措施的落实、风险知识的培训工作。

（3）部门负责人

部门负责人是风险管理委员会成员，同时也是风险措施执行负责人，在风险管理工作中需组织开展本部门的风险评估、管控等相关工作，并如实向风险管理委员会汇报工作情况。

通过风险管理委员会组织构架及对构架内人员赋予相应的权利和义务，定期进行风险的鉴定、评估与控制，从而保障风险的可控性。

4.3.2 风险评估工作组织和实施

一般的文物保护单位风险评估可分为单位整体风险评估和特定的专项风险评估。整体风险评估是对文物保护单位开展全面的风险评估，以确定文物保护单位现阶段风险状况的风险评估工作；专项风险评估是指针对特定的、非常态化的、特殊的、可能存在较高风险的活动进行专项的风险评估工作，以确保该活动正常进行，比如涉及接触文物的相关作业活动以及遗产保护区内举行的俗佛节等大型活动均属于需要开展专项风险评估的活动。

（1）整体风险评估

文物保护单位需要定期开展整体风险评估工作，可内部组织也可聘请第三方，通过开展整体风险评估可以了解文物保护单位整体的风险态势情况。为保证风险评估结果的客观性，也要定期邀请第三方对整体风险情况进行一次评估，以对本单位风险评估情况进行复核。

（2）文物相关作业活动风险评估

文物保护单位的成立之初是为了保护文物，因此与文物相关的作业活动需要针对性地开展风险评估工作，明确并落实相应的风险控制措施。文物相关作业活动主管部门可利用作业活动风险分析的方法，针对该类型作业活动开展风险评估工作，同时风险评估结果及控制措施需上报本单位安全主管部门，安全主管部门有权对作业活动过程中风险控制措施的落实情况进行监督检查。

（3）大型活动风险评估

旅游开放是现阶段多数文物保护单位的一项重点工作，特别是某些文物保护单位还具有一定的宗教意义，在宗教节日期间的大型活动往往聚集大规模的人群，因此在旅游旺季、群众性活动开展前，大型活动主管部门可参照《大型活动安全要求 第1部分：安全评估》（GB/T33170.1–2016）对预计参加人数达到1000人以上的大型活动开展风险评估工作，评估出大型活动过程中的薄弱环节和风险，并针对性地进行控制和关注，同时需要在大型活动期间实时动态更新和跟踪风险状态，并将风险评估结果及控制措施上报本单位安全主管部门，安全主管部门有权对大型活动过程中风险控制措施的落实情况进行监督检查。

（4）要人来访风险评估

多数文物保护单位具有一定的影响力，在某些情况下还会接待政治要人或具有一定影响力的公众人物，该类活动可能带来人群聚集风险或其他一些附加风险，因此要人接待部门可利用风险矩阵法、德尔菲法、检查表法等评估方法，对要人来访这一活动开展风险评估工作，并将风险评估结果及控制措施上报本单位安全主管部门，安全主管部门有权对要人来访的风险控制措施的落实情况进行监督检查。

4.3.3 风险态势管理

风险数据的变化可反应整体风险态势的变化，对于文物保护单位整体风险管理的方向具有一定的指导意义，同时也可对前一阶段风险管理工作的情况进行评估，更能反映前一阶段风险控制措施是否有效，有利于文物保护单位及时调整风险控制策略和方法，防止事故的发生。

（1）风险态势分类

风险态势可按如下标准进行分类：

- 时间节点：定期（每月）进行纵向比较；
- 风险等级：分析不同等级分析风险的变化情况；
- 风险类别：分析不同类别风险的变化情况。

（2）态势汇总与管理

- 文物保护单位安全主管部门工作人员应定期搜集各部门风险态势变化情况，分析风险控制情况，经相关负责人审核后，提交至风险管理委员会总协调。
- 风险管理委员会总协调在风险管理例会上公布风险态势分析结果，明确下阶段工作重点。

第五章 文物保护单位日常安全管理

早期的文物安全管理，主要针对文物本身安全，如防止文物被偷盗或被损毁。随着社会进步与发展，文物保护单位开始关注自然环境的潜在影响，尤其是针对壁画、泥塑、木制建筑等脆弱性文物，开展了一系列的保护性研究与文物修复工作，主动降低自然灾害、生物病害、光照辐射、温湿度等对文物的影响。旅游开放、陈列展览、对外交流是文化弘扬的重要形式，面对文物保护与文化弘扬的矛盾，文物保护单位逐渐关注到文化弘扬过程中可能对文物安全造成的威胁。现阶段文物保护单位的安全，包括整体环境安全和运行安全，涉及文物保护单位面临的自然灾害、消防安全、治安秩序、反恐防范、旅游开放、大型活动、施工作业、餐饮卫生等各方面。文物保护单位日常安全管理的核心在于整合文物保护单位所有相关部门、人员和资源，建立责任清晰、运行有效的文物保护单位安全工作流程和制度，保障文物保护单位的安全、稳定运行。

本章主要介绍了安全管理基础理论以及文物保护单位安全管理的思路及方法，系统梳理了国内文物保护单位安全管理体系的理论、要素、步骤以及体系运行的内容和步骤，为文物保护单位管理者做好安全管理工作提供知识基础。

5.1 文物保护单位安全管理概述

5.1.1 安全管理基础理论

海因里希法则是安全管理的基本理论。该法则体现了重伤 / 死亡事故、轻伤事故、未遂事故之间的数量关系为 1:29:300（见图 5–1）。通过该法则我们了解到要从根本上防止事故的发生，关键在于控制好大量的无伤或者未遂事故。该理论对于研究事故规律，认识事故的本质具有重要意义。

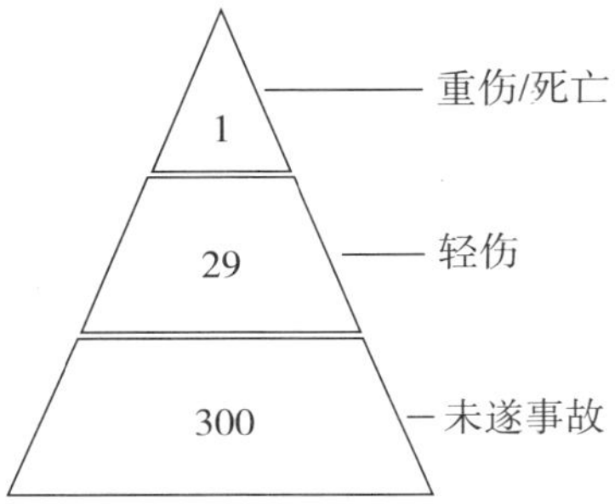

图 5–1 海因里希法则

能量释放理论认为事故的发生是一种或若干种能量的异常或意外释放（见图5–2）。能量释放理论体现了生产条件和技术设备等潜在危险在事故中的作用。基于能量释放理论可知，控制与预防事故发生的有效手段是控制能量或控制能量到达人体媒介的载体。

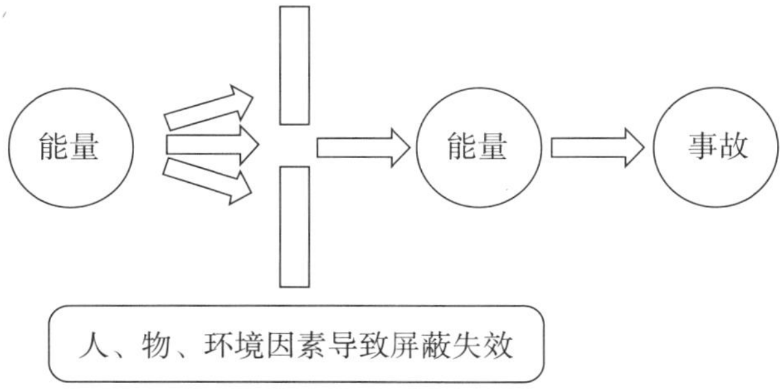

图 5–2 能量释放理论示意图

瑞士奶酪模型是把组织中的人、物、管理、环境等因素比作一组有漏洞的奶酪片（见图 5–3），当不安全因素刚好透过所有漏洞时，事故就会发生。

著名的"冰山理论"常被应用于安全管理领域（见图5–4）。如果说事故是冰山一角，水面下可能隐藏着很大的事故隐患；如果把露出水面的冰山顶视为事故伤害的直接成本，那么水下冰山的主体就代表伤害的间接费用；如果把露出水面的冰山顶看作是人的安全行为，那么水下冰山就代表人的安全意识和安全知识，只有储备了大量的安全知识并具有很强的安全意识，才能保证具有安全行为，从而保证安全生产的顺利进行。为了实现人的安全行为，要注重安全培训，尤其是安全文化的建设。

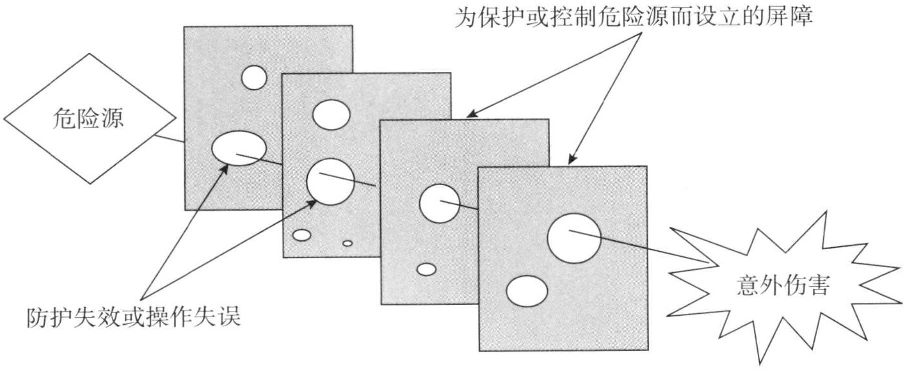

图 5-3　瑞士奶酪模型

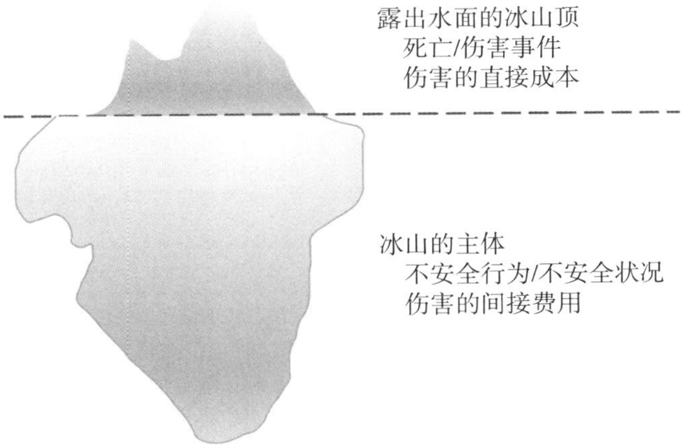

图 5-4　冰山理论

安全文化就是安全理念、安全意识以及在其指导下的各项行为的总称，主要包括安全观念、行为安全、系统安全、工艺安全等。安全文化的核心是将安全责任落实到每位员工的具体工作中，通过培育员工共同认可的安全价值观和安全行为规范，在组织内部营造自我约束、自主管理和团队管理的安全文化氛围，最终实现持续改善安全业绩的目标。安全文化的发展可以划分为依靠型文化、自主型文化、相互依靠型文化和零事故文化四个阶段（见图 5-5）。

管理失误理论是把发生事故的原因归结在管理缺陷上，认为管理失误才是造成伤亡事故的本质原因。亚当斯事故因果连锁理论（见表 5-1）指出现场失误是由于领导者或安全管理人员的失误造成的，管理因素在组织的事故预防工作中具有决定性影响（陈宝智 2002）。基于此类理论，减少事故伤害的主要途径为从管理的角度出发健全管理机制、提升管理者素质等，从而切断事故发生的来源。

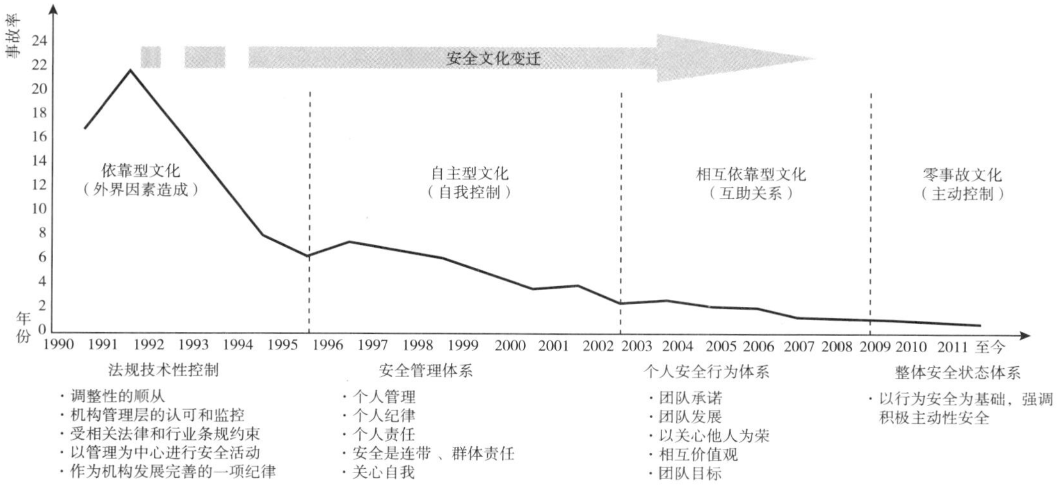

图 5-5 安全文化的发展

表 5-1 亚当斯事故因果连锁论

管理体制	管理失误		现场失误	事故	伤害或损坏
目 标 组 织 机 能	领导者决策错误或没做决定 政 策 目 标 权 威 责 任 职 责 注意范围 权限授予	人员管理失误或疏忽 行 为 责 任 权 威 规 则 指 导 主动性 积极性 业务活动	不安全行为 不安全状态	伤亡事故 损坏事故 无伤害事故	对人造成伤害 对物造成损坏

5.1.2 文物保护单位安全管理的思路及方法

安全管理，是针对人们在生产过程中的安全问题，运用有效的资源进行有关决策、计划、组织和控制等活动，使系统或环境中的危险处在人们接受的范围以内，以达到安全的目的。一般来说，安全管理的对象包括：人的安全、物的安全和环境的安全。

对文物保护单位而言，人的安全包括内部员工安全、外包方安全、外来人员以及游客的安全等；物的安全包括文物安全、设备设施安全、物资器材安全等；环境安全包括防环境污染、防病虫害、防自然灾害等。做好文物安全管理，就是对文物安全风险进行有效的控制，提高文物安全的整体绩效。

文物保护单位的日常安全管理涵盖其有可能面临的各类风险。国际文化财产保护与修复研究中心等机构从文物本身可能面临的风险上，将文物残损致因分为十类：物理作用力、偷盗拆卸、火灾、水灾、生物病害、污染、辐射、不合宜的相对温度、不合宜的相对湿度、分裂（邹怡情 2013）。文物保护单位的安全管理即是采取一定的措施、手段避免或降低上述十类风险对文物造成的影响。

文物保护单位在日常安全管理中应考虑以下几个方面：首先，全员参与。文物安全风险可能存在于文物保护单位所有的工作业务及活动中，涉及安全保卫、旅游开放、考古挖掘、文物修复、陈列展览、建设施工、对外交流等，因此，安全管理需要各个部门及人员的参与和配合。其次，时空要求。风险是在业务活动开展的过程中产生的，不同风险出现时间与空间也不一样，同时风险还具有叠加、耦合和演化的特征，因此安全管理的内容要根据时空变化进行调整。最后，由于文物安全风险类型多样，安全管理策略及措施也是不一样的。总的来说，文物保护单位的安全管理需要由不同部门在不同的时间、不同的场所执行不同的工作任务，为确保工作执行的标准性、规范性、有效性，应建立制度化的安全管理文件进行约束。

文物保护单位安全管理方案可通过监督安全管理目标 6“E”来实施。6“E”是指宣教（Education）、奖励（Encourage）、技术（Engineering）、效率（Efficiency）、环境（Environment）和评估（Evaluation）（见表 5–2）。

表 5–2　安全管理 6E 内容

6E	内容
宣教	着重强调内部职工及职能部门、外部协作人员的安全意识持续提高。安全相关的专项培训是作业人员拥有相关安全知识的基础。安全促进活动有安全文章、安全谚语、安全海报比赛、安全知识竞赛等形式。
奖励	对在安全工作上表现突出的职工进行奖励，提升职工工作积极性和安全意识。同时设置安全违规处罚规定，对违反安全规定的人员和单位实施警告和处罚。

续表

6E	内容
技术	从现有安全设施设备、安全工艺、安全流程等角度制定安全管理规定并加以落实，对执行情况进行定期的检查、维护、管理和反馈。
效率	定期开展安全应急演练。演习的目的在于不断提醒在紧急情况下，每位职工的角色和方法。 进行安全检查和安全专题例会活动，确保安全管理要求和各项安全规章制度得到贯彻实施及有效反馈。 安全保卫部门定期组织安全评估检查。根据安全评估检查表，对各个区域（陈列展区、办公区域、配电房、泵房、中控室等）进行相关评估，从而获得各个区域的安全管理绩效和薄弱环节。
环境	保持良好的环境，每周开展“5S”工作，给游客、职工提供一个良好的参观、工作环境。
评估	安全委员会定期对安全管理方案的实施状况进行审核，审核内容包括：方案运行状态、现场检查结果、安全绩效表现和整个安全计划的有效性等。每季度进行一次审核。年底，安全委员会将制定下一年安全工作目标，新目标的设立需以上一年安全数据和检查结果的评估为基础。

安全管理文件及制度并不是一成不变的，它需要随着文物保护单位保管机构的职责、运行活动、技术方法、设备材料的变化进行更新、优化，以符合实际需求。因此，为确保制度运行有效，持续提升文物保护单位的安全绩效，实现文物安全管理的预期目标，就应建立一套全面、规范的文物保护单位安全管理体系。

5.2 文物保护单位安全管理体系建设

5.2.1 安全管理体系概述

（1）安全管理体系的基本背景

安全管理体系是20世纪90年代产生的一种现代化安全生产管理模式，它产生的重要原因是世界经济全球化和世界贸易发展的需要，同时全球安全生产事故持续增长，人员职业健康安全问题日益严峻，一些发达国家借鉴ISO 9000质量管理体系的成功经验，形成了保障从业人员职业健康安全的管理方法。英国标准协会在1996年颁布的BS 8800《职业健康安全管理体系指南》是世界上最早的安全管理体系建设标准，1999 年英国标准协会等 13 个组织提出了职业健康安全评价系列标准 OHSAS 18000 标准，随着社会的不断发展，OHSAS 18000 标准也在不断更新与优化，同时我国根据 OHSAS 18000 标准，也正式颁布并实施了《职业健康安全管理体系规范》（GB/T 28001）。2018 年，国际标准化组织（ISO）在 OHSAS 18000 的基础上形成并发布了《职业健康安全管理体系 要求及使用指南》（ISO 45001：2018），该标准的发布，一是使职业健康安全管理体系标准成了国际上通用标准，使标准有了更广泛的应用；二是使用 ISO 的统一框架，有利于职业健康安全管理体系与质量管理体系、环境管理体系的有效融合，有利于一体化安全管理体系的建立。2020 年，我国根据 ISO 45001 标准发布了《职业健康安全管理体系 要求及使用指南》（GB/T 45001–2020）。

（2）安全管理体系运行模式及预期结果

安全管理体系是一种方法，它给文物保护单位提供了管理安全的标准框架。这个标准框架定义了安全管理工作需要具备的工作要素，同时明确了各个要素之间的相互关系。

以职业健康安全管理体系为例，根据《职业健康安全管理体系 要求及使用指南》（GB/T 45001–2020），安全管理体系的运行模式是基于管理学理论 PDCA 的概念，即“策划 – 实施 – 检查 – 改进”。PDCA 是一个迭代过程，可实现组织安全管理绩效的持续改进（见图 5–6）。

组织建立安全管理体系，除了持续改进组织安全管理绩效外，还可以保证组织满足法律法规要求和其他要求，实现组织的安全目标（见图 5–7）。

（3）安全管理体系的要素及要素间关系

安全管理体系要素主要包括组织环境、领导作用和工作人员参与、策划、支持、运行、绩效评价和改进七大要素（见图 5–8），各要素释义可参考《职业健康安全管理体系 要求及使用指南》（GB/T 45001–2020）。

安全管理体系包含着实现不同管理功能的要素，各要素综合构成一个有机的整体，除了遵循 PDCA 循环运行模式外，各要素之间相互支撑、互相传递，存在着紧密的内在联系（见图 5–9）。这种内在联系是建立安全管理体系的关键。

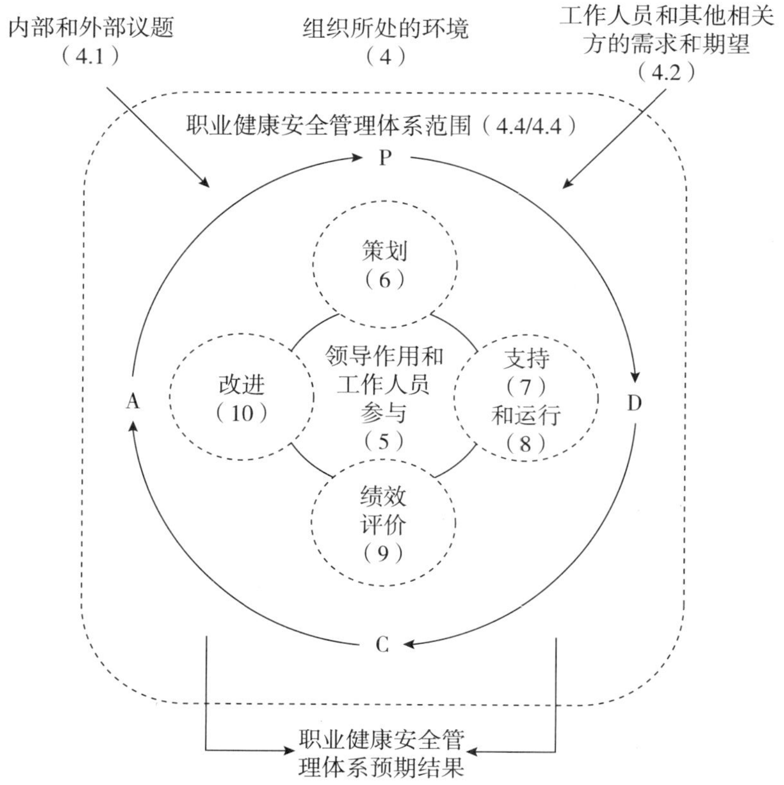

图 5–6 PDCA 与安全管理体系标准框架关系图

注：括号里的数字是指《职业健康安全管理体系 要求及使用指南》（GB/T 45001–2020）的相应章条号、图 5–8、5–9 同。

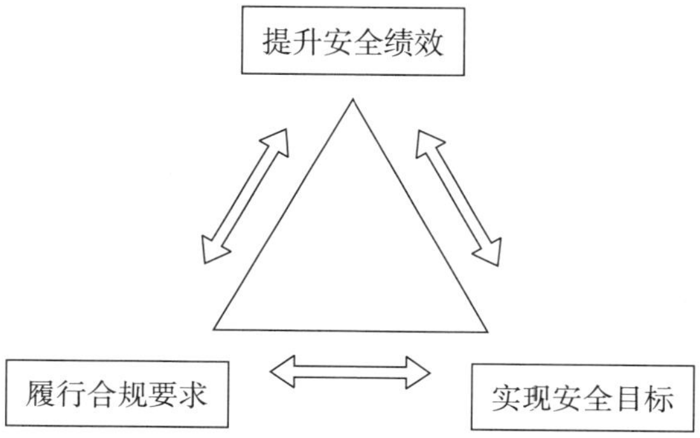

图 5–7 安全管理体系预期结果

理解组织所处环境及相关人员需求是建立安全管理体系的前提。组织应了解影响其运行安全管理体系预期后果的内部因素和外部因素。内部因素包括组织的战略

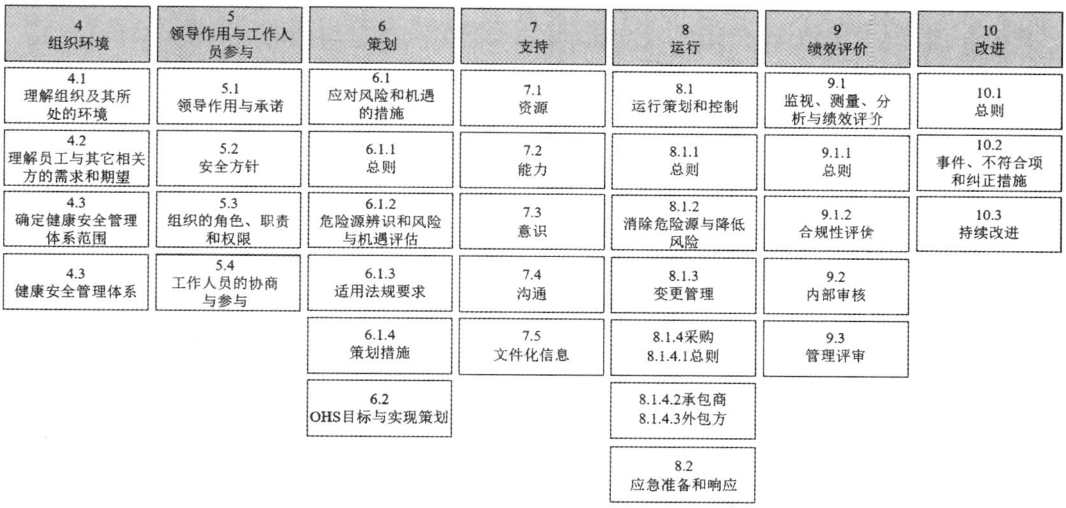

图 5–8　职业健康安全管理体系标准要素

方向、组织目标、预期安全目标，外部因素包括行业趋势发展、地区安全需求、国家法律法规要求、技术发展要求等。

实施方案除了要有岗位合理、职责明确、边界清晰的组织机构，还需要提供相关支持活动，包括资源配备、人员能力及意识、沟通交流以及文件化信息等；各岗位人员在工作过程中执行并落实对危险因素及风险的控制，对可能发生的紧急情况和事故做出响应。

执行过程中，依据监测和测量对风险管控活动及管控状态、安全目标等要素进行测量分析，检查法律法规的合规情况，并根据监视、测量、分析和评价结果，对发现的不符合项采取有效的纠正措施进行改正，对事故开展调查、评估与整改，对体系运行情况开展内部审核与管理评审，通过循环传递的关系，促使安全管理体系持续改进，不断提高。

总体来说，安全管理体系标准中的危险源辨识与评价、法律法规及其他要求、措施的策划，安全目标及其实现的策划，运行策划与控制，事件、不符合项和纠正措施，这些要素构成了安全管理体系的一条主线，其他要素都是围绕这条主线展开，起到支撑、指导、控制这条主线的作用（刘宏和郑敏学 2017）。

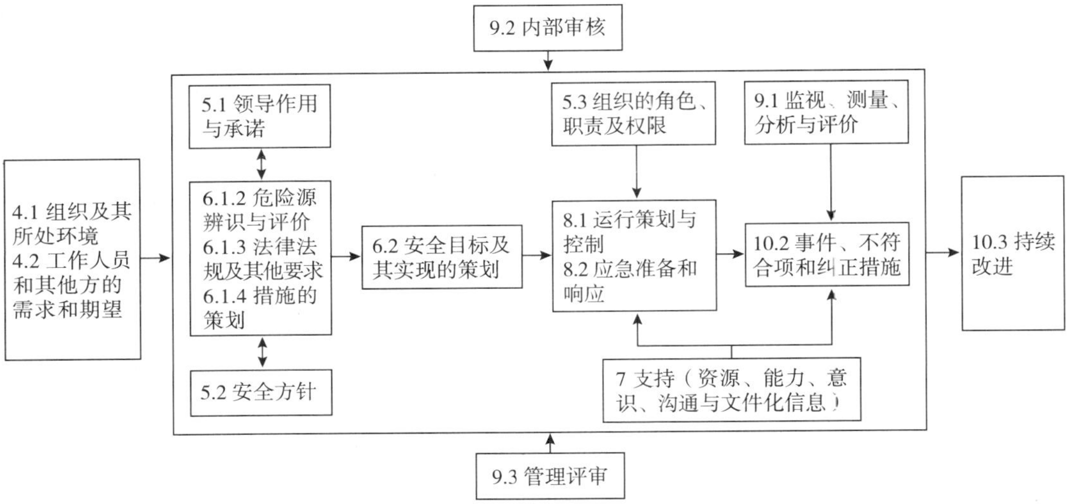

图 5-9　体系标准要素关系图

5.2.2　文物保护单位安全管理体系的建设要素

（1）安全方针、目标与方案

安全方针是组织安全管理领域的最高纲领和行动指南。安全方针要依据现行法律法规要求并结合安全现状评估，要体现出最高管理者建立并实施安全管理体系的相关承诺。安全方针应由最高管理者牵头制定，需要内部工作人员积极协商参与，同时也要收集相关方对实施安全管理体系预期安全效果的期望与需求。对于文物保护单位而言，文物安全是一切工作活动的基础。文物保护单位的安全方针要体现在各级安全管理目标和方案计划中，同时，应提出做好文物安全及保护的承诺，涉及旅游开放与陈列展览的单位，还应承诺提供一个安全、健康的环境，确保参观人员的安全。方针的制定应考虑游客、外包方、周边单位、属地政府、文物部门等的安全需求。安全方针制定完成后，除了在本单位内部进行传达宣贯外，还应向社会公众公开承诺。

安全目标是落实安全管理方针的直接体现。组织应根据风险管控现状、领导者对事故预防的要求，以及国家法律法规有关规定等制定安全目标。目标必须是具体的，有时效性的且可完成的。为使目标便于考核，应当予以量化、分解。对文物保护单位而言，应根据识别的重要风险因素及与风险因素有关的安全管理过程制定安全目标。例如，文物盗窃事件 0 起；小型火灾事件（无人员伤亡；无古建、藏品损坏；财产损失小于 1 万元）不大于 3 起；一般以上火灾事故 0 起；文物接触致损事件0起；用电安全事件0起；工伤事件0起；人员伤亡事件0起；环境污染事件0起；险肇事件不多于 10 起；食品安全事件 0 起；危化品中毒和污染事件 0 起；公众蓄意肇事事件不大于 5 起；拥挤踩踏事件 0 起等。安全管理目标完成时限通常为每年度末，经分析或考核后调整目标。

安全管理方案是组织实现安全目标的基本保障。安全管理方案应以如何实现组织的安全目标为要求进行策划。安全管理方案应明确每一个目标及目标分解，按照职能和层次规定职责和权限，明确每一条工作计划或任务的完成时间、具体责任人、完成方法、方案实施费用分析等。除此之外还需要对方案中各项任务的完成情况进行持续监测。对文物保护单位而言，按照上述要求制定安全管理方案后，应征求各部门的意见，并经主管安全工作的领导审核批准后生效。安全管理方案将以受控文件的形式发给各部门与人员具体实施，在方案实施过程中，各部门应对本部门安全管理方案的实施情况进行记录，并定期进行自查与反馈。文物保护单位安全管理委员会要定期对方案的实施进度及效果进行跟踪验证。此外，安全管理方案每年应进行一次评审，以保证安全管理方案随着文物保护单位活动和服务的变化、安全目标的变化以及因管理评审或上级领导机构要求等情况及时进行调整和修订。文物保护单位可参考以下清单建立工作程序（见表 5–3）。

表 5–3　方针、目标与年度执行方案示例

程序文件	记录文件
安全管理方针	/
安全管理愿景与目标	/
年度安全管理方案	年度任务管理登记表
安全管理方案月度反馈	安全管理方案月度反馈表

（2）文件和记录管理

安全管理体系中的文件化资料包括各项工作需要遵循的文件信息（程序文件）和过程中需要保持的记录信息（记录文件）。文件化资料的作用是确保全员遵循统一的规则执行安全管理活动。

安全管理体系中的文件信息和记录信息应按照统一的格式进行编制，确保各类文件的统一性。文件编制完成后应做好控制工作，包括文件的审批、发放、交接、变更、销毁、存储等，规定文件管理控制各环节的责任部门及相关的要求，确保各类文件资料的时效性、完整性、规范性和可追溯性。

文物保护单位可参考以下清单建立文件和记录管理工作程序（见表 5–4）。

表 5–4 文件和记录管理示例

程序文件	记录文件
文件与记录格式标准	文件分发记录
文件控制管理规定	文件交接记录
文件变更、销毁管理规定	文件变更表
记录管理	/

（3）组织机构及职责

安全管理组织机构中，最高管理者承担组织的整体安全管理责任，同时承担着明确组织岗位、界定岗位职责和权限的责任。组织中每个层次的工作人员应承担各自可控领域的安全职责。为取得安全管理体系的预期成果，组织的所有人员必须对其岗位、职责和权限有明确的理解和掌握。

落实安全管理任务需要各岗位所有人员的相互配合，需要明确风险管控过程及活动中各部门之间的相互关系，如谁负责具体组织策划、谁负责具体实施，谁负责监督管理等。对不同部门及人员赋予不同的职责及权限，以保证工作的有序开展，做到分工明确、职责清晰，这是保证安全管理体系正常运行，实现安全管理目标的基本要求。

文物保护单位可根据组织机构及业务活动进行安全职责的确定。文物保护单位的组织架构通常分为三个层级，包括单位决策层岗位、部门管理层岗位以及一线执行层岗位。文物保护单位的负责人应明确每个岗位的安全管理工作职责以及相应的权限。部分文物保护单位为确保业务活动及安全管理工作的有效推进，成立了相应的管理委员会，如安全管理委员会、旅游开放管理委员会等。

（4）安全教育与培训

组织应明确工作人员的能力要求。为确保工作人员能够胜任，除了对其教育背景、经历、从业资格进行审查外，组织还需要定期开展提升业务能力及安全意识的教育与培训工作，使从业人员获得和保持所必需的能力。

组织要建立用于培训的管理制度，且应包含培训需求分析、培训计划、培训配套服务、培训效果评价和反馈等。组织建立安全教育培训的程序，一是要明确培训计划的管理，包括对培训需求的获取及培训计划的编制与发布程序。二是要明确培训的组织方、实施方、培训的对象、培训学时及考核要求。其中，培训的对象涉及单位领导、部门负责人、科室负责人、安全管理人员、专兼职安全员、特种作业人员、变换工种人员、复工人员、新员工、警员、讲解员、相关方等。三是明确培训的内容，培训内容可按单位级、部门级、科室（岗位）级分层级列出。四是培训方式的确定，包括外送培训，如特种作业等资质类培训、专业技能培训，单位内部的业务学习、研修班、知识竞赛答题、实地演习、发放宣传材料等。五是要对培训效果进行评价。六是需要建立有关培训教育的记录。

文物保护单位可针对不同业务需求分层级设置安全培训内容，除了基础的安全知识培训外，还应结合业务活动，确定单位内部几类重点岗位人员的培训规定及要求，最好单独形成制度，如负责日常安全运行与保卫的安全员及警员，负责文物出入库、钥匙管理、文物修复、陈列布展等与文物密切接触的岗位人员，旅游开放中与游客接触频繁的讲解员等。文物保护单位可参考以下清单建立安全教育与培训工作程序（见表 5–5）。

表 5–5 安全教育与培训示例

程序文件	记录文件
安全培训管理规定	安全培训清单
岗前安全培训规定	培训签到表
临时工作人员、交流人员的安全告知规定	/
安全管理制度培训规定	/
技防系统使用培训规定	/

（5）风险管理

风险辨识与评估工作是安全管理体系建设的基础，实施安全管理体系就是对单位安全风险进行管控的过程。文物保护单位应建立风险管理组织机构，负责组织实施风险辨识、评估与控制工作；明确风险评估的工作步骤、技术方法、工作频次、评估类别等。风险管理具体可参考本书第四章内容。文物保护单位可参考以下清单建立风险管理工作程序（见表 5–6）。

表 5–6　风险管理示例

程序文件	记录文件
风险管理方法与策划	风险分析矩阵
风险辨识	风险评估表
风险评估与风险控制	降低可能性或严重性风险措施跟踪表
风险控制追踪管理	/
风险态势管理	/

（6）安全宣传与奖惩

安全宣传与安全奖惩是提高职工安全工作参与度、提升职工安全意识、促进职工安全工作积极性的重要手段。

安全宣传活动的形式主要包括举办与安全相关的活动，制作安全知识手册、卡片，张贴安全警示标志标识，普及游客服务，环境保护知识等。奖惩的方式可以有口头表扬或批评、会议通报、证书奖品、奖金及罚款等。

文物保护单位应建立安全宣传制度和安全奖惩制度。通过定期的安全宣传提升全员的安全意识，采用各种方式普及文物安全和文物保护的知识；针对外来交流人员、临时工作人员建立相应的安全告知制度，便于外部人员及时了解有关风险及安全提示。对在安全管理工作中成绩突出的部门及人员进行表彰奖励，对违反安全制度及未落实安全责任的部门及人员进行惩处。文物保护单位可参考以下清单建立安全宣传与奖惩工作程序（见表 5–7）。

表 5–7　安全宣传与奖惩示例

程序文件	记录文件
安全管理每周一宣	/
安全活动管理规定	/

续表

程序文件	记录文件
安全管理奖励制度	安全奖励表
安全警示标志使用和维护规定	/
禁止吸烟规定	/
安全违规处罚制度	违规处罚单

（7）沟通协商

组织应建立并实施与安全管理体系有关的信息交流程序，包括明确沟通的内容、沟通的时间、与谁沟通以及如何进行沟通等。组织只有保证信息交流顺畅，才能有效开展相关的安全管理工作。沟通通常分为内部沟通和外部沟通。内部沟通是指组织内部各职能部门和层级间就安全管理问题进行的交流；外部沟通是指与进入工作场所的承包方或访问者进行沟通。

组织的沟通过程应当规定信息的收集、更新和传播，确保向所有相关的员工和相关方提供相关信息，并确保他们能收到且理解这些信息。内部沟通的形式可以包括定期召开安全例会、现场会议及专题会议等。与承包方的沟通应包括与要完成的具体任务相关的运行控制措施以及关于作业场所或环境的信息。

文物保护单位可通过组织会议对单位安全态势情况、安全检查情况、隐患整改情况、风险控制情况、事件管理情况等进行沟通协商，并对日常管理过程中出现的棘手安全问题、需要部门配合以及单位领导支持的问题进行讨论，确定解决方案。此外，还可召开专项安全会议，如施工安全会议、消防安全会议等。文物保护单位安全会议应确定安全会议的主题、参与人员、会议频次等，会议结束后应形成会议纪要向全员传达。与外部承包方要做好安全工作的事前沟通。文物保护单位可参考以下清单建立沟通协商与参与工作程序（见表 5–8）。

表 5–8　沟通协商与参与示例

程序文件	记录文件
安全工作领导小组例会	安全工作领导小组例会会议纪要
部门安全工作小组例会	部门安全工作小组例会会议纪要

续表

程序文件	记录文件
部门安全管理例会	部门月度安全例会会议纪要
专项安全会议	专项安全会会议纪要
施工项目管理例会	施工项目管理例会会议纪要

（8）安全检查与隐患整改

各岗位工作人员要在日常工作中严格贯彻执行各项安全管理制度、方法、规程和具体措施，为保证既定的管理措施在实际工作中落实到位，安全管理部门需要对管理措施的执行过程实施检查，以实现安全管理的预期目标。

组织开展安全检查工作，首先应明确各部门及人员安全检查的职责，明确安全检查内容、检查方式、检查频次以及相关记录要求。

文物保护单位安全检查工作可包括以下内容：各部门所属工作范围的安全情况；重点部位防范措施落实情况；安全教育、培训落实情况，安全工作台账情况；安全制度及操作规范执行情况；危险化学品存储管理情况；电、水、气、油、暖使用管理情况；物防、技防、人防协调配合情况；安全隐患排查及整改措施；突发事件应急预案制订及演练情况；安全隐患排查及整改措施情况；隐患记录及整改情况；风险提示情况；事故原因分析情况（如有）；针对实际情况提出安全管理建议等。文物保护单位可依据以下清单建立安全检查工作程序（见表 5–9）。

表 5–9　安全检查与隐患整改示例

程序文件	记录文件
安全检查与隐患整改管理程序	每日安全巡查记录
	定期（每月）安全检查记录
	隐患整改通知单
	隐患整改记录
安全监管与安全审计管理程序	/

（9）应急准备与响应

组织要针对识别出的潜在紧急情况进行应急准备并作出响应，进而避免或减少损失。文物保护单位除了建立健全应急管理机构及应急职责外，还应根据可能出现的突发事件建立应急准备与响应程序，明确各类突发事件的处置程序及相关要求。应急准备与响应内容具体可参考第六章内容。

（10）事故调查、处理与知识管理

突发事件处置结束后，组织应开展事故调查以及整改工作。组织应明确事故调查机构组建、事故调查处置程序、调查期限，明确事故报告的内容，还应根据事故调查报告开展事故整改工作，并发布安全警钟，供组织内所有人员学习。组织还应注重事件记录，用于事故的统计与分析。

文物保护单位可依据以下清单建立事故调查、处理与知识管理工作程序（见表5-10）。

表5-10　事故调查、处理与知识管理示例

程序文件	记录文件
事故调查与处理程序	事故调查报告
险肇事件调查与处理程序	险肇事件调查报告
安全警钟	安全警钟记录表
事件管理与统计工作程序	事件统计登记表

（11）相关方管理

组织应建立相关方管理程序，明确对相关方的安全管理要求，包括对相关方准入要求（人员、设备、方案、技术等），登记要求，作业活动要求等。

文物保护单位可通过与相关方签订安全协议、安全责任书，以明确对相关方的管理。此外，文物保护单位作业活动主管部门及安全保卫部门应定期对相关方开展安全检查与考核。文物保护单位可参考以下清单建立相关方管理工作程序（见表5-11）。

表5-11　相关方管理示例

程序文件	记录文件
施工队安全管理规定	治安、防火安全责任书
	安全协议模板
商铺安全管理规定	/

（12）职业健康与环境卫生

职业健康管理的目的是预防和保护劳动者免受职业性有害因素所致的健康影响和危险，使工作适应劳动者，促进和保障劳动者在职业活动中的身心健康和社会福利。

文物保护单位为营造一个整洁、卫生的作业环境或旅游场所，应开展“5S”管理，明确“整理、整顿、清洁、清扫、素养”相关要求，并建立“5S”考核标准；另外，文物保护单位应建立职业病防治制度，确定本单位存在职业病危害的岗位，按照国家法律法规落实职业病防治措施，保证单位人员职业健康安全。文物保护单位可参考以下清单建立职业健康与环境卫生工作程序（见表5–12）。

表5–12 职业健康与环境卫生示例

程序文件	记录文件
整理、整顿、清洁、清扫、素养	整理、整顿、清洁、清扫、素养考核表
听力保护规定	/
呼吸系统保护规定	/
背部防护规定	/
废水、废油、可回收性废弃物、垃圾处理管理规定	/
防污染控制规定	/

（13）合规性评价

合规性评价是对组织的安全管理工作是否符合现行国家和地方政府颁布的法律法规政策要求进行评价。如果有漏项或者法律、法规、政策、技术标准等更新的情况，要及时调整本单位管理制度或措施条款。

组织可以基于日常的或者集中一次的监测、测量、分析和绩效评价结果进行合规状态的认识和理解。组织的合规性评价应由有能力的人员完成，既可以是组织内部人员，也可以使用外部资源。

文物保护单位应定期识别、汇总与本单位相关的国家、地区、行业的法律法规、技术标准，并对本单位履行法律法规及技术标准的情况进行评价，以明确本单位合规义务的执行效果。文物保护单位应建立合规评价相关程序，明确法律法规及技术标准识别的主体部门、工作步骤以及相关要求，明确开展合规性评价的步骤、频次以及整改要求。文物保护单位可参考以下清单建立合规性评价工作程序（见表5–13）。

表5–13　合规性评价示例

程序文件	记录文件
安全管理法律法规管理规定	部门合规性评价记录表
合规性评价规定	合规性评价状态汇总表

（14）管理评审

最高管理者应按计划的时间间隔对组织的安全管理体系进行评审，以确保其持续的适宜性、充分性和有效性。

组织应建立管理评审工作程序，应明确管理评审的工作流程、评审内容、评审频次（一般年底开展）、会议记录要求等。管理评审的主要内容包括：现行安全管理体系的适宜性；为下一个阶段的持续改进设置或更新安全管理体系目标；对现状是否进行充分的危险辨识、风险评估和风险控制；当前的风险状况及其控制方法的有效性；实现目标方案的执行状况；安全管理体系充分性，适当的人力、物力、财力资源；安全管理体系审核程序的有效性；事故报告程序的有效性；发生过的事故和事件的相关数据；已失效程序的记录情况；安全管理体系的评审和有效性；突发事件的应对措施；安全管理体系的持续改进情况；事故及特定事件的调查结果；相关方的投诉、建议及要求；法律法规及其他要求的评价等。

组织应建立变更管理程序，以适应法律法规和标准更新、机构与职责调整、工作程序及流程更新的变化，应明确变更申请、审核、批准、验证、更新的流程。组织还应建立不符合项管理程序，明确不符合项编制、发布、整改、反馈及审核工作程序，以确保安全管理体系的有效运行。文物保护单位可参考以下清单建立管理评审工作程序（见表5–14）。

表5–14　管理评审示例

程序文件	记录文件
年度安全管理评审要求	年度安全管理评审会议纪要

续表

程序文件	记录文件
变更管理规定	变更申请表
	变更验收表
不符合项报告与整改	不符合项报告

（15）文物保护单位运行控制

除上述14个安全管理体系的建设要素之外，针对文物保护单位的安全管理体系建设，还有一些不可或缺的关键要素，主要包括旅游开放、陈列展览、作业活动、治安保卫、消防安全、物资设备、重点场所和文物库房八类。

◆ 旅游开放

旅游开放是文物保护单位的一项重要业务工作。如何在确保文物及其周边环境安全的基础上，为公众提供一个安全、舒适的旅游环境是文物保护单位关注的重点。文物保护单位应对旅游开放全过程开展安全评估与分析，辨识可能发生文物受损、人员伤害、游览秩序混乱的情况，通过制定相关的管理程序及制度，明确旅游开放活动各部门和人员的安全职责，规范公众接待、客流调度、讲解服务、参观路线设计及分配、危险提示等工作，同时，应制定游客出现各类突发情况（如突发疾病、自然灾害、治安事件）时的应对方案，及时开展应急处置。

在售检票区域，票务、安保等部门要做好票务及票务排队区管理、安检及安检排队区管理、停车场管理、存包管理等，对可能出现的公众与工作人员纠纷、公众间冲突闹事、黄牛倒票贩票、公众突发疾病、公众个人极端行为、携带可疑包裹与违禁品等情况进行及时预防与控制，必要时应建立与属地公安部门的联动机制。

在开放游览区域，对公众的安全告知和提示是旅游开放活动的重点。开放管理部门提前应做好对公众文明参观的告知，使游客了解参观过程中的有关文物安全、人员安全和相关民俗风俗等注意事项，如“禁止触摸文物、禁止拍照、禁止吸烟、按指示路线参观，禁止进入非开放区域”等；参观过程中要做好有关危险的提示或张贴安全标识，如落石区、上下台阶区、狭窄区域的通行；另外，工作人员应掌握游览过程中突发异常天气、社会治安事件、公众突发疾病等事件的应急措施，包括引导公众疏散、人员急救以及信息报送的要求；安全保卫部门应做好出入口及拥堵场所的管理，配合开放管理部门维护好参观游览秩序，合理部署安保力量，当发生紧急情况时，能够第一时间进行响应与处置。

开放管理部门还应做好参观游客信息的统计，做好游客的分流与疏导工作，合理设置游览线路，尤其对展厅、商户等封闭空间的管控，应联合安保部门设置专人疏导，避免出现拥堵现象。此外，文物保护单位还应配备一定数量的医务人员、专业心理辅导人员以及法律顾问等，为公众提供一个有安全保障的参观环境。

文物保护单位还应建立针对重大疫情、异常天气、要人来访、重要活动、节假日等特殊时期的管理规定，明确特殊时期期间文物保护单位旅游开放活动的策划、审批及告知程序，各部门在特殊时期期间的工作任务及要求。文物保护单位可按照以下制度清单建立旅游开放相关程序（见表 5-15）。

表 5-15　旅游开放安全管理清单示例

程序文件	记录文件
旅游开放管理制度	/
拥堵场所安保人员的配置、管理与沟通规定	安保人员名录
客流监测与管控管理规定	/
瓶颈区域管理规定	瓶颈区域检查记录
应急疏散出口管理规定	应急疏散出口检查记录
特殊时期安全管理规定	/

◆ 陈列展览

陈列展览是对外开放类文物保护单位日常运营活动中的重要组成部分。为保障陈列展览能够顺利进行，防止文物被盗抢、损坏，观众受伤等事件发生，文物保护单位应规范陈列展览过程中的安全管理。陈列展览可按阶段分为布展、展陈和撤展，文物保护单位应明确各阶段中可能存在的风险，将风险管控措施落实到日常业务活动中，对可能造成文物破坏、公众受伤的风险进行控制与监测。

在布展阶段，文物保护单位应根据陈列展览的需求，明确布展文物的数量和内容，做好展陈文物的包装、清点、登记工作，同时应对文物展陈环境进行安全评估，包括展厅展柜的安全状态、展陈区域空间布置、技术防范系统配置、安保人员的部署等。对外文物展陈时，应对外展文物进行策划与甄选，严格执行文物出入库要求，做好文物展品的点交与查验工作，涉及境外展陈的，应按国家要求履行相关审批手续。文物的包装和运输工作同样应注意对文物安全的防护，避免对文物造成损坏。

在展陈阶段，要负责维护好公众参观秩序，做好日常安全巡查以及相关展陈设备的维护工作，发现问题或可疑迹象应立即上报并做好现场处置工作。场馆开放和关闭时，应做好展品核查和清馆净场工作，并认真填写安全检查记录和交接班记录。针对易受自然环境影响的脆弱性文物，如字画、工艺品、铜器等，还应采取防光照、防潮、通风等相关措施。

展览活动结束后，在撤展阶段应做好文物状态的确认、展览环境恢复、文物包装与运输等工作，同时应与文物管理部门做好文物的交接、清点、查验及签字确定等。文物保护单位可按照以下制度清单建立陈列展览相关程序（见表 5–16）。

表 5–16　陈列展览安全管理清单示例

程序文件	记录文件
文物展陈安全管理制度	/
对外文物展陈管理规定	藏品出入库登记表
陈列展览设备管理规定	展览设备检查记录
展厅展馆安全管理制度	展厅展馆日常检查记录

◆ 作业活动

文物保护单位除了旅游开放等业务活动外，还涉及开挖作业、吊装作业、高空作业、脚手架作业、涂装作业、板房搭建等施工作业活动。文物保护单位除了应遵守有关施工作业的法律法规及技术标准外，还应采取安全措施避免施工活动对文物造成的影响。特别是在文物保护与修复作业时，文物保护单位应落实文物

“防砸、防碰、防尘、防虫、防腐、支护”等安全措施。如脚手架作业时，应对脚手架端部、连接处及紧固件采取软包防护，立杆底座接触文物时，应对地面文物进行防护；建设保护性设施时，不得改变或损伤防护的文物本体；施工人员穿戴的衣服鞋子以及使用的器具也要考虑修复文物的类别等。为了确保施工作业的安全，文物保护单位的施工主管部门、安全保卫部门及人员应负责监督施工单位的日常安全管理工作。文物保护单位可参考以下清单建立作业活动相应程序（见表5–17）。

表 5–17　作业活动安全管理清单示例

程序文件	记录文件
建筑施工安全管理制度	/
脚手架安全管理规定	脚手架安全检查表
	搭设钢管脚手架确认表
安全用电与接线管理规定	临时用电申请表
	用电安全检查表
电、气焊安全管理规定	/
崖体加固工程安全管理规定	/
高处作业管理规定	/
吊装作业安全规定	/
受限空间进入作业安全要求	受限空间进入许可证
开挖作业安全管理规定	/
临时板房的搭建与拆除安全管理规定	/
临边防护装置安全管理规定	/
特种作业人员资格证书管理	/
涂装、喷漆作业安全管理规定	/

◆ 治安保卫

文物保护单位除了做好文物防盗、防破坏外，还应对可能出现的人员纠纷、闹事打架、个人极端行为、恐怖袭击等治安事件进行控制。文物保护单位应设立安全保卫组织，配置安全保卫人员，负责本单位的安全保卫和防范工作，同时，应建立健全安全保卫和防范的各项规章制度，配备一定的安全装备及器材（李晓东 2017）。

文物保护单位应开展治安巡查工作，对本单位的重点场所、旅游开放及公共区域以及在大型活动期间进行巡查，及时制止发生的治安事件及违法行为，维护单位的安全秩序。文物保护单位应建立与属地公安的联动机制，当单位内部发生治安、刑事案件时，应及时向当地公安报警，并积极配合公安机关取证调查。旅游开放期间，对自身无法解决的游客纠纷事件，及时移交当地公安进行处理。

文物保护单位应做好外来人员的管理，包括施工人员、经商人员、学术交流人员、外来观研人员、志愿者等。不同类别的人员要执行相应的审批登记、安全告知、安全协议签订、人员陪同等管理要求。对发现的可疑人员应建立相应的管理程序，明确对可疑人员的处置程序及上报要求。若涉及盗窃、破坏等行为，应协同公安部门进行应急处置与后期的事件调查。另外，文物保护单位还应做好本单位公物出入、车辆、人员证件等管理工作。

除人防外，文物保护单位还应利用物防、技防措施开展治安保卫工作，包括安装加固的门窗或围栏、建造防护墙或保护房等措施。在一些重点场所或防护区边界，如重点场所出入口及核心保护区边界等，装设出入口控制及入侵报警系统。合理布置安防监控摄像机，实时查看现场图像等。利用巡更系统开展日常的安全巡查工作等。文物保护单位安全防范技术系统具体可见第七章内容。文物保护单位可参照以下清单建立治安保卫相关程序（见表 5-18）。

表 5-18　治安保卫管理清单示例

程序文件	记录文件
治安保卫管理制度	治安巡查登记表
	接处警登记表
警卫管理制度	执勤及交接记录
	外来车辆出入登记表
对可疑人员的上报与处置程序	/
职工工作卡、临时出入证件管理规定	临时出入证申请表
公物出入管理规定	物品放行证

续表

程序文件	记录文件
夜间及节假日值班管理规定	交接班记录
外来人员管理制度	外来人员登记表
防恐怖袭击指导程序	/
大型活动安全管理规定	/

◆ 消防安全

文物保护单位一旦失火，极易造成重大社会影响且损失难以估计。文物保护单位要采取各种方式方法，向本单位职工普及消防知识，提高本单位职工的消防意识和防灾抗灾能力，要组织职工骨干力量，建立义务消防队，开展群众性的防火、灭火工作。各个部门和人员都负有消防安全职责，安全管理部门对单位内其他部门实行指导、管理、检查和监督。

文物保护单位要定期开展消防安全检查，包括部门范围或单位范围的日常消防安全检查，针对重大节日、活动时期的专项检查，配合上级单位的临时检查。检查内容应涉及火灾隐患整改及防范措施的落实情况，安全疏散通道、指示标识、应急照明和安全出口情况，灭火器材配置、手动报警按钮、声光报警器运行情况，用火、用电、用气和使用危化品有无违章情况，重点岗位人员消防知识的掌握情况，消防通道、消防水泵室（喷淋泵或消火栓泵）、室外消火栓运转情况，日常巡查、检查记录完整情况，其他可能引起火灾事故的情况。

文物保护单位还应确定本单位的消防重点部位，通常从几个方面考虑：一是容易发生火灾的部位，如存储有化学品的实验室、存储危险物质的仓库、施工场所电焊气割等；二是对消防安全有重大影响的部位，如与火灾扑救密切相关的变配电站（室）、消防控制室、消防水泵房等；三是性质重要、发生事故影响全局的部位，如发电站、变配电站（室）、设备机房、锅炉房、档案室、文物及重要历史文献收藏室、林木区、古建筑群等；四是财产集中的部位，如文物库房、文物展室等；五是人员集中的部位，如展厅、职工宿舍、餐饮场所等。除此之外，文物保护单位还应根据单位实际，即本单位物品贮存的多少、价值的大小、人员的集中量以及隐患的存在和火灾的危险程度等情况确定单位的消防重点部位。

文物保护单位应建立动火作业审批制度，确需使用明火时严格按照动火作业要求进行审批。文物保护单位可按照以下清单建立消防安全工作程序（见表 5-19）。

表 5-19 消防安全管理清单示例

程序文件	记录文件
消防安全管理制度	/
消防宣传教育制度	消防宣传记录
	消防安全教育培训记录
消防例会制度	消防安全会议记录
防火检查制度	消防安全月检查记录表
	防火检查记录
	消防安全专项检查记录
防火巡查制度	安全工作每日巡查记录
	防火巡查记录
火灾隐患整改制度	隐患整改通知单
	隐患整改复查单
动用明火管理制度	临时用火作业审批表
电气设备管理制度	电热器具使用申请表
消防重点部位管理制度	/
消防档案管理制度	/
战备执勤管理制度	消防应急分队备勤记录
	消防应急分队业务考核表
	应急消防执勤（日）交接记录
灭火救援制度	消防应急预案演练记录
	火灾情况记录
人为纵火的预防和控制	/
古建筑消防管理规定	/
林木消防管理规定	/
核心区、办公区、生活区便携式与手推车灭火器配置标准要求	灭火器更换记录表
	灭火器统计表

◆ 物资设备

文物保护单位应对所涉及的设备设施以及物资进行管理，按照“谁主管、谁负责”、“谁使用、谁负责”的原则开展设备设施及物资的管理。文物保护单位应建立设备设施及物资台账，确定责任人，明确设备设施及物资安全使用以及维护要求。对于特种设备，还应做好特种设备的年度检验。涉及液化气或危险化学品的单位，应对危险物品的采购、验收、登记、储存、使用、废弃后处理等各环节进行安全管理。

文物保护单位涉及的设备设施及物资包括：特种设备，如锅炉及辅机、气瓶、动力管道、叉车、电瓶车、高处作业车等；安防设备，如入侵报警系统、视频监控系统、声音复核系统、安全照明系统、出入口控制系统、电子巡查系统、供电系统、安防通讯系统、传输系统、安防管理平台、远程联网监控系统、安防设备检测维修系统、应急广播系统、地震监测系统等；消防设施，如室内外消火栓、防火门、防火卷帘、排烟口（送风口）、火灾探测器、消防自动报警系统、应急照明、安全疏散指示标志等；柴油发电机；充电设备；车辆；陈列展览设备；劳保用品；防暴器材；消防用品等。文物保护单位可参考以下清单建立物资设备相应程序（见表 5–20）。

表 5–20 物资设备安全管理清单示例

程序文件	记录文件
特种设备设施管理制度	设施设备台账
	设备年度检修计划
	设备检修记录
安防设备设施管理规定	维修记录表
	维保计划
消防设施设备管理规定	消防设施设备出入库登记表
	消防设施设备检查维护记录
防汛物资管理规定	防汛物资清单
危险化学品管理制度	化学品一览表
	危险化学品管制清单

续表

程序文件	记录文件
柴油发电机管理制度	柴油发电机运行检查记录
	柴油发电机日常巡检记录
	设备维修维保记录
车辆管理制度	停车场日检查记录
设备充电管理规定	/
警用、防暴器材的使用规定	/
劳保用品管理规定	劳保用品发放记录
液化气安全管理规定	/

◆ 重点场所

文物保护单位应划定重点场所区域，并设置明显的标识，确定重点场所的管理部门及责任人，定期开展安全巡查及专项检查，及时对发现的问题进行整改，确保各重点场所的安全。文物保护单位的重点场所可从以下几个方面来考虑：有重要文物及文献资料等历史文化价值的场所，如不可移动文物区域、展厅、文物库房、档案室、资料、贵重物品和重要历史文献收藏室等；容易发生火灾的部位，如实验室、危险化学品仓库，易燃、可燃液体储罐，可燃、助燃气体钢瓶仓库和储罐，液化石油气瓶或储罐，油漆、烘烤、熬炼、木工、电焊气割操作场所，易燃的建筑群等；性质重要、发生事故影响全局的部位，如消防控制室、消防水泵房、变配电站（室），通信设备机房、电子计算机房等；财产集中的部位，如储存大量原料、成品的仓库、货场，使用或存放先进技术设备的实验室、车间、仓库等；人员集中的部位，如展厅、宾馆、餐厅、集体宿舍等。文物保护单位可依据以下清单建立重点场所相关程序（见表 5–21）。

表 5–21　重点场所安全管理清单示例

程序文件	记录文件
重点场所安全管理规定	/
变配电室安全管理规定	配电室检查保养记录表
	配电室人员进出登记表

续表

程序文件	记录文件
锅炉房、水泵房、热源泵安全管理规定	锅炉房、水泵房、地源热泵房安全检查表
	天然气锅炉运行记录
员工食堂安全管理制度	员工食堂人员晨检表
	员工食材出入库登记表
	员工食堂食品留样记录表
	员工食堂餐饮具消毒记录表
	员工食堂刀具领用登记表
	员工食堂食品安全综合管理自查表
实验室管理制度	实验室安全检查表
	实验室外来人员登记表
机房安全管理规定	机房安全检查表
	机房人员出入登记表
	机房值班日志
	设备机房巡查记录表
	机房设备设施维保记录
应急指挥中心管理制度	应急指挥中心值班记录表
	应急指挥中心报警记录表
	监控视频查看拷贝登记表
	应急指挥中心人员出入记录表
	消防控制室值班记录表
	应急指挥中心日常巡查记录表
档案、图书、打印室安全管理规定	档案、图书、打印室消防安全检查表
寄存处安全管理制度	物品寄存领取登记表
	遗失物品领取表
职工宿舍安全管理制度	职工宿舍住宿登记表
	职工宿舍安全卫生检查记录表
售票室、安检区安全管理规定	售票室及安检区安全检查表

续表

程序文件	记录文件
仓库安全管理规定	物品出入库单
	仓库消防安全检查表
办公、会议及活动场所安全管理规定	办公、会议及活动场所安全检查表
饮用水源地安全管理规定	供水站运行记录
放射设备存放场所管理规定	/
激光设备存放场所管理规定	/

◆ 文物库房

文物库房是保存可移动文物的专用场所，除了配置技术防范系统外，还应建立相应的管理程序，以确保文物库房及藏品的安全，做到防盗、防火、防虫、防潮等。文物库房应设双人管理，负责库房及藏品保管方面的一切工作和安全，并定期对库房温湿度、虫害、管线、技术系统、设备状态以及藏品进行安全检查，填写库务日志。文物保护单位应建立藏品出入库管理制度，涉及出入库时，应填写记录凭证经批准后方可进行。文物保护单位可参考以下清单建立文物库房相关程序（见表 5-22）。

表 5-22 文物库房安全管理程序清单示例

程序文件	记录文件
文物库房管理制度	/
提用文物管理规定	文物提陈单
	文物修复单
馆藏文物管理制度	藏品移交单
	文物库务日志

5.2.3 文物保护单位安全管理体系建设的步骤

安全管理体系建立的工作思路包括：高层领导的决策与准备、前期培训与宣贯、建设工作计划、初始化状态评估、体系策划和设计、体系的试运行、内部审核及管理评审等。

（1）领导的决策与准备

文物保护单位安全管理体系的建设需要单位最高领导的决策，只有单位最高领导者认识到建立安全管理体系的必要性，单位人员才有可能在其决策下开展体系建设工作。此外，安全管理体系的建立、实施和运行过程中，需要资源的投入和保障，这些都需要单位最高领导人做出承诺与保证。

安全管理体系的建立和实施是一个复杂的工作，涉及文物保护单位各个部门的各项工作，为确保体系建设及运行的有效性，应按要求任命安全管理者代表具体负责体系的建立、实施、维护与管理工作，定期向单位最高管理者汇报体系运行情况及出现的问题，及时为最高领导者决策提供建议，同时要协调体系建立和运行过程中各部门之间的关系，确保体系健康运行。

（2）成立工作组

当文物保护单位最高领导者决定建立安全管理体系后，应授权管理者代表成立体系建设工作组，负责体系建设的各项具体任务。工作组组长由管理者代表担任，成员应来自本单位各个部门的管理人员或技术骨干，组成人员最好具备一定的安全管理体系基础知识。

（3）前期培训与宣贯

开展工作前，工作组成员应接受工作培训与宣贯，主要内容包括：国家有关安全法律法规及技术标准、安全管理体系建设有关标准、单位安全管理工作制度、单位主要业务活动等。

（4）建设工作计划

文物保护单位应建立工作计划，一般来说体系建设需要 1 年左右时间，工作计划要明确出各阶段应实现的目标以及工作内容，同时列出需要配备或投入的资源，工作计划报最高管理者批准。

（5）初始状态评审

初始状态评审是建立管理体系的基础性工作，通过评审了解文物保护单位安全管理的现状水平，作为制定文物保护单位安全策划的依据。文物保护单位初始评审内容主要涉及：文物保护单位安全管理的基础资料；识别和获取现有适用于本单位的相关法律、法规及其他要求，以及履行合规义务的情况；识别和评价单位各项活动及服务过程中的风险情况；安全管理活动及程序制度的有效情况；事件调查以及事故整改情况；相关方对单位安全工作的期望与评价等。初始状态评估由评审工作组实施，也可由第三方专业单位开展。

（6）体系策划、设计与编制

体系的策划及设计阶段主要是依据初始状态评审结论，制定文物保护单位安全方针，制定单位安全目标、指标以及安全管理方案，确定组织机构和职责，筹划各种运行、控制、反馈与评估程序等。根据策划及设计内容，按照统一的文件格式要求编制体系文件。体系编制完成后，还应开始体系的试运行以及评审工作。

5.3 文物保护单位安全管理体系运行

5.3.1 体系运行的工作内容

安全管理体系编制完成后，体系进入试运行工作阶段，通过开展体系试运行工作，对安全管理体系的充分性、适宜性和有效性进行检验，逐步建立文物保护单位安全管理的新模式，明确安全管理体系在单位各部门试运行过程中存在的问题，采取改进措施，修正完善体系文件。更新的体系文件应按程序进行审核与签发，组织再次培训后，开展体系正式运行工作。

（1）体系培训与宣贯

为使安全管理体系有效运行并促使文物保护单位安全方针、目标的全面实现，各部门应认真执行安全管理体系文件，保证各项要求的落实。一是开展安全管理体系的系统培训与宣贯工作，管理体系培训要覆盖到单位各个部门、各个岗位。培训时应针对单位各层级人员有针对性地开展应用性培训。二是各部门人员应学习与本部门工作直接或间接有关的文件（要求明确有哪些程序文件、记录表格、责任人、完成时间）。

通过培训宣贯，要明确单位安全管理体系的安全方针与目标，本部门及本人的工作目标；明确本人工作涉及的程序文件和记录表格；明确本人的岗位职责；明确与本人工作相关的法律、法规；明确要做什么、如何做、记什么；明确违反规定会造成的后果及影响等。

（2）体系运行与记录

在体系试运行期间，执行并落实文件要求，明确责任人、职责、工作要求、完成时间，要注重过程控制，并留存记录。各部门可按照如下方式：一是做工作先查文件，确定怎么做，做完按要求保留相关记录；二是如果文件规定不全的，则向工作归口管理部门寻求解决方案，将归口部门反馈意见记录并按意见执行，保留执行记录；三是发现问题或有特殊困难不能执行的，及时反馈给归口管理部门，做好反映和答复记录。

（3）动态监测与反馈

体系试运行期间，体系试运行小组应对体系运行情况进行动态监测，收集各部门及岗位人员针对体系运行反映的问题，并及时给予答复。体系试运行结束后，应编制体系试运行报告，报告内容按照管理体系要素介绍体系试运行期间安全工作开展情况，包括安全方针目标完成情况、法律法规及合规性评价、危险有害因素辨识、运行控制（培训、检查、应急、评估等内容）情况等。同时，提交安全管理体系试运行反馈表。

（4）文件更新与发布

针对体系试运行出现的问题，在管理者代表的组织下，由相关部门协商并共同对问题进行纠正，按照体系文件变更管理程序，对体系文件进行修订。修订完成后及时进行发布与宣贯。

（5）体系正式运行

体系试运行结束后，开展体系的正式运行工作。文物保护单位要按照管理程度相关要求开展日常工作，做好工作记录，通过体系 PDCA 的运行模式，实现单位安全绩效水平的不断提升。此外，文物保护单位可根据单位需要，组织安全管理体系的认证工作。

5.3.2　体系运行的实施步骤

（1）召开体系试运行启动会

文物保护单位应召开体系试运行启动会，制定并下发《安全管理体系试运行工作方案》，明确体系试运行的组织机构、工作任务、实施步骤以及工作要求，并对体系试运行工作进行分工部署。为保证安全体系试运行工作的顺利开展，建议可成立“体系试运行领导小组”（组织架构设置可同体系建设工作组），体系试运行领导小组办公室设在安全保卫部门。

领导小组工作职责：负责领导和组织单位安全管理体系试运行工作；统一部署和推进单位体系试运行工作；决策单位安全管理体系试运行中的重大问题；保证单位安全管理体系试运行所需的人、财、物、时间等资源。

领导小组办公室工作职责：根据单位安全管理体系试运行工作计划开展业务培训，协助做好体系归口管理要素文件的完善工作；协助做好体系文件应用；具体负责对安全管理体系试运行情况进行监测，并反馈改进意见。

（2）分发体系文件

安全管理文件是开展安全管理工作的具体准则，它对所有岗位开展安全管理工作具有指导作用，是具体的、可操作的。要使安全管理实施有效，必须使必要的文件分发到位。在分发时应做好文件的受控管理。

（3）试运行培训与过程指导

体系试运行时，应制作体系试运行培训材料，培训内容包括体系基本知识、试运行的工作任务、开展方式、工作要求等。体系试运行期间，针对各部门试运行过程中存在的问题，领导小组办公室应给出改进建议；在体系试运行结果输入时，配合各部门分析体系试运行情况，编制试运行报告。

（4）试运行结果分析

根据安全管理体系要素内容，领导小组办公室应对各部门试运行结果及文件反馈表进行汇总与分析，编制形成单位安全管理体系试运行报告，针对共性问题，从单位层面提出管理体系修改意见，并征询意见；针对个别存在的问题，与各部门沟通后，按管理实际作出调整。

（5）体系文件更新、发布与宣贯

根据体系修改意见，对体系文件进行修改完善，更新版本号，并对新修订文件进行发布与培训宣贯。

第六章 文物保护单位应急管理

应急管理是指政府及企事业单位在突发事件的事前预防、事发应对、事中处置和事后恢复过程中，通过建立必要的应急机制，采取一系列必要措施，保障公众生命财产安全，促进社会和谐健康发展的有关活动（贺定超 2018）。早在2003年，国家文物局就发布了《国家文物局突发事件应急工作管理办法》（文物办发〔2003〕87号），对文物行政主管部门以及国有的文物事业单位在突发事件防范和应急处置责任制、文物安全保卫、宣传教育与培训、突发事件日常监测、突发事件信息报送、事件调查、奖励与惩罚等方面作出了相关规定，为文物保护单位应急管理提供了指导。

近年来，文物保护单位火灾、盗窃、盗掘、损毁文物等突发事件时有发生，给国家文化财产造成了巨大的损失。文物保护单位为预防和降低突发事件的影响，需要建立并完善突发事件应急管理的体系。本章首先介绍了文物保护单位突发事件与应急管理的基本概念及理论，阐述了文物保护单位突发事件与应急管理的特点；其次，结合突发事件全生命周期的规律性，系统分析了文物保护单位在应急管理四个工作阶段的决策要素及要求，明确了文物保护单位在各阶段的主要工作内容；最后，介绍了文物保护单位应急管理体系的建设框架要素及建设内容，并进行了示例说明，为文物保护单位构建与实施应急管理体系提供了参考。

6.1 文物保护单位突发事件与应急管理概述

从古至今，突发事件一直伴随着人类社会而不断变化，从古代早期的水患、灾荒、瘟疫、战乱，到近代的工业事故、环境污染、交通事故，再到现代社会的全球金融危机、恐怖袭击、异常气候，突发事件的种类以及形态变化越来越多。面对突发事件对人类的不断威胁，20 世纪以来，各国政府不断加强了对突发事件的研究，并取得了一定的成果。

6.1.1　文物保护单位突发事件基本概述

（1）突发事件概念

突发事件，在国际上具有代表性的定义是欧洲人权法院对“公共紧急状态”的解释，“一种特别的、迫在眉睫的危机或危险局势，影响全体公民，并对整个社会的正常生活构成威胁”（过聚容 2006）。我国《中华人民共和国突发事件应对法》（2007 年）对突发事件的解释，是指突然发生，造成或者可能造成严重社会危害，需要采取应急处置措施予以应对的自然灾害、事故灾难、公共卫生事件和社会安全事件。突发事件分类（见图 6–1）。

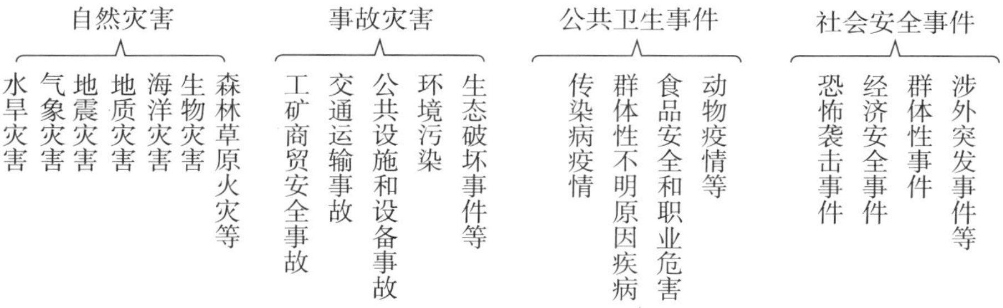

图 6–1　国家突发公共事件的分类

在文物保护行业，《国家文物局突发事件应急工作管理办法》（文物办发〔2003〕87 号）中对突发事件的定义是，由人为或自然因素引起的突发性的危及文物安全和文物保护工作秩序的事件。从定义来看，文物保护单位突发事件的起因包括人为因素或自然因素，这里提到的“人为因素”包括故意破坏和无意的行为。人为故意破坏，如偷盗、抢劫等犯罪行为，在文物本体上随意刻划、攀爬、实施破坏等恶意行为等，与文物相关的违规、违章作业等；无意的行为，如因人员经验欠缺、设备技术条件限制、材料性能及管理条件等客观因素限制，从事文物修复、运输、展陈等相关作业时对文物造成的损坏，强调的是人员非故意的行为。从自然因素上来看，包括突发性的火灾、水灾、地震、沙尘暴等自然灾害，而病虫害、风化侵蚀、温湿度变化对文物造成的影响是一个渐发的过程，属于渐发性的灾害事件。从威胁对象上来看，主要侧重于对文物的影响，包括对文物本体安全以及对文物保护工作秩序的影响。

（2）突发事件的分类

文物保护单位突发事件的分类并没有统一的标准。从国家文物局通报历年文物安全与行政执法工作情况统计，其对全国重点文物保护单位的文物安全案件事故类别划分为：古遗址/古墓葬被盗掘、文物保护单位被盗窃、抢劫文物、故意或过失损毁文物、火灾事故、其他事故六类，这几种类型并不在同一个维度上划分，主要从上级部门对下开展文物安全检查和督办案件的角度考虑的，服务于行业部门检查与监管的需要。但是，对突发事件进行分类，一个重要的目的是为提高应对突发事件的专业化水平，采取有针对性的预防和控制措施，为此，我们应从突发事件的诱发因素、发展过程和事件性质来划分事故的类型。结合搜集的文物保护单位事故案例来看，文物保护单位突发事件类型可划分为：

◆ 因自然灾害导致文物受损或受灾的事件，如洪水、干旱、雷电、大风、火灾、动物侵扰、地震、火山、沙尘暴等。据统计，2020年汛期截止到7月16日，江西等11省份有500余处不可移动文物因洪灾不同程度受到损失，受损文物中古桥梁被冲毁、古城墙坍塌和文物建筑房屋垮塌较为严重。

◆ 因人的故意行为导致文物受损的事件，包括人员非法侵入、文物抢劫、盗窃、盗掘、纵火等个人极端行为，随意刻画、攀爬、损坏文物等恶意行为造成文物受损的事件。

◆ 因技术原因或管理不善造成文物受损事件，一是技术原因可认为是人员的疏忽和错误造成事件，如文物修复不当导致文物破坏、展陈运输不当造成文物受损、考古活动导致文物受损、文物保护工程施工导致文物受损等；二是管理工作不到位，如因管理制度缺失或执行不到位，造成文物破坏的事件，如人员对设备设施及技术系统保养维护不到位，出现文物监测系统失灵、水电气热基础设施故障引发事故，旅游开放过程管理不善等，间接造成文物受损或危及文物保护工作秩序的情形。

◆ 政治安全、民族宗教、网络安全等非传统安全问题引发的文物安全事件。如恐怖袭击、暴力、战争、民族分裂、极端宗教以及网络舆情对文物安全及文物保护工作秩序造成的影响。

（3）突发事件的分级

文物保护单位突发事件侧重于对文物安全及文物保护工作秩序的影响，划分等级时，一是可从与文物或文物保护单位固有属性上进行选定，如受损文物等级、文物保护单位等级、受损文物数量等；二是可从突发事件的类型选定，如盗掘、走私、贩卖等犯罪违法活动，非恶意破坏；三是可从突发事件对人员、文物、财产、社会造成的影响，如突发事件造成旅游开放活动中止的天数、引发的社会关注度或影响范围等。

根据获取的甘肃省、浙江省、山西省等省份及所属市县发布的文物保护单位突发事件应急预案来看，文物保护单位突发事件等级一般分为三级：重大突发事件（Ⅰ级）、较大突发事件（Ⅱ级）、一般突发事件（Ⅲ级），划分标准的依据一般从以下几个维度综合判断（见表 6–1）。

表 6–1 文物保护单位突发事件等级判定要素

要素	划分
发生突发事件的文物保护单位等级	全国重点、省级、市县级
丢失或损毁的文物等级	一级文物、二级文物、三级文物
丢失或损毁的文物数量	1 件、5 件、10 件等
发生突发事件的类型	火灾、违规施工、盗掘、走私、贩卖及其他违法活动
突发事件造成的影响	对人员、文物、财产、社会造成的影响程度

以下是山西省文博系统突发事件等级划分标准（见表 6–2），主要从文物保护单位级别、文物珍贵程度及受损程度、施工活动几个维度进行判定（山西省文物局 2008）。

表 6–2 山西省文博系统突发事件等级划分标准

等级	划分标准
重大突发事件（Ⅰ级）	◆ 国家级、省级文物保护单位发生火灾、被盗、被毁、文物建筑发生坍塌的； ◆ 馆藏一级文物丢失、损毁的，或馆藏二级文物丢失、损毁 5 件（含 5 件）以上的，或馆藏三级文物丢失、损毁 10 件（含 10 件）以上的，或馆藏普通文物丢失、损毁 20 件（含 20 件）以上的； ◆ 文物单位或收藏单位发生纵火、人为爆破、劫持人质、暴力抢动文物等事件； ◆ 施工中发现重要文物，经文物部门制止，施工单位拒不停工的。

续表

等级	划分标准
较大突发事件（Ⅱ级）	◆ 市级、县级文物保护单位发生火灾、被盗、被毁、文物建筑发生坍塌的； ◆ 馆藏二级文物丢失、损毁 5 件（不含 5 件）以下的，或馆藏三级文物丢失、损毁 5 件（含 5 件）以上 10 件（不含 10 件）以下的，或馆藏普通文物丢失、损毁 10 件（含 10 件）以上 20 件（不含 20 件）以下的； ◆ 盗窃、盗掘、倒卖、走私等重大文物刑事、治安案件。
一般突发事件（Ⅲ级）	◆ 县级（不含县级）以下文物保护单位发生火灾、被盗、被毁、文物建筑发生坍塌的； ◆ 馆藏三级文物丢失、损毁 5 件（不含 5 件）以下的，或馆藏普通文物丢失、损毁 10 件（不含 10 件）以下的； ◆ 未经报批在县级以上文物保护单位保护范围内施工的。

文物保护单位突发事件的分类分级标准并不是绝对性的。某一特定的突发事件可能同时属于几个类型，或者一种突发事件也可能随着事态发展和事件影响，引发其他类型的突发事件，如发生火灾的文物保护单位，在应急处置过程中很可能因管理不善或搬运不当发生文物失窃、文物损坏事件；因突发事件处置不及时、不得当，引起的社会舆情、民族宗教或政治安全问题等。突发事件具有的不确定性，导致其级别也会随着事态情况及危害后果进行调整，突发事件处置相应的指挥主体、层级及权限也随之变化。此外，文物保护单位突发事件的分级也应有所区分，行业政府层面应结合实际需要，确定分级指标的构成及评判标准，文物保护单位也应结合单位应急能力划分事件等级，但要做好与国家、地区等文保行业主管部门的突发事件分级标准的衔接。

6.1.2　文物保护单位应急管理基本概述

（1）应急管理概念

应急管理是以预防和降低突发事件的损失和影响为目的，通过科学分析突发事件发生的原因、发展过程以及造成的影响，综合利用社会各类资源，应用现代理论技术和管理方法，对突发事件进行有效的预防、监测、处理和恢复的一系列技术理论和方法体系（陈安和李铭禄 2008）。从概念上来看，应急管理工作的首要任务和目的是预防和降低事件损失和影响，对于文物保护单位而言，文物是其重要的资产，应急管理工作除了保障人的安全外，还应对文物安全和保护做到足够重视，在应对突发事件时遵循对文物“最低程度干预”的原则，做好突发事件的应对和处置。

（2）应急管理阶段

《中华人民共和国突发事件应对法》将突发事件应急管理划分为预防与准备、监测与预警、处置与救援、恢复与重建四个阶段，分别对应于突发事件的事前、事发、事中和事后，是一个循环闭合的发展过程（见图 6–2）。文物保护单位应急管理工作也应按照上述阶段进行划分，并贯穿于突发事件的全生命周期。

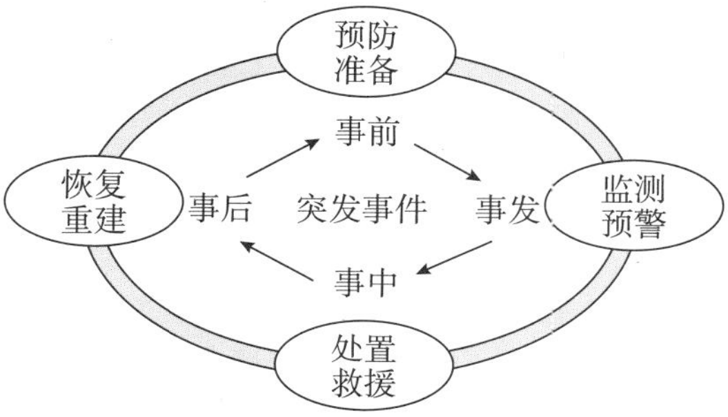

图 6–2 应急管理阶段划分

文物保护单位应急管理的各阶段，事前——预防准备阶段：此阶段文物保护单位主要是预防突发事件的发生，使突发事件能够控制在特定状态和特定范围内，在日常工作中提前采取预防准备措施，提高预防突发事件发生的能力；事发——监测预警阶段：在突发事件发生时，文物保护单位的管理者要能够根据事件情况研判信息，启动预案，指挥协调本单位、社会专业力量组织应急抢险救援工作；事中——处置救援阶段：突发事件发生后，文物保护单位要按照应急预案立即采取应对处置措施，组织现场应急救援工作，同时应及时传达与反馈突发事件处置信息，保持信息通畅；事后——恢复重建阶段：处置结束后，文物保护单位管理人员需要尽快组织善后恢复工作，包括工作秩序、人员心理、周边环境的恢复，此外，还要组织开展事件调查与整改，开展事件案例学习工作。具体实施内容可参见本章 6.2 节。

（3）应急管理理论

◆ 机理分析方法

机理是事件发生所遵循的内在逻辑和规律，机理规律的探索是应急管理研究的基础，掌握突发事件发生的规律和推动事件发展的动力，才能够据此确定应急管理的工作步骤和处置策略，达到降低事故损失的目的。在突发事件应急管理机理分析上，国内研究较少。如冯文权对经济突发事件成因机理进行了研究；魏一鸣基于自然灾害社会学和工程技术学的结合，得到了洪水灾害演化规律；李颖等基于价值威胁的视角，分析了价值威胁在突发事件中的重要作用，提出了突发事件向公共危机演化的关键在于事前、事中的有效控制和处置等；比较有代表性的是陈安等在《现代应急管理理论与方法》中提出的“突发事件与应急管理的机理分析方法论”，系统性研究了突发事件的一般性机理以及应急管理的应对策略。以下利用该方法示例分析文物保护单位突发事件的内在规律，确定应对突发事件的处置策略及控制方法。

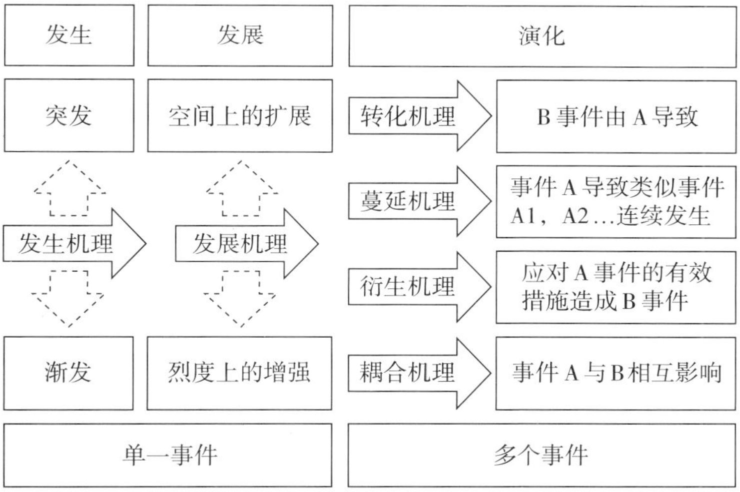

图 6-3　机理分析方法论—突发事件原理性机理分析（陈安等 2009）

从文物保护单位事件的发生过程来看，分为突发性灾害和渐发性灾害，突发性灾害如暴雨、洪水、火灾、地震等自然灾害或人为引发的安全生产事故，人员事先往往无法精准预料或有效应对，造成损失的时间短、后果严重。针对突发性灾害，在应对策略上应“快速响应”，及时采取措施减低损失。如初期火灾阶段，文物保护单位应及时开展火灾的扑救工作，抢救受伤人员，转运受威胁的贵重文物等，降低事故的损失程度。渐发性灾害是可预知的，文物病虫害就属于渐发性灾害，如木制文物虫害，石质雕刻风蚀，土建筑的雨水侵蚀，壁画受潮起甲、发霉、酥碱病害等，它是一个缓慢发生的过程，需要长期遭受微生物、酸雨、可熔盐、温湿度、光照等外部环境的影响才能出现显著损害和变化。针对渐发性灾害，在应对上应采取“减缓”策略，采取措施延长文物寿命，延缓文物病害发展进程。如木制文物定期进行刷漆防腐，石质文物和土建筑遗址进行清洗、加固和防护处理，石窟寺洞窟微环境的监测及壁画修复等。

在事件发展阶段，又分为在空间上的扩展和在烈度上的增强。如文物保护单位初期火灾响应若不及时，火灾很可能从起火点扩散到文物古建筑、展馆展厅、文物库房、配电机房等重点场所，损失会进一步扩大。针对突发事件在空间上的扩展，应采取“隔离”策略，将起火部位与其他部位进行有效隔离，如紧急情况下启动防火卷帘抑制火灾的蔓延等。在防止火势变大的策略上，应“遏止缩减”，如清理周边的可燃物，使用消防水车灭火等措施。

以上是单一事件发生时的应对策略，但是突发事件的发生往往由多个因素或其他事件诱发，或者一个事件的发生往往会造成更多的事件。如 2011 年故宫宋代哥窑瓷器损坏事故因处置应对不当，引发了公众对故宫管理混乱的不满，由最初的文物过失损坏事件转化到网络舆论事件，类似的还有故宫“大奔门”事件等，针对此类由一个事件转化为另一个事件，应采取“路径控制”的策略，在发生事故时，及时做出反应，做好网络舆情的监测与控制，切断事故转化路径，避免事故进一步转化。多个事件间还存在衍生机理，即采取措施使原有事件得到有效控制后而引发出新的事件。如石窟寺文物保护单位为确保洞窟微环境的正常状态，旺季期间或遇特殊天气时会临时采取游客限流、停止接待措施，这样会引发到访观众集聚发生拥挤踩踏、游客纠纷、观众闹事或投诉等突发事件；又如对文物修复时使用的材料能够满足文物当前的病害救治，但是该修复材料长久使用后可能导致文物其他病害的发生，针对此类事件的管控，应采取“策略评价”策略，如在文物修复时遵循“不改变原状、真实性、完整性、最低限度干预”的原则，对技术工艺、修复材料、修复人员进行评估，满足要求后开展修复工作。

◆ 机制设计

管理机制设计是在现有条件制约下，基于事件内在运行机理，通过人为设计而形成的一种涵盖了原则、模式、规范及流程的解决方案，从而实现已确定的管理目标。突发事件应急管理机制是为了有效应对突发事件而建立的将监测预警、响应处置、决策协调、应急保障、评估问责等功能于一体的应急体系和工作机制，它包括应急监测预警机制、全面联动响应机制、应急资源保障机制、应急信息管理与决策机制和应急评测监督机制等。

文物保护单位应结合实际，建立健全应急管理的工作机制。如在监测预警机制上，文物保护单位要对可能发生的各类事件及其发展过程开展充分的评估，制定合理的应对方案，建立多环节、多层次、多手段的监测预警体系，实现对危险源的持续监测与超前预警。如文物保护单位为防止盗窃事故，构建的人防（巡更检查及固定点值守、巡查周期及频次、巡更路线设置等），物防（墙体、河流、门锁、包装箱等实体防护），技防（入侵探测、视频监控、电子门锁等）相结合的监测预警体系；在联动响应机制上，文物保护单位要建立分类分级响应机制，建立跨单位、多部门协同处置的响应模式，与属地政府、专业机构、社会力量联合行动，实现高效的应急响应与处置；在应急资源保障机制上，文物保护单位除了储备一定的应急资源外，还可与相关单位签订协议等方式确保应急资源的充裕。文物保护单位应急管理机制及体系建设可详见本章 6.2 和 6.3 节相关内容。

6.1.3 文物保护单位突发事件与应急管理的特点

文物是宝贵的历史文化遗产，是不可再生的文化资源，任何形式的损坏都会造成不可挽回的损失，文物保护单位保管机构在任何情况下都应考虑文物的安全与保护，这就导致文物保护单位保管机构在突发事件应对处置上相较于其他行业、领域或单位而言会有一定的差别，文物保护单位突发事件与应急管理具有其自身的特点。

- 文物的稀缺性和脆弱性致使文物安全事件频发、易发

文物是人类在历史发展过程中遗留下来的遗产、遗迹，由于产生年代早，经过长期的自然和社会环境的影响，大多文物都患有不同程度的病害损伤情况，部分文物保护单位所在区域、环境也比较脆弱，极易遭受自然环境的破坏与影响。另一方面，由于城市建设、旅游开发、学术研究等人为活动的影响，打破了文物长期储存环境的平衡，进一步加快了文物病害发展的进程。此外，文物的稀缺性和所具有的文化价值，其背后的经济利益致使文物违法犯罪案件仍呈高发态势，盗抢、盗掘等

犯罪活动造成文物资源的大量流失与破坏，对文物安全造成了毁灭性的破坏。文物所具有的特性，致使文物安全事件频发、易发。

◆ 文物保护单位突发事件发生后易引发系统性连锁反应

文物或文物保护单位由于其具有的社会文化属性，往往涉及政治、民族、宗教等问题，文物保护单位的区域特征和人员密集场所的特性，致使其易成为暴力恐怖、民族分裂和宗教极端等三股势力发动袭击的目标。另外，新时代人们对文化生活的需求不断提升，对文物的关注程度不断加大，一些具有重要影响力的文物保护单位出现突发事件时，极易引发系统连锁反应。如“2019年故宫祷告事件”，涉及外籍人员、信仰习俗、人员拍照、网络转发、意识形态、政治问题各个因素；“2020年女子开大奔进故宫事件”，涉及禁停区域停放、奔驰车、拍照炫耀、微博发布、互联网转发等，两个事件均是一果多因、相互关联，多重要素之间相互作用，众多关联事件共同发酵，呈现出系统性、复杂性与关联性特征，对故宫造成了严重的社会不良影响。

◆ 文物保护单位在文物保护与应急管理之间的矛盾性

现阶段，文物保护单位既担负文物保护研究，又肩负文化弘扬的使命任务，旅游开放活动是文化弘扬的一个重要的方式，从风险角度来说，旅游开放活动无疑给文物安全带来了风险，除了影响文物所在区域环境外，乱涂乱刻、游客滋事等不文明游览行为和偷盗文物、恐怖袭击等犯罪活动都可能造成文物的破坏，这就要求管理者寻求文物保护与文化弘扬之间的平衡点；又如，遗产保护的“真实性”与文物安全防护、旅游开放体验的差异和矛盾，文物保护单位注重文化遗产原始原貌呈现，但从安全防护角度要架设安防监控设施、报警设施、文物防护格栅、安全标识标牌等，从旅游开放角度游客对游览区域设施的需要，如缆车等运输设施、食宿卫生设施、文创场所、服务中心等，这些设施安装后可能出现与文化遗产的不协调，影响整体景观。防火与防盗是文物保护单位的重点安全工作，在防控理念和手段上有共性，报警响应越短越好，而在物理防范上又各有其特殊性，防盗强调入侵延时越长越好，消防则强调要易于破拆，因为“时间就是生命”，表现出安全防护与应急处置之间的矛盾问题，这种单一尺度上消减某一特定安全威胁所采取的措施可能会在其他尺度上又增加了另一种安全威胁。

◆ 文物安全防护的特殊性导致突发事件应对处置的复杂性

突发事件的四大类型在文物保护单位均有可能发生，但是在各类突发事件的应对处置上，文物保护单位往往与其他行业又有一定区别，文物保护单位在决策指挥前应充分考虑文物安全防护的要求，需要对应急处置的方案进行评估，涉及应急人员的专业能力、应急处置的程序、采取的技术手段、使用的物资器材等是否会对文物造成更大的破坏。如文物保护单位发生火灾威胁到文物藏品时，藏品的紧急转运工作由谁来执行？一般而言，安保部门拥有较多的应急人力资源，但是缺乏文物藏品运输的经验，在紧急转运安置过程中很可能造成文物的损坏，另外，部分机构展陈展柜或库房钥匙安保部门也未有备份，也会延误文物转运的时间；文物保管专业部门又受限于人员少，缺乏一般应急技能，无法发挥其专业技能。此外，在库房、文物修复场所等特定区域还涉及人员准入及授权问题，发生紧急情况时应急人员是否有权限进入场所进行施救，在施救过程中还应关注文物防盗、丢失等问题。在灭火救援阶段，也应结合文物建筑或藏品等级、材料特性等，确定救援的策略及次序，如木制与石制文物建筑或藏品共存时，消防用水灭火施救可能导致受热石制文物遇冷炸裂，若不施救就会造成木制建筑的彻底损毁；金银铜器、木制石制雕刻、纸质书法名画等不同文物的材料特性、文物等级、修复维护的难易程度也会影响灭火材料的选择以及应急救援的优先顺序，这就反映了“救与不救、如何救”的问题。又如雨季汛期时，文物保护单位受限于自然地理条件限制，无法进行洪水调蓄，只能被动接受文物受损影响，待汛期结束后开展修复工作。以上种种情况都可能是文物保护单位在应对突发事件时可能面临的问题，反映出在应对突发事件上的复杂性。

6.2　文物保护单位应急管理的主要内容

文物保护单位应急管理工作的主要目的是最大限度地减少事故的发生，降低事故发生后对文物造成的损失和影响，为了实现这个目的，就必须结合突发事件全生命周期的规律性，细化应急管理各阶段的工作目标，明确应急决策相关的要素内容及要求。以应急管理每个阶段的“目标”为基准，建立应急管理要素分析模型（见图 6–4），分别从时间、空间、任务、对象、资源等维度进行分析。同时，按照突发事件应急管理的阶段，明确文物保护单位在各阶段的主要工作内容，并结合文物行业特点提出了一些针对性的建议。

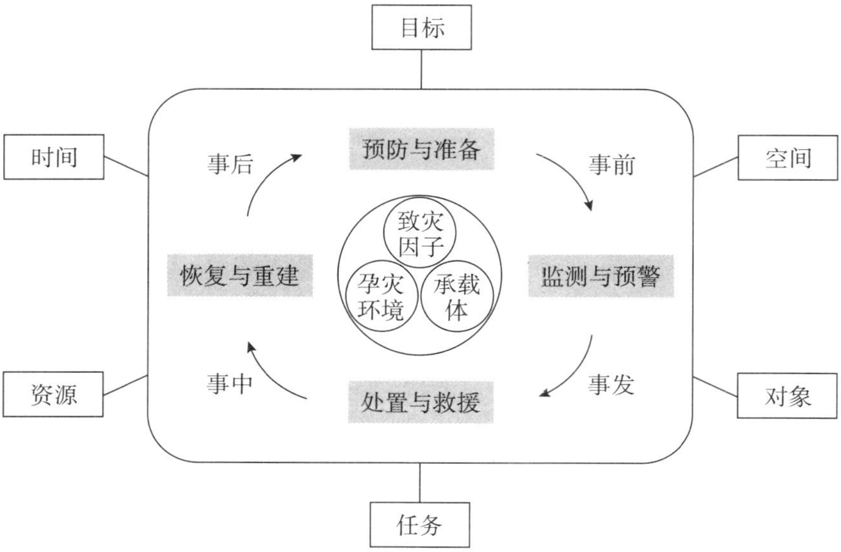

图 6-4　应急管理要素分析模型（姚晓晖和李季梅 2019）

6.2.1　预防与准备

预防与准备是为有效预防和应对可能发生的突发事件，预先组织开展的准备和保障工作。

该阶段处于突发事件的事前阶段，主要目标是要将事故消除在萌芽阶段，尽早发现并消除可能造成事故的危险因素，做好各项应急方案、预案，配备好各类应急资源。为实现这个目标，文物保护单位应开展危险因素的识别与监控，组建相应的应急机构、队伍及人员，做好安全技术系统、方案、物资、装备、资金的保障，并建立良好的信息沟通机制及手段。在工作程序上，文物保护单位应对所需的预防与准备资源进行普查、分析与归类，进行资源需求的统计，结合文物保护单位区域结构与特点，进行资源的布局与供给。本阶段的空间范围要覆盖文物保护单位所有管辖区域，涉及对象包括单位应急管理机构及各岗位人员，依托资源包括应急机构人员、风险 / 隐患 / 事件管理数据、安全技术系统、资金等（见表 6-3）。

表 6–3　预防与准备阶段应急要素分析表

时间	空间	目标	任务	对象	资源
事前	所有管辖区域	早发现、早消除、方案全、资源足	◆ 开展危险源监控（隐患排查与风险评估） ◆ 应急资源配置（应急机构 / 队伍 / 专家、应急物资 / 装备 / 器材、资金投入） ◆ 制定应急预案方案，开展宣传、教育与培训演练 ◆ 开展技术系统的建设	应急管理机构及各岗位人员	机构人员、风险 / 隐患 / 事件管理数据、安全技术系统、资金等

（1）应急预案的制定

国家文物局《关于加强突发事件应急预案制定和落实确保文物安全的紧急通知》（文物政发〔2008〕11 号），要求加强各级文物行政部门和文博单位突发事件应急预案的制定和完善工作。应急预案是文物保护单位发生突发事件时，在第一时间实施的预先制定好的应急方案。通过建立和实施应急预案，使管理者应对突发事件时有据可依，确保事故发生时应急决策科学有效、处置程序井然有序、指令信息传输通畅、抢险救援安全高效；能够有效控制事故风险及事态发展，防止事故进一步扩大，减少和降低对人员、文物、设备、财产的损失和影响；同时，能够有效避免事故处置过程中应急人员不到位、应急职责不明确、应急流程不清晰、应急物资不充分等问题。此外，应急预案应定期组织修订，并按照要求向上级文物行政部门和应急管理部门进行上报、备案。

值得注意的是，制定文物保护单位应急预案时，其各项要素要结合文物安全保护的要求，如在组织机构及分组设置上，要将文物保护专业的人员纳入下设分组，在指挥决策与处置行动上要有文物保护人员的协助与参与；在职责设置上，要明确文物保护部门在应急管理上的职责；在应急响应程序上，要明确在不同灾害威胁下的处置程序与救援策略，降低处置过程对文物的进一步破坏等。

（2）危险源的监控

文物保护单位应对本单位可能容易引发突发事件的危险源、危险区域进行定期检查与监控，明确本单位可能存在的风险的类型、风险的等级、影响区域及程度等，实行分级管控，并制定一系列的安全防范措施，制定措施既要考虑危险源管控的有效性，又要防止对文物安全造成的影响。另外，应当建立健全文物保护单位危险源管控制度，定期检查本单位各项安全管控措施的执行情况，及时消除事故隐患。针对本单位存在的重大危险源应采取安全管理措施，并及时向属地政府及文物行政部门报告。

（3）技术系统的建设

文物保护单位可结合文物资源保护与旅游开放安全的要求，建设相关用于突发事件预防、监测、预警、处置及救援的技术系统。如用于监测报警的客流监测系统、火灾监测报警、周界报警系统、防雷监测系统、文物病虫害与文物建筑结构健康监测系统等，用于应急处置与救援的消防灭火系统、应急指挥系统、通信广播系统等。技术系统建设时要考虑对文物的安全防护，避免对文物本体、外观以及周围环境造成损坏，同时要保持遗产的真实性，装设设施要尽量与文物遗产和整体景观保持协调。此外，为保证技术系统处于良好状态，应组织有资质的单位对技术系统进行定期检测、维护，确保状态正常。

（4）应急资源的配备

根据应急处置工作的需要，文物保护单位应强化人力、物力、财力的储备。在人力方面，如应急救援队伍的人员构成，除了应急安保力量外，还应配备具有文物保护专业背景的人员，紧急情况下开展文物抢救性工作；可聘请文物保护研究领域的专家，在突发事件的处置程序与策略、救援优先顺序、技术手段上给予指导建议，避免在事故处置过程中对文物造成的二次破坏。物力方面，文物保护单位要结合本单位的文物建筑结构、文物材料特性、馆藏文物等级等特点，选择适宜的应急设施、装备和器材，如纸质丝质木制文物、石刻文物、金银铜器文物在灭火器具及设施的选择上会有一定的不同，同时，在管理上文物保护单位要建立应急物资管理制度，做好应急物质的采购、存储、使用与更新工作，包括文物防护物资、生活必需品、医疗物资等，储备物资应放在便于取用的地方。另外，在特定区域注重安全标识的使用，如显著标明安全撤离的通道、路线，保证安全通道、出口的畅通。文物保护单位还应准备一定的应急救援专项资金，确保突发事件应对工作所需的经费投入。

（5）宣传、教育与培训

文物保护单位应加强对文物保护的宣传、教育与培训工作，突发事件应急预案的培训、宣贯工作，有效预防突发事件发生和减轻损失。如在应急人员的培训上，除了专业救援技术的培训外，还应开展文物保护相关知识的培训，包括文物紧急搬运与安置要求、文物救助处置策略、不同灾害的急救技术措施等。在应急演练上，提升单位内各部门间的沟通与协调能力，尤其涉及文物的抢险救援时，文物保护部门与安全保卫部门要做好有效的沟通与配合，提高应急的工作效率，最大化降低对文物造成的损坏。

6.2.2　监测与预警

监测与预警是文物保护单位根据技术系统监测数据、人员上报信息以及以往积累的经验，对突发事件发生的可能性和影响程度进行综合研判与分析，及时发布预警信息，提醒单位人员做好工作部署，减少损失。

该阶段处于突发事件的事前、事发阶段，主要目标是通过监测能够尽早发现事故征兆并报告，快速发布预警信息。文物保护单位应设计监测、预测和预警的规则和方案，构建完善的监测网络及监控系统，建立信息收集、传报与发布的渠道，使应急管理人员及时了解事件当前状态，并预测其发展的趋势，发布预警。该阶段空间范围主要是文物保护单位事发区域及周边区域，涉及对象为应急值守人员、应急救援人员以及受灾人员，依托资源包括人员、监测 / 监测传感设施、监测预警技术系统等（见表 6–4）。

表 6–4　监测与预警阶段应急要素分析表

时间	空间	目标	任务	对象	资源
事前及事发	事发现场及周边区域	早报告、快发布、状态清、趋势明	◆ 设计监测、预测规则和方案 ◆ 建立信息搜集与传报渠道 ◆ 确定事件当前状态，预测事件发展趋势（事件态势、波及人群及资产等） ◆ 建立预警发布机制，将信息及时传达给合适的人员	应急值守人员、应急救援队伍、受灾人员	人员、监测 / 检测传感器、监测预警系统

（1）监测

文物保护单位可对某些可能引发不利事件的风险源进行观察和测量，预防不利事件的发生，监测是一个实时的动态过程，是以监测活动为中心构建的工作机制。从监测内容上，文物保护单位除了开展治安保卫、消防灭火、设备设施、施工活动、旅游开放等监测外，还应对文物进行日常监测，一是有利于文物病害研究与保护修复，二是从文物保护的角度研究制定文物旅游开放的策略及方式，如开展石窟寺岩壁崖体的结构稳定性监测，降低崖体垮塌对文物与人员造成的危害；对洞窟气体、温湿度等微环境监测，用来控制旅游开放频次和游览人数，既确保了洞窟微环境的正常状态，又降低了人群可能带来的风险事件。从监测方式上，包括技术系统监测和人工监测。文物保护单位要完善并落实信息搜集、汇总、传输、报送等各个环节的工作制度及要求，保持信息传输渠道的畅通，确保通信传输设备的完好状态。

（2）预警

文物保护单位应建立预警工作机制，根据监测监控数据变化状况、事故险情紧急程度及发展势态、有关部门提供的预警信息进行预警。文物保护单位要利用各种技术手段和方式，捕捉突发事件征兆，搜集突发事件信息，对可能危害文物安全的预警信息进行综合预判，根据预判结果发布预警信息，并采取相关控制措施。文物保护单位要提高信息综合评估与预测的专业化水平，注重突发事件引起的次生衍生灾害的影响。此外，文物保护单位还要明确各类突发事件预警的条件、方式、方法，建立信息发布的程序及渠道。旅游开放的单位还及时向游客传达预警信息。

6.2.3 处置与救援

处置与救援是指突发事件发生后，为了将事故损失降到最低程度所采取的一系列有序的救援行动和应急措施。

该阶段处于突发事件的事发、事中阶段，主要目标是以有限的资源尽快缩短事故持续时间，降低事故损失及影响。突发事件发生后，文物保护单位现场人员应按照事故现场处置方案开展先期处置，同时向本单位及上级汇报现场情况，由应急指挥人员开展决策指挥，进行资源调用与任务派发，直至处置结束。同时，文物保护单位还应协同相关部门做好舆情的引导和信息的发布工作。本阶段空间范围主要是文物保护单位事发区域，涉及对象包括应急管理/指挥人员、应急救援队伍、受灾人员、新闻工作人员、志愿者、应急专家等，依托资源包括人员、处置救援装备、应急物资、通信指挥等技术系统、预案方案等（见表 6–5）。

表 6–5 处置与救援阶段应急要素分析表

时间	空间	目标	任务	对象	资源
事发及事中	事发现场或事发区域	时间短、影响小、成本低	◆ 先期处置与救援 ◆ 研判态势，确定应急处置方案 ◆ 决策指挥，进行人员、物资、设备设施的调度 ◆ 建立信息上传下达的有效渠道 ◆ 救助伤亡、被困人员 ◆ 减少周边环境影响 ◆ 信息发布及舆情引导	应急管理/指挥人员、应急救援队伍、受灾人员、新闻工作者、应急志愿者、专家队伍	人员、通信指挥等技术系统、应急物资、处置救援装备、预案方案

（1）先期处置

先期处置是指在突发事件刚发生后，为防止事故态势进一步升级造成更大的损失，现场人员及时采取一系列应急处置措施，同时将事故现场情况向本单位或有关部门进行报告。

先期处置是突发事件应急处置的重要环节，在保证人员安全的前提下，尽最大可能地开展对文物的安全防护与抢险救治，先期处置要根据灾害形式、文物类型、周围环境确定救援策略。文物保护单位要考虑先期处置工作程序步骤、文物转运方式及临时存储要求、抢险救援设备物资选型、临时性隔离防护措施使用等。避免出现施救次序不当造成文物受损、转运不当造成文物破损或丢失等情况，对文物造成二次破坏。同时，应做好现场的隔离与封闭，将现场情况及时向属地政府及专业机构报告。文物保护单位在初期处置阶段，要注重本单位在先期处置中的作用，同时注重对媒体的应对，提高舆论引导能力。

（2）信息报送

信息报送是文物保护单位发生突发事件并接收到报警信息后，按照属地信息报送的要求，将突发事件信息及时真实地向上级部门及单位进行报告，以便于上级部门或单位及时部署，提供支援。

文物保护单位根据突发事件的类型及等级，确定突发事件信息上报的程序及要求，首先是单位内部信息的接收与报告，需要明确突发事件信息接收与报告的流程、责任人员和值班电话；其次是向上级部门及单位的报告，明确向文物行政主管部门以及属地政府信息上报的工作程序、报送内容、时间要求、报送人员、报送方式等；最后，还应向本单位以外的可提供应急支援的专业部门或其他机构进行报告，确定报告的内容、报告流程、报告对象、报告责任人等。

（3）决策指挥

决策指挥是指应急指挥人员在指挥处置过程中，通过快速评估突发事件的发生原因、发展过程、事件类型、事件等级及影响范围，结合应急预案和以往处置经验，在时间和空间上对应急资源以及处置任务进行部署与派发。包括启动应急响应、专业化的现场处置、资源调配、专家参与、临时救助安置、减少对周围环境影响等。按照事故预案，文物保护单位各部门根据指挥者的指令，按照职能分工及既定的应急任务，投入到应急工作中，直至应急结束。当事故等级过大，文物保护单位移交指挥权以后，需要详细介绍突发事件信息及已采取的措施及手段，协助并配合指挥机构做好应急救援工作。在决策指挥阶段，要充分发挥文物保护专业部门及人员的作用，各项决策要考虑文物安全防护与后续修复的要求。

（4）信息发布

文物保护单位应根据相关要求，适时公开发布突发事件信息，明确突发事件的应对处置情况，以及对人员、文物、财产造成的损失。文物保护单位还应搜集社会舆情信息，协同相关部门做好舆情引导和管控工作，消除突发事件对文物保护单位造成的负面影响。此外，文物保护单位可建立信息发布的专家参与机制。

6.2.4 恢复与重建

恢复与重建是突发事件处置结束后，组织开展事故调查与损失评估，制定恢复重建计划，使受影响区域的生产、生活秩序恢复到突发事件发生前的正常状态。

该阶段处于突发事件的事后阶段，主要目标是尽快消除事件影响，恢复正常秩序，开展事故调查与学习。文物保护单位应评估事件造成的损失与影响，开展灾后生产秩序、文物核查与修复、场所及环境的恢复工作，同时要开展事故调查、处理与事故学习，并启动社会救助与保险理赔工作等。本阶段空间范围主要是文物保护单位事发现场或事发区域，涉及对象包括应急管理 / 指挥人员、应急救援队伍、受灾人员、志愿者等，依托资源包括机构人员、检测技术装备、救助物资、资金等（见表 6–6）。

表 6–6　处置与救援阶段应急要素分析表

时间	空间	目标	任务	对象	资源
事后	事发现场及事发区域	消后果、查原因、重学习	◆ 评估事件损失与影响 ◆ 组织场所、设施、环境恢复 ◆ 开展事故调查、处理与学习 ◆ 启动社会救助与保险理赔	应急管理 / 指挥人员、应急救援队伍、受灾人员、应急志愿者	机构人员、资金、检测技术设备、救助物资等

（1）善后处置

突发事件处置结束后，文物保护单位应统一组织现场清理工作，消除事故安全隐患，防止发生次生灾害和衍生事件。文物保护部门要搜集现场受损文物的构建、部件，并合理存放，同时对受损文物进行核查清点，评估文物受损程度，并依照规定程序开展文物修复工作。文物保护单位应尽快恢复现场及单位内部正常工作秩序，并配合相关部门做好周边环境的修复工作。

（2）调查评估

文物保护单位应组织开展事故调查以及应急处置评估工作。文物保护单位应建立事故调查小组开展事故调查取证，真实客观记录事故经过，深入分析事故发生的直接、间接及根本原因，制定整改措施并按要求落实，同时应对事故责任人员进行责任追究。事故调查完成后应形成事故案例，在单位发布安全警钟，组织单位人员进行事故案例的学习与教育。

文物保护单位还应对应急管理的过程进行评估总结，找出应急管理过程中的薄弱环节及遇到的问题，如从应急程序上，事前准备工作是否全面，事发阶段监测与预警是否及时有效，事中处置决策是否准确有效等；从文物抢险救援上，应急处置与救援策略是否合理，使用的救援方法是否满足文物安全防护要求，是否对文物造成二次破坏等。通过总结出来的问题对预案进行修订与改进。

（3）救助理赔

文物保护单位应开展事故损失与影响的评估，包括对人员伤亡、文物受损、房屋破坏、基础设施损坏等内容，掌握本单位事故损失情况，按程度申请或启动政府救助、社会捐助与保险理赔工作。

6.3 文物保护单位应急管理实施

6.3.1 应急管理体系关键要素

管理体系具备持续改进、自我提升的优势，文物保护单位应急管理体系框架应满足管理体系运行模式的特点。构建体系框架确定管理要素时，可参考《公共安全 应急管理 突发事件响应要求》（GB/T 37228–2018）标准，结合《职业健康安全管理体系要求及使用指南》（ISO 45001–2018）中关于应急管理要素的有关要求，建立文物保护单位应急管理体系关键要素。

应急事件级别与类型设定是基于文物保护单位风险辨识与评估后，明确本单位可能发生的突发事件的类型，并确定事件等级。结合本单位对风险及应急事件的管控能力，制定符合本单位在应急管理的方针、目标。制定的应急方针、目标应与安全方针和目标是相适应的，应急管理目标也可纳入到安全目标中，实现应急目标要求应开展针对事件预防和处置的工作策划及准备。

开展应急管理工作，应建立完善的应急组织机构与职责，明确应急工作分组及相关工作任务。根据划分的事件级别确定不同的应急响应程序，确定不同响应级别下的指挥层级及权限、信息报送时限、应急处置程序等。针对事件的处置与响应还应有人员、物资、方案、技术等相关的保障。另外，为确保应急工作的高效化，还应开展相关的应急培训与演练。

应急处置结束后，应对事件处置或应急演练过程进行评估，分析查找问题，提出解决方案，并对预案进行更新与修订。

从文物保护单位应急管理体系要素来看，有的是通过安全管理体系要素导出的，有的可纳入安全管理体系要素或是其部分内容的体现。以下是文物保护单位应急管理体系框架及要素关系（见图 6–5）。

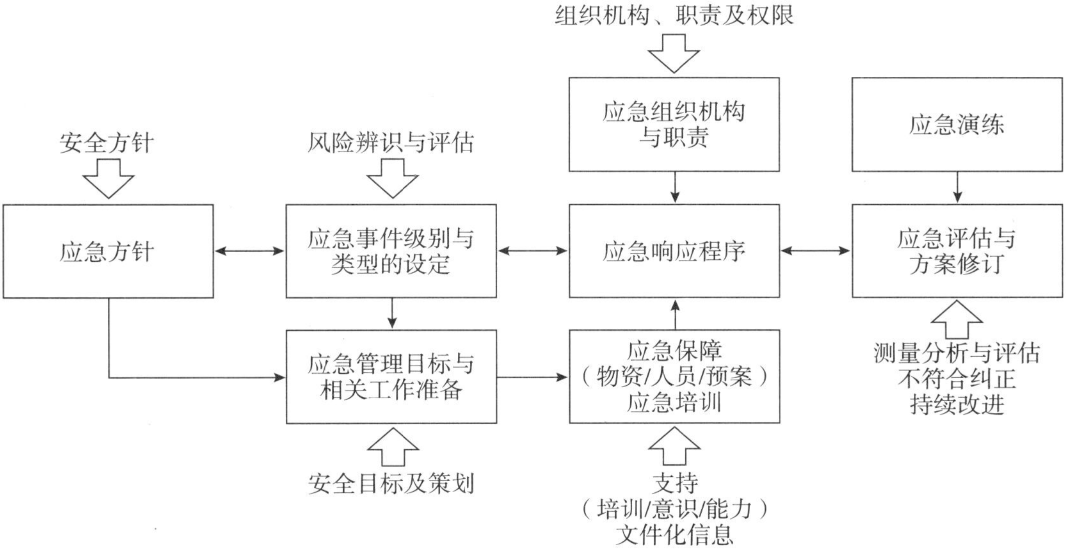

图 6-5　应急管理关键要素关系图

6.3.2　应急管理体系建设内容

（1）应急管理方针、目标

文物保护单位应确定本单位应急管理方针、目标，传达到单位所有人员，也可为相关方获取。应急管理要注重事故应急前的预防和准备，事故响应时尽可能地抢救人员，保护可能受危害文物，尽可能控制并消除事故。同时，文物保护单位应结合当前情况，在内部相关职能和层次建立、实施和保持形成文件的应急管理目标，并可逐年更新，以适应本单位应急管理的水平。此外，应急管理的目标可纳入本单位安全管理目标。

以下是某文物保护单位应急管理目标示例（见表 6-7）。

表 6-7　应急管理目标示例

应急管理目标内容	备注
➢ 人员死亡、重伤、职业病危害事故为 0； ➢ 文物被盗、受损事故为 0； ➢ 应急预案培训与宣贯率 100%； ➢ 各类突发事件应急演练次数不少于 1 次； ➢ ……	目标应可量化、便于考核

（2）应急组织机构与职责

文物保护单位应建立应急组织机构，分配应急职责和责任，细化应急管理部门及其他部门的架构，梳理各岗位人员应急职能。文物保护单位为实现突发事件应急处置的高效性，一般设置主要应急管理委员会和现场应急行动小组。其中：

主要应急管理委员会由文物保护单位最高管理者任总指挥，负责安全与应急的部门领导为应急管理总协调，成员由各部门负责人组成（见图 6–6）。另外，针对主要应急管理委员会的所有成员赋予应急职责（见表 6–8）。

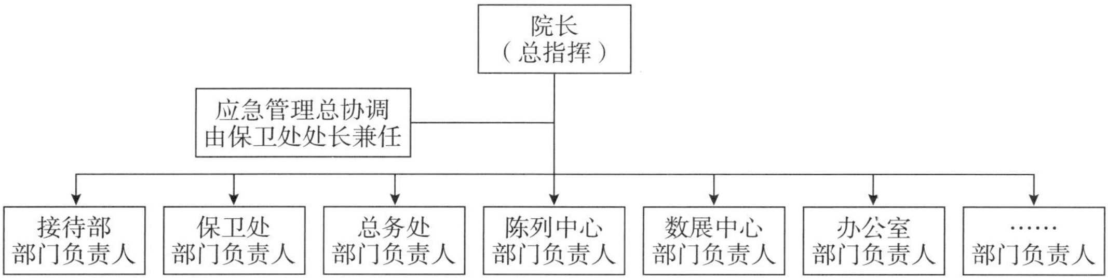

图 6–6 某文物保护单位主要应急管理委员会示例

表 6–8 某文物保护单位主要应急管理委员会各人员岗位应急职责

角色	职责
总指挥	◆ 制定应急方案政策 ◆ 任命应急管理负责人、应急准备委员会、应急响应协调员 ◆ 如有必要，任命沟通统筹协调员 ◆ 向上级管理机构提供评估报告，并确保获得批准 ◆ 建立应急预算计划 ◆ 在应急管理负责人和上级管理机构之间充当协调员角色 ◆ 协调外部资源（外部机构、组织、医院、其他文化机构） ◆ 协调和指导属地和媒体的参与 ◆ ……
应急管理总协调	◆ 与总指挥一同进行应急管理 ◆ 现场应急行动小组总负责 ◆ 组织与协调各部门应急准备与应急响应人员 ◆ 向总指挥随时汇报最新进展情况 ◆ 应急行动结束后组织事件分析会 ◆ 组织应急演练与应急培训 ◆ ……

续表

角色	职责
相关部门负责人	◆ 直接接受总指挥的统一调配 ◆ 根据要求，负责成立两个小组（应急准备与应急响应） ◆ 在应急响应方面遵循指令，进行救援和恢复 ◆ 在应急准备方面根据自身部门特点上交准备方案给应急总指挥 ◆ 参与事件分析会 ◆ 安排部门相关人员接受应急演练与应急培训 ◆ ……

现场应急行动小组由安全与应急部门的领导任组长，其他部门负责人为成员组建（见图 6–7）。各部门成立准备小组和响应小组，并依据岗位，制定预防准备措施、应急反应方案以及修复方案。

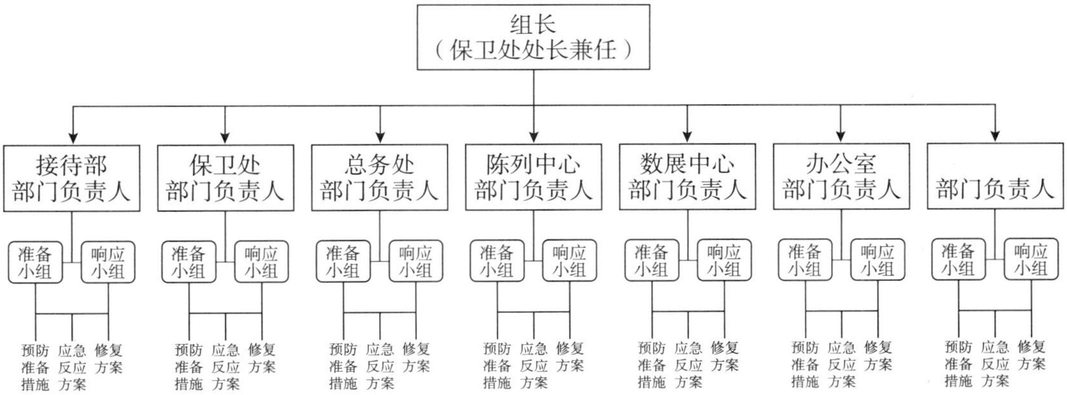

图 6–7　某文物保护单位现场应急行动小组示例

下面以某文物保护单位为例，介绍其应急管理组织机构、职责及权限的设置（见表 6–9、6–10）。

某文物保护单位在应急管理组织上，设立 2 个小组，1 个中心，即应急领导小组、现场应急行动小组和应急指挥中心（设在监控中心）。

应急领导小组：指由院领导、保卫处处长为管理核心，各部门 / 单位负责人为成员成立的院级应急管理组织。该组织仅在应急情况下启动。日常的应急准备与管理职能由院安全委员会实施。

表 6–9 某文物保护单位应急领导小组机构及职责

职务	角色	职责
院长	应急领导小组总指挥	◆ 全面负责院内应急响应工作 ◆ 审核应急管理程序 ◆ 任命应急领导小组成员 ◆ 和应急领导小组成员一起，在事件初始阶段，进行风险评判和应急决策 ◆ 审批应急预算 ◆ 审批对外媒体发布的稿件
分管安全院领导	应急领导小组第一副总指挥	◆ 协助总指挥进行应急管理工作 ◆ 和总指挥、副总指挥、总协调一起协商决定重大决策 ◆ 在总指挥缺席时，全权代表总指挥行使应急管理职责
其他副院长	应急领导小组副总指挥	◆ 协助总指挥进行应急管理工作 ◆ 提供相应的应急行动资源，配合应急响应工作 ◆ 和总指挥、第一副总指挥、总协调一起协商决定重大决策 ◆ 在总指挥和第一副总指挥缺席时，全权代表总指挥行使应急管理职责
保卫处处长	应急领导小组总协调	◆ 负责整个应急响应的指挥、协调、调度、信息上传下达 ◆ 应急响应行动中随时指挥调度现场应急行动小组各部门资源 ◆ 应急处置过程中调度与协调驻院派出所、驻院医疗救护机构及外部资源 ◆ 向总指挥随时汇报应急事件最新态势发展情况 ◆ 应急行动结束后组织事件分析会，进行会议记录与后续管理措施跟进 ◆ 组织院内应急演练
各部门 / 单位负责人	应急领导小组成员	◆ 负责接受指令，提供资源，执行应急响应行动 ◆ 直接接受应急领导小组总协调的统一调配和指挥 ◆ 负责本部门的应急响应和应急准备工作 ◆ 在应急事件发生时，根据总指挥要求，立即参与应急响应行动，并根据应急响应流程要求、应急行动小组总指挥要求，进行实时汇报反馈 ◆ 在应急准备方面根据本部门特点上交准备方案给应急总指挥 ◆ 参与事件分析会 ◆ 安排部门相关人员接受应急演练与应急培训 ◆ 积极参与及配合各类事件的调查取证工作，找出事件发生的根本原因，得出控制措施，避免类似事故的发生

现场应急行动小组：指由保卫处处长为总组长，各部门 / 单位负责人为专项应急工作小组组长的院级应急行动组织。总组长总体指挥现场应急行动小组各组的行动，该组织仅在应急情况下启动。

表 6–10　某文物保护单位现场行动小组各分组及职责

分组	组成部门	职责
信息发布上报组	办公室	◆ 向上级部门实时反馈应急状况和应急事件信息 ◆ 负责与媒体的沟通协调，发布应急事件信息
现场警戒组	保卫处	◆ 负责事件现场的警戒和秩序维护工作
医疗救护组	计划财务处	◆ 负责安排驻院医护人员前往事件现场进行医疗救治
文物保护组	保护研究所	◆ 负责文物的清点工作 ◆ 负责展示展厅关闭状态的确认 ◆ 负责文物损失评估与事后修复工作
游客疏散组	接待部、数字展示中心、陈列中心	◆ 负责院内游客疏导工作，引导游客有秩序地撤离至安全地点 ◆ 负责现场舆情引导，避免游客出现恐慌而引发踩踏、盗抢事件 ◆ 负责关闭开放中的展示展厅 ◆ 配合进行现场应急救援
应急救援组	保卫处、总务处	◆ 保卫处负责现场人员救援、配合运送伤者或文物、设施设备等物资工作 ◆ 总务处负责提供运送人员和运输文物车辆
后勤保障组	总务处	◆ 负责断开事故处电路 ◆ 负责保障现场应急救援所需的消防照明、消防用水、临时用电 ◆ 安排水 / 电工待命
通信联络组	保卫处	◆ 保卫处监控中心在应急事件发生的情况下作为应急指挥中心行使指令下达和信息接收的职能

（3）应急响应级别与类型

国际上，国际博物馆联合会将应急响应级别分为重大型事件（Ⅰ级，Ⅱ级）和一般型事件（Ⅲ级）。重大型事件主要分为自然灾害事件、运行过程中事件、政治事件、战争事件以及由主要应急委员会指挥者临时定义的事件；一般型事件是指较前者来说影响较小的其他事件及由应急管理总协调向主要应急领导委员会报备后定义的事件（见表 6–11）。

表 6–11 国际应急响应级别及类型

<table>
<tr><td colspan="2">重大型事件（Ⅰ级，Ⅱ级）</td><td>一般型事件（Ⅲ级）</td></tr>
<tr><td>自然灾害事件</td><td>台风或大风、洪水、大暴雨、地震、冰雹、大雪、雷电</td><td rowspan="5">可控火灾事故
人员伤害，无死亡
发生群体性轻微职业病事故
单位内交通事故，无死亡
公众偷盗事件
消防监测、报警系统失灵
公众纠纷、闹事事件
……</td></tr>
<tr><td>运行过程中事件</td><td>火灾和爆炸、建筑物倒塌、藏品发霉 / 虫蛀、应急人员不足、人员踩踏、流行病、职工食物中毒、危险材料 / 化学品严重泄露、环境重污染</td></tr>
<tr><td>犯罪事件</td><td>纵火 / 抢劫 / 人为损坏、重大工伤事故、群体性严重职业病事故</td></tr>
<tr><td>政治事件</td><td>集会言论、发传单、自杀、炸弹威胁</td></tr>
<tr><td>战争事件</td><td>暴乱力量、国外军队占领</td></tr>
<tr><td colspan="2">主要应急管理委员会总指挥临时定义的事件</td><td>应急管理总协调向主要应急管理委员会报备后定义的事件</td></tr>
</table>

我国将突发事件分为自然灾害、事故灾难、公共卫生事件和社会安全事件四类，事件等级由高到低为特别重大（Ⅰ级）、重大（Ⅱ级）、较大（Ⅲ级）、一般（Ⅳ级）四个级别，其级别主要适用于国家和地方政府确定应急指挥权限及处置。

对于文物保护单位而言，应在国家一般等级（Ⅳ级）以下进一步细分事件等级，以明确单位内部的应急指挥关系及响应级别。文物保护单位在划分本单位突发事件的类型及应急响应级别时，应结合本单位安全风险评估与应急资源调查结果，确定本单位应急处置的能力。此外，在设置应急响应级别时，除了符合国家应急法律法规的要求外，还应考虑与上级行政部门对突发事件分类分级划分标准的衔接。

下面是某文物保护单位的应急响应级别及类型设定的示例（见表 6–12）。

表 6–12 某文物保护单位应急响应级别及响应类别示例

<table>
<tr><td>重大型事件（Ⅰ级）</td><td>一般型事件（Ⅱ级）</td></tr>
<tr><td colspan="2">应急响应级别</td></tr>
<tr><td>本院内部无法处理，需要申请外部力量，由外部力量主导或协助处理</td><td>院为可以自行处理，无需外部力量</td></tr>
</table>

续表

重大型事件（Ⅰ级）	一般型事件（Ⅱ级）
应急响应类别	
◆发生火灾，需要属地消防部门主导进行救援 ◆院内藏品被盗 ◆院内发生踩踏事件 ◆游客破坏壁画、古建与文物 ◆一次性食物中毒人员超过 30 人或出现死亡病例 ◆院内发现传染性强，危害大的病例，如出现新冠肺炎、人感染高致病性禽流感 ◆发生破坏性地震 ◆发生恐怖袭击 ◆在院内发现鼠疫患者 ◆游客自杀 ◆聚众闹事、斗殴、哄抢财物、非法游行 ◆生产安全性事件，如人员触电死亡、高空坠亡等 ◆发生危险化学品泄漏事件 ◆车辆事故造成人员伤亡 ◆特殊天气，如严重雾霾、大风、雨雪、冰雹天气	◆发生初起火灾，可以在现场直接被扑灭 ◆游客破坏壁画未遂 ◆游客自杀未遂 ◆突发心脏病、哮喘、癫痫或受伤 ◆一次性食物中毒人数小于 30 人，无死亡病例 ◆收到恐怖威胁 ◆游客在单位内发生冲突，发放政治传单，游客拍摄不文明照片，在文物上乱写乱刻 ◆游客财物被盗 ◆院内职工或者游客发现可疑包裹 ◆人员在受限空间内被困，需要救援 ◆废水、固体废弃物、油类等泄漏事件 ◆院内车辆交通事故伤人 ◆生产安全型事故，人员受伤

（4）应急准备职责和主要工作

文物保护单位为有效预防和应对突发事件，降低和减少突发事件带来的损失，应做好前期的应急准备，确保应急响应时迅速反应，从而将事件发生导致的文物与藏品受损、人员伤亡、社会影响降到最低。文物保护单位应确定各部门的工作职责及内容，包括应急准备方案的策划与推行、应急准备工作的检查、应急物资储备与更新、安全技术系统的维护与保养、在建施工项目的管理、文物修复物资的采购等。

以下是某文物保护单位各部门的应急准备职责及主要工作（见表 6–13）。

表 6–13　某文物保护单位部门应急准备职责及主要工作示例

序号	部门	应急准备职责及主要工作
1	保卫处	◆负责全院应急准备的整体规划 ◆负责全院应急准备工作情况检查 ◆负责应急响应方案的策划与推行

续表

序号	部门	应急准备职责及主要工作
1	保卫处	◆负责应急演练与应急响应流程的告知与培训 ◆负责应急物资的需求申报、对物资库存状态进行监督管理 ◆协助公安、武警、消防单位处理院内发生的火灾、恐怖袭击等事件 ◆负责院内安防系统的维护、保养，确保其在应急事件发生时处于良好可用的状态
2	接待部	◆应急情况下协同保卫处、陈列中心负责院内观众的疏散引导工作 ◆协同负责制止院内开放区域发生的观众闹事事件 ◆协助公安、武警、消防单位处理院内发生的火灾、恐怖袭击等事件 ◆负责应急事件发生时院内开放区域的警戒和秩序维护工作
3	办公室	◆负责配合保卫处进行各职能部门的应急准备检查工作 ◆负责事件现场的媒体与信息管理
4	总务处	◆负责院内应急物资的采购，负责院内应急物资的存储 ◆接受保卫处对应急库存物资的检查，若发现不足，进行添补 ◆负责做好应急车辆、医疗急救资源、基础设施的保障
5	保护研究所	◆负责准备各类文物修复物资的采购申请与库存管理，在应急响应结束后能立即进行最大程度修复 ◆在应急响应结束后，负责安排专业人士对受损文物进行盘点，修复工作
6	工程项目主管部门	◆负责院内在建施工项目事故应急处理工作 ◆协调院内在建项目的资源，协助做好应急处置工作

（5）应急响应程序

文物保护单位应确定应急响应的流程，如针对重大型事件，文物保护单位应建立主要应急管理委员会行动、汇报交流的详细流程与现场应急行动小组的执行流程；针对一般型事件，建立详细可操作的现场应急行动小组的执行流程。根据需求，针对各类别事件，建立单项的应急管理操作流程，但不能太复杂，类别不能太多。同时，文物保护单位还应建立相应记录表格来规范流程的实施。

以下是浙江省和某文物保护单位应急响应流程图（见图 6-8、6-9）。

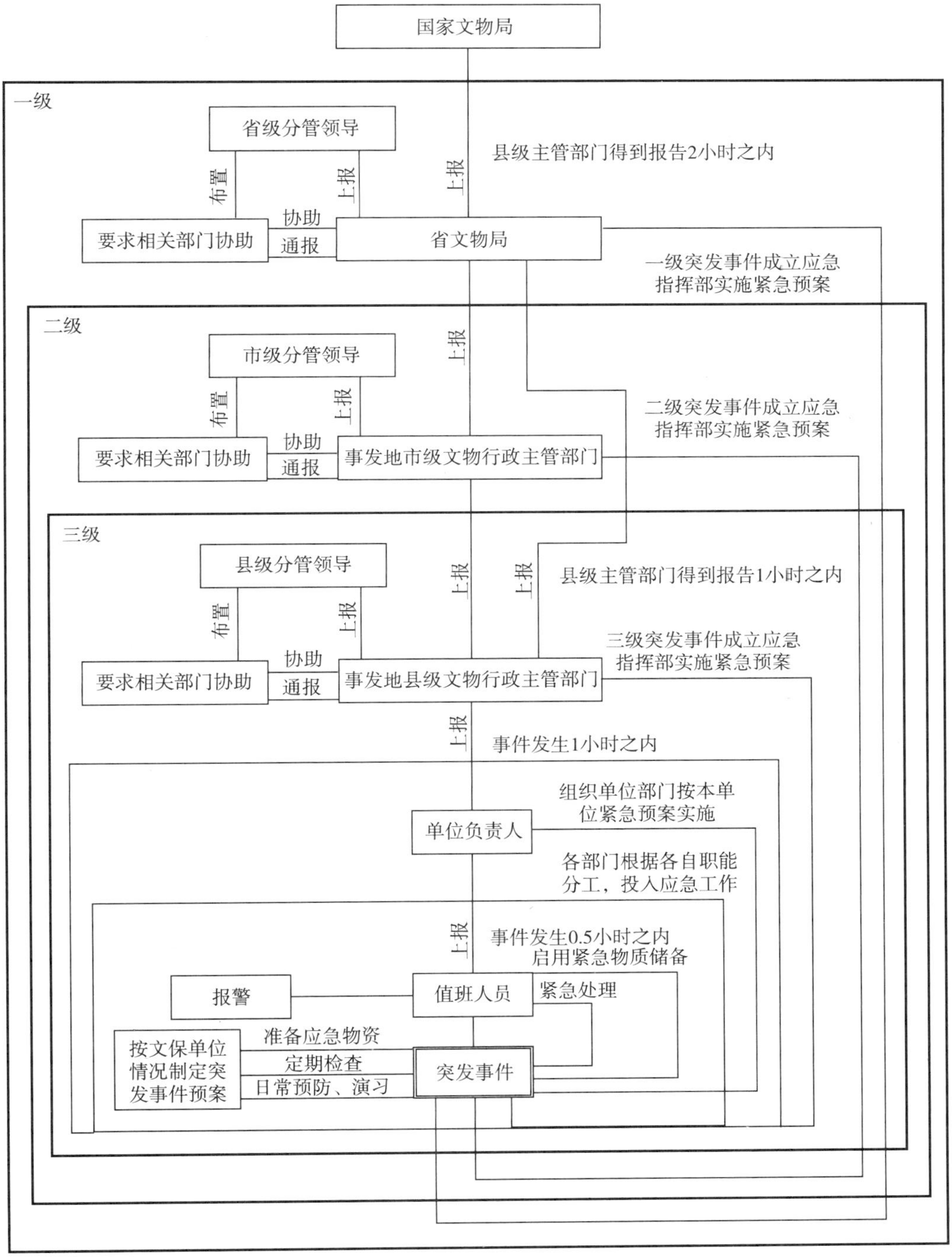

图 6–8　浙江省文物保护单位突发事件应急响应流程图（浙江省文物局 2006）

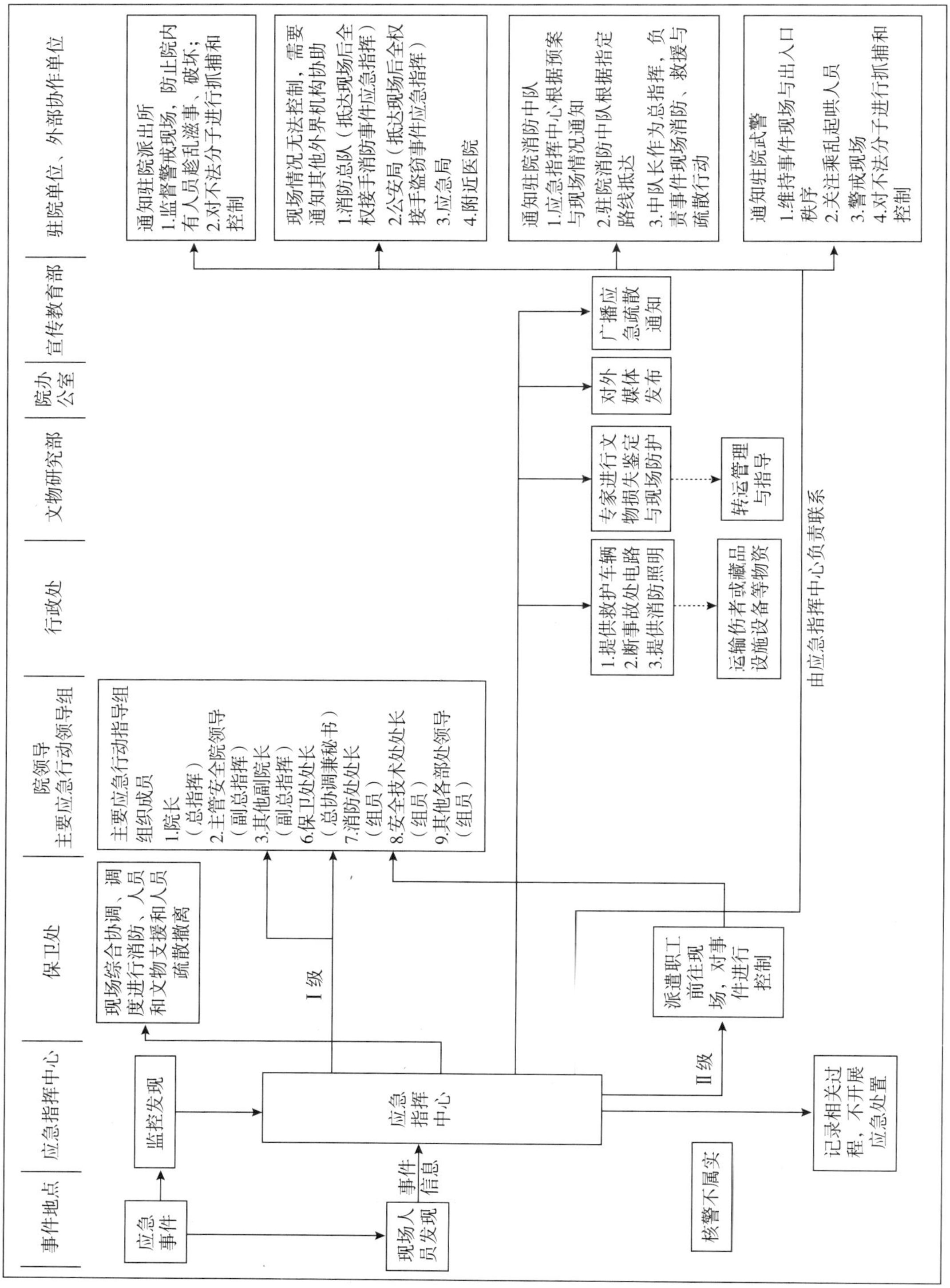

图 6-9 某文物保护单位重大 / 一般型事件应急响应流程图

（6）总体及专项预案

各级文物保护单位应制定本单位突发事件总体应急预案、突发事件专项应急预案以及针对特殊时期的安全工作方案，应急预案应在本单位风险评估、应急能力评估以及应急资源调查的基础上进行制定，针对高风险的事件确定应急预案的事件范围及类型，结合现有应急能力，确定应急处置的策划、实施与保障。依据《生产经营单位生产安全事故应急预案编制导则》（GB/T 29639–2013），文物保护单位应急预案的主要组成要素如下（见表 6–14）。

表 6–14　应急预案主要组成要素

序号	要素	内容
1	总则	描述应急预案编制的目的、依据文件、应急预案的适用范围、应急预案体系结构、应急处置的原则
2	风险描述	辨识识别单位存在或可能存在的事故风险类型，对事故发生的可能性和严重性进行评估，确定事故风险的影响范围及严重程度
3	应急组织机构及职责	应急管理机构的组织架构，应急机构的组成单位或人员，应急机构的下设分组及分组职责，如下设应急行动组、现场警戒组、医疗救援组、疏散引导组、通讯联络组、后勤保障组等
4	预防及预警机制	预防与预警信息的搜集与分析、预防与预警的行动、预警支持系统的建设情况
5	事件等级与类型划分	确定单位突发事件的类型以及事件等级的划分标准及评判依据
6	应急响应	启动应急预案的时机、信息报送程序流程及要求（原则 / 时间 / 内容 / 发布）、指挥和处置程序及要求、信息发布与舆情引导的要求
7	恢复与善后处理	事故现场的恢复与善后处置的原则、措施、要求
8	应急保障	涉及信息、物资、人员、通信等应急保障，以及应急培训及演练保障等
9	预案管理	预案评审、修改、备案、发布
10	附件	应急组织机构图、文物保护单位平面图、应急流程图等

文物保护单位的应急预案要根据潜在的事故或紧急情况来制定，应急预案是否有效、实用直接影响事故应急处置的后果。目前很多行业的企事业单位都已制定了突发事件的应急预案，但是仍有一些单位的预案仅停留在纸面上，与单位实际情况

不相符，无法有效指导对突发事件的预防和处置。如：近年多发的文物保护单位火灾事故，大多单位只会“事后反应”，做不到“事前预警”，即应急预案要素不全、操作性差，经不起实战检验。文物保护单位应急预案的实效性可以从以下方面进行检查：

◆ 应急预案的管理是否符合法律法规、标准、规范性文件及上位预案的规定和要求；

◆ 应急组织机构的设置是否满足文物保护单位的实际需要，职责分工是否明确、到位；

◆ 事故风险类型辨识与评估是否全面，无遗漏，防范和控制措施是否合理，应急资源需求是否科学；

◆ 是否结合潜在事故制定应急预案或处置方案；

◆ 各类应急预案之间是否相互衔接，是否与属地政府和相关部门、专业救援队伍和其他单位建立联系；

◆ 应急预案框架是否合理，要素及内容是否齐全、完整；

◆ 是否定期组织应急预案的培训、演练与评估工作；

◆ 是否对应急预案进行修订、评审和备案等（中华人民共和国应急管理部 2019）。

以下是某文物保护单位应急预案目录（见表 6–15）。

表 6–15 某文物保护单位突发事件应急预案目录

序号	预案	序号	预案
1	火灾事件应急预案	16	现场媒体管理与信息传达方案
2	初起火灾处置方案	17	节假日观众接待工作方案
3	藏品 / 展品盗窃应急预案	18	敏感时期工作方案
4	藏品 / 展品破坏应急预案	19	重要访客参观工作方案
5	夜间入侵事件处置方案	20	重要活动期间工作方案

续表

序号	预案	序号	预案
6	踩踏事件应急预案	21	暴雨天气预警工作方案
7	集体食物中毒应急预案	22	暴雪天气预警工作方案
8	突发个体 / 群体事件应急预案	23	大风天气预警工作方案
9	危化品泄漏应急预案	24	大雾天气预警工作方案
10	密闭空间救援应急预案	25	雷电天气预警工作方案
11	人员触电应急处置方案	26	沙尘（暴）预警工作方案
12	人员高处坠落应急处置方案	27	冰雹天气预警工作方案
13	防汛应急预案	28	雾霾天气预警工作方案
14	防恐怖袭击应急预案	29	电力系统故障应急预案
15	观众突发状况医疗救助方案	30	雷击事件应急预案

（7）应急物资

文物保护单位应制定应急物资的管理程序，包括应急物资从采购、存储、发放、使用、保养、淘汰及日常检查等管理要求。要定期对应急物资的配备进行评估，发现配备物资的不足及缺陷，按照事故应急处置所需的相关规范，合理配备形成应急物资清单，并进行长期维护和保养，关注物资状态，保证有效。

下面是某文物保护单位应急物资清单示例（见表 6–16）。

表 6–16　应急物资清单表示例

序号	类别	数量	采购日期	地点	责任人	状态	备注
一、医疗救护类							
1	急救应急包	6	2019–05–20	B 楼二层	行政部张三	正常	
2	担架	2	2019–05–20	B 楼二层	行政部张三	正常	
……							
二、消防物资类							
……							

（8）应急演练及培训

根据《机关、团体、企业、事业单位消防安全管理规定》（公安部第61号令）第四十条明确，“消防安全重点单位应当按照灭火和应急疏散预案，至少每半年进行一次演练”，其他单位应当结合本单位实际，参照制定相应的应急方案，至少每年组织一次演练。文物保护单位是消防安全重点单位，应编制应急演练计划，考虑针对实际最有可能发生的各类风险事件进行演练、培训。通过演练与培训，一是熟悉单位内部应急处置的流程；二是熟悉内部与外部机制应急联动沟通；三是应急演练后通过评估，修订优化应急预案；四是锻炼应急队伍的专业技术与能力。

演练可分为桌面演练和现场演练，演练内容可以分为综合演练和单项演练，不同类型的演练可以相互组合。编制年度演练计划时，地点要覆盖文物保护单位的所有区域，如人员生活及办公场所，文物库房、展厅、不可移动文物等核心区域，配电室、发电机厂、锅炉房等重点场所；人员要尽量覆盖单位所有工作人员，以安全保卫部门为主，也可覆盖游客和部分外部机构力量；演练方式可分为全告知型、半告知型和不告知型三类开展；类型涵盖最可能发生的事件，如人员踩踏、火灾、交通事故等。

以下是某文物保护单位的应急演练程序及应急演练报告（见表6–17、6–18）。

表6–17 某文物保护单位应急演练程序示例

演练类型	桌面演练：基本任务是解决应急组织相互协作和职责划分的问题，理顺应急处置工作的环节及工作流程。 ◆在会议室内举行，由主管安全副院长、保卫处处长、院办、总务处、保护所、数展中心、接待部、陈列中心等部门领导参加，针对各类安全事件，按照应急预案及标准工作程序，讨论紧急情况时应采取的行动； ◆保卫处事后采取口头评论形式收集参演人员的建议并提交一份简短的书面报告，总结演练活动，提出改进应急响应工作的建议，为单项演练、综合演练做准备。
	现场演练： ◆选择或者模拟日常活动中的设备、设施、装置或场所，设定事件场景，在现场依据应急预案模拟开展演练活动； ◆保卫处负责安全保卫、消防方面的现场演练工作； ◆保卫处事后采取口头评论形式收集参演人员的建议并提交一份简短的书面报告，总结演练活动，提出改进应急响应工作的建议，为功能演练和全面演练做准备。

续表

演练类型	单项演练：基本任务是针对应急响应功能，检验应急人员以及应急体系的策划和响应能力。 ◆演练包括但不限于以下种类：初起火灾扑救演练、消防演练、藏品/展品盗抢/破坏演练、大客流造成人群拥堵演练、院内突发个体/群体事件演练、密闭空间救援演练、人员触电应急救援演练、危险品泄露应急处置演练； ◆保卫处事后采取口头评论形式收集参演人员的建议并提交一份简短的书面报告，总结演练活动，提出改进应急响应工作的建议。
	综合演练：基本任务是针对应急响应功能，检验应急人员以及应急体系的策划和响应能力。 ◆保卫处负责协调消防中队以及医疗单位共同参加演练； ◆演练完成后，除采取口头评论形式、提出改进建议外，还应按照要求向属地政府对口部门提交有关演练活动的书面汇报。
演练内容	预警与报告、指挥与协调、应急通讯、事件监测、警戒与管制、疏散与安置、医疗卫生、现场处置、社会沟通、后期处置（略）
演练周期	◆每半年至少一次全面演练； ◆每季度1–2次桌面演练或单项演练。

表6–18　应急演练评估报告示例

<table>
<tr><td colspan="2">预案名称</td><td colspan="3"></td><td>演练地点</td><td></td></tr>
<tr><td colspan="2">组织部门</td><td></td><td>总指挥</td><td></td><td>演练时间</td><td></td></tr>
<tr><td colspan="2">参加部门和单位</td><td colspan="5"></td></tr>
<tr><td colspan="2">演练类别</td><td colspan="4">□单项演练　□桌面演练　□全面演练
□全部预案　□部分预案</td><td>实际演练部分：</td></tr>
<tr><td colspan="2">物资准备和人员培训情况</td><td colspan="5"></td></tr>
<tr><td colspan="2">演练过程描述</td><td colspan="5">（按照时间顺序记录演练过程。）</td></tr>
<tr><td colspan="2">预案适宜性与充分性评审</td><td colspan="5">适宜性：
□很适宜　□基本适宜，需完善　□明显不适宜，无法应用
充分性：
□满足　□基本满足　□不充分</td></tr>
<tr><td>演练效果评审</td><td>人员到位情况</td><td colspan="5">□全部到位　□个别人员不到位　□重点部位人员不到位
□职责明确　□职责不够清晰　□职责不明
□操作熟练　□操作不够熟练　□操作不熟练</td></tr>
</table>

续表

	物资到位情况	现场物资： □物资充分、有效　□物质缺乏、部分失效　□现场物资严重缺乏 个人防护： □全部人员防护到位　□个别人员防护不到位　□大部分防护不到位
	协调组织情况	整体组织： □准确、高效　□基本顺利，能满足要求　□效率低 抢险组分工： □合理、高效　□基本合理，能完成任务　□效率低
	效果评价	□达到预期目标　□基本达到目的，部分环节有待改进 □没有达到目标，须重新演练
	外部支援部门和协作有效性	报告上级：　□报告及时　□联系不上 消防部门：　□按要求协作　□行动迟缓 医疗救援部门：　□按要求协作　□行动迟缓 周边政府撤离配合：　□按要求配合　□不配合
演练问题		
改进措施		

第七章 文物保护单位安全与应急专项技术系统

文物行业近年来在资源调查、展览展示、办公自动化等方面的信息化有了很大进展。同时，在安全与应急管理方面，也已经在面向防盗的视频监控与入侵报警、面向防火的消防监测报警、面向遗产安全的文物本体监测预警等方面建立了不同的技术防范系统。技术系统是解决安全与应急工作中信息繁杂、涉众较多、时效性要求高等问题的有效途径。文物保护单位的技术系统需严格遵循有关保密要求，综合运用安全管理、风险管理、应急管理等理论和方法，充分发挥电子信息系统的效能，通过多种手段组合应用实现对文物、人员、财产、环境的多重保障和全面覆盖。

本章重点围绕文物保护单位中的“技防”手段，从设计原则、主要构成和功能等方面对当前文博领域常见的安全防范技术系统、消防安全技术系统、遗产监测技术系统进行了介绍，可为文物保护单位的技术防范系统设计和建设提供参考。

7.1 文物保护单位安全防范技术系统

《安全防范工程技术标准》(GB50348-2018) 中对安全防范系统有如下定义：以安全为目的，综合运用实体防护、电子防护等技术构成的防范系统。在《博物馆和文物保护单位安全防范系统要求》(GB/T16571-2012) 中，安全防范系统定义为“以保障博物馆和文物保护单位安全、防止风险事件发生或将风险事件造成的危害降低到最低程度为目的，通过科学规划、合理设计，将人力防范（人防）、实体防范（物防）、技术防范（技防）等手段有机组合、综合应用而建立的防御体系”。可以看出，文物保护单位的安全防范系统是由多个具有防卫功能的系统所构成，综合了人防、物防和技防多种手段，建立起的具有探测、延迟和反应有机结合的，以主动防范风险、预防损失和降低伤害为目的的安全综合防御体系。

安全防范系统一般根据建筑物的特点和防护区域的环境，以防入侵报警系统为核心，以声音复核、图像复核、电视监控和通信系统为基础组成部分，综合门禁系统、电子巡更系统等，用管理软件集成起来实现各种功能，从而构成一个高自动化、高智能化的安全防范综合系统，以实现文物保护单位在防入侵、防破坏、防盗窃等方面目标，实现文物藏品的安全防护。

根据《文物系统博物馆风险等级和安全防护级别的规定》（GA27–2016）和《博物馆和文物保护单位安全防范系统要求》（GB/T 16571–2012）的规定，博物馆和文物保护单位应按照风险等级要求的防护级别规范设计对应的安全防范工程。博物馆防护分为目标防护、部位防护和单位防护。目标防护是对藏品实物目标进行的防护，部位防护是对博物馆内存有藏品的局部场所的防护，单位防护是对整个博物馆的防护。目标防护和部位防护根据藏品的风险级别分为一级、二级和三级防护级别。

7.1.1 安全防范系统建设原则

安全防范系统是文物保护单位最重要的技术防范系统之一，是保证文物藏品安全的重要手段。安全防范系统的设计和建设应该遵循下列原则：

（1）统筹规划原则

安全防范系统建设应纳入单位或部门工程建设的总体规划，根据管理要求、使用功能和建设投资等因素，进行综合设计、同步施工和独立验收。

（2）合理性原则

为了保证整个系统从设备配置到系统构成的合理性，安全防范系统设计应根据实际状况，充分满足各单位和部门在使用中的各项功能要求，建设时尽可能减少对文物的干预，充分考虑文物保护的特殊性。

（3）先进性原则

计算机及通信技术更新迭代速度很快，因此系统设计时不仅要考虑如何充分利用当前的最新技术，还应考虑未来技术进一步发展后，系统还可以不断融入新技术，从而始终保持先进性。

（4）实用性原则

实用性是指安全防范系统的软、硬件平台具有友好的界面，图像清晰，易于学习和操作。此外，各系统尽量采用统一的系统标准和通信协议，做到规范化、结构化、模块化，从而系统间能互联互控，充分发挥整个系统的功能。

（5）可靠性原则

安全防范系统是保障文物保护单位安全的关键系统，系统运行的可靠性是其主要性能之一。要保证系统 24 小时不间断运行，并且具备完整性、正确性和可恢复性，可以安全、正确地完成预期的功能。

（6）保密性原则

保密问题是系统建设中一个优先考虑的关键因素。为确保系统数据的安全，应严格规范操作权限，在必要的情况下对重要数据采取特殊保护，同时做好操作留痕，便于在需要时查找。信息传输网络的建设需符合有关规定，充分考虑网络的安全性和保密性。

7.1.2　安全防范系统中的各子系统

安全防范系统主要包括入侵报警系统、视频监控系统、出入口控制系统、电子巡查管理系统等子系统。

（1）入侵报警系统

入侵报警系统是一种对非法进入或试图非法进入设防区域的行为进行报警信息处理或者发出报警信息的电子系统。系统采用传感器技术和电子信息技术对非法行为进行探测，当主观判断面临被劫持、遭抢劫或其他危机情况时，可触发紧急报警装置。系统一般由报警主机、报警键盘及各种模块、各种探测器和传感器、门磁及开关、无线产品、电话自动拨号器、报警器及闪灯和管理软件等组成。

目前技术成熟、应用相对广泛的入侵报警系统前端探测器主要有微波探测器、激光探测器、振动电缆探测器和振动光缆探测器 4 种类型。

◆ 微波入侵报警系统。微波入侵报警系统使用微波探测器作为前端探测器。微波探测器主要由微波发射器和微波接收器组成。在发射器和接收器之间可以形成一个看不见的三维立体探测区域，一旦有人闯入这个防护区域，就会遮断探测波束，这时系统会立即产生报警信号。

◆ 激光入侵报警系统。激光入侵报警系统使用激光入侵探测器作为前端探测器。激光入侵探测器主要由激光发射机和激光接收机组成。激光发射机可以发射出定向不可见强激光束，从而形成警戒线，一旦发生入侵事件将产生光束遮挡，系统会立即产生报警信号。激光入侵报警系统可以实现周界、平面和立体空间等多种维度的封闭布防。

◆ 振动电缆入侵报警系统。振动电缆入侵报警系统使用振动电缆探测器作为前端探测器。它的原理是利用探测器监测围栏的振动，将振动信号转换为电信号，同时将此电信号发送给信号处理器，从而判断是否发生入侵。振动电缆具有自识别功能，当围栏由于某种原因产生振动时，该传感器电缆不仅能检测出其振动，还能以振动点为中心对左右一定范围内的振动参数进行逐段比对，通过软件分析有效剔除刮风、下雨、雷电和汽车通行等环境振动干扰，剔除实际现场环境出现的干扰，剔除不明物体的偶尔撞击造成的干扰，剔除小动物的出没造成的干扰，大大降低误报、漏报率。报警电缆不仅是振动传感器，还能为系统中的各个模块供电，并可完成系统中各个模块与控制主机的通信。

◆ 振动光缆入侵报警系统。振动光缆探测器是一种利用光信号作为载体，光纤为媒质进行数据传输的技术。振动光缆入侵报警系统是通过安装在围栏上的光纤传感器来探测围栏的振动，从而探测因非法入侵而引起的围栏振动，进而产生报警。该系统采用普通光缆，不需供电，可以同时用于传感报警和通信传输。

（2）视频监控系统

视频监控系统是安全防范系统中最重要的子系统之一，为防范区域提供安全监管、设备监控、案发后查、证据提取等有效的技术手段。随着计算机性能、网络传输速度、图像处理能力的大幅提升，视频监控技术已成为安防系统中的核心技术，为其他系统功能提供信息支持和辅助。该技术的核心流程包括数字化采集、编解码运算、网络传输、数据存储、终端显示等。硬件设备由摄像设备、网络传输设备、输入输出设备、数据存储设备、视频显示设备以及相关辅助软件构成。

视频监控技术发展较快，其核心技术主要包括光学成像器件、视频编码压缩算法、视频编码压缩芯片等。视频监控技术的发展可以分为三个阶段。第一阶段：模拟摄录、存储阶段。主要设备包括模拟摄像机、磁介质存储设备、模拟显示及播放设备。由于模拟视频技术传输速度慢、解析度不足，已经不能满足现在的需求，逐渐被市场淘汰；第二阶段：数字存储阶段。随着模拟数字转化技术的发展，视频压缩手段得到进步，视频监控技术也向着数字化迈进，出现了数字硬盘存储设备，使数据存储的可靠性、存储容量都有大幅提高；第三阶段：全数字监控阶段。视频监控从信息捕捉、信号传输到视频显示均为数字格式。全数字化是实现智能监控和网络监控的基础，可采用完全分布式的结构，系统架设在网络上，不受地域限制，利用管理软件实现资源的管理、调用、存储等。

视频监控系统从逻辑上可分为视频前端系统、视频存储系统、传输网络、视频解码拼控、大屏显示、视频信息管理应用平台等部分，如图 7-1 所示。

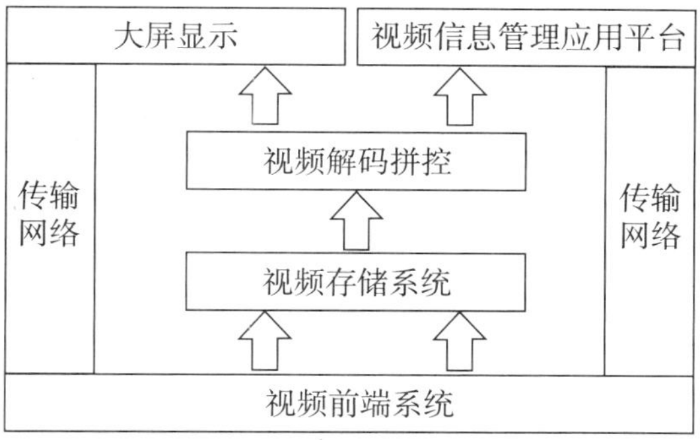

图 7-1　视频监控系统逻辑图

◆视频前端系统。主要指各种类型的摄像机，如固定式高清摄像机、云台摄像机、网络球机、180° 全景摄像机、卡口摄像机、半球摄像机等设备。视频采集设备的监控范围应有效覆盖文物保护单位防护区域部位和目标。

◆传输网络。一般会从视频监控中心敷设多根多芯主干光缆至前端布防区域，在现场选择适当位置作为光缆熔接节点，再由光缆熔接节点敷设多条小对数光缆至本区域的各前端摄像机安装位置，构成视频监控系统的整体网络结构。

◆视频存储系统。根据数据存储位置的不同，可以分为前端存储、中心存储，应结合承载网络的带宽、业务需求、客户需求以及实现成本等因素进行选择。

◆ 视频解码拼控。完成监控前端视频的解码及大屏显示，需要有能力接入前端所有种类视频信号，并可以根据实际需要输出多种显示模式。

◆ 大屏显示。接收视频综合平台输出的多种格式的视频信号，完成多种视频信号源的呈现。

◆ 视频信息管理应用平台。实现视频设备、信息、数据等的统一管理和配置。用户可通过应用平台进行视频实时监控预览、摄像机控制、录像检索及回放、电视墙画面切换、系统智能运维等功能。

（3）出入口控制系统

一般由出入口控制系统管理软件、自动访客管理系统、门禁控制器、读卡器、卡片以及相关配件等组成。在文物库房、文物通道出入口、展厅、重要机房、所有仅供内部工作人员使用的出入口、通向室外的主要出入口、安全控制中心和安防分控室等处均应设置门禁系统。在重要的区域，还必须保证出入口控制装置能与安全管理系统联动，即联动视频监控系统和照明系统。这就意味着在监控中心的人可以通过视频监控系统打开灯光照明，看清现场图像，实现人工对比，从而确保监控区域的高度安全。在出现紧急事件（如火灾）时，还应自动联动消防系统，打开所有安全出口相应的电控门锁，便于人员疏散。藏品库区内的出入口控制系统应经消防控制中心确认火灾后使系统断电而失效。

出入口控制系统主要包括以下基本功能：对每个区域设置进/出人员的黑/白名单；对所需区域设置允许进/出的时间段，有特殊要求时，需经过批准，特殊处理；存储所有的状态及进/出记录，可按不同的查询条件进行查询；实时监控各控制点处门的开关情况，出现异常情况（开门超时、强行开门、非授权开门等）时自动报警，系统电缆、电源、模块等受到破坏时具有自动报警功能；在紧急状态或火灾情况下，系统收到消防联动信号后可以自动打开所有疏散通道上的电子锁，确保人员的疏散得到保障。

（4）电子巡查系统

巡查是安保工作人员在规定的时间内，按照设定好的重要路线进行巡视，并在巡视线路中的固定位置进行信息录入和巡视反馈。电子巡查系统是一种利用电子设备和网络通信技术实现的对安保人员巡查工作的管理监督系统。主要包括对巡查时间、地点、线路和数据反馈进行统计和管理。

电子巡查系统主要根据对象的安全防范目标，设定并要求安保人员能够按照安全管理部门事先确定的时间和巡视线路逐点进行巡视。在巡视过程中，能及时对突发事件和灾情险情进行上报和处理；安保人员在巡查点的记录，可让监控中心对巡逻人员的工作态度、效率和安全情况进行监督，具有强化管理及有效促进安保人员尽职尽责的双重功效。

目前，电子巡查系统主要分为在线式巡查和离线式巡查两种。在线式电子巡查系统是在一定的范围内进行综合布线，并在适当的巡更点设置巡检器，巡检人员携带信息钮或信息卡，在布线区域进行巡逻，人员巡检情况（如巡逻路线、达到巡检点的时间等信息）就可以在中央监控室显示出来。离线式电子巡查系统不需要布线，只要在需要巡查的位置安装固定的巡检点，由巡检人员拿着巡检器到各巡防点采集信息，再通过数据线将信息传送到计算机上，就可以显示整个巡逻过程。

7.2 文物保护单位消防安全技术系统

文物保护单位常常因自身建筑耐火等级低、防火间距不足、消防设施缺乏、用火用电不规范、消防管理不到位等原因而导致火灾危险性很大。文物保护单位消防工作的原则就是要在不损坏文物保护单位本身风貌、文化功能的基础上做好消防工作。早期火灾的发现和扑救应该作为文物保护单位消防工作的重点。一方面，要做好早期火灾的探测和报警工作，把火灾消灭在萌芽或早期阶段；另一方面，应使用适宜的、现代化的消防设备，提高灭火效果，同时避免消防设施对文物造成的二次损害（戴晓莹 2013）。

文物建筑消防系统的设计应基于古建筑的原貌和韵味，不破坏建筑的主体结构。不能为了设置消防设施而在木结构上开孔或者影响建筑的景观和形象。此外，系统应立足于性能化的防火设计，在设计中要尽量采用新的材料、新的技术。在火灾探测器的选型方面可以根据现场实际情况选择一些目前新的探测类型，如线型光纤感温火灾探测器、图像型火灾探测器、高灵敏度吸气式感烟火灾探测器等。这些特殊的探测器与普通点型火灾探测器互相补充，从而确保火灾探测效果。

7.2.1 文物建筑防火等级分类

文物建筑的分类等级评定是一项基础性的工作，对于开展文物建筑消防安全保护工作具有十分重要的意义，其建立过程需要进行大量的基础性研究，需要各个方面的专家参与。文物建筑的属性是确定其火灾危险性的重要因素，主要考虑以下几个方面（白晓辉 2013）：

（1）保护等级。此项为建筑属性中的首要因素，是实施文物建筑防火技术保护的重要依据。一般而言，全国重点文物保护单位、省（市、自治区）重点文物保护单位不应该低于 2 级。

（2）建筑材质。分为木制、砖木混合以及砖制等，使用木材越多的文物建筑其火灾荷载越大，火灾危险性越高。文物建筑因其年代、建造形式等方面的原因，其所采用木质材料较现代建筑使用的木材有很大不同。因此，对于文物建筑应该突破现代建筑对木制建筑、砖木建筑耐火等级的分级限制，相应的消防供水强度、消防设施要求应提高。

（3）建筑高度。按照现代高层建筑 24m 的分界线，我国现存超过 24m 的文物建筑数量很多，包括两层以上的和一批大型的宫殿、寺庙建筑。与同等高度的现代高层建筑相比，这类建筑火灾扑救难度更大，这就要求采取更为严格的防火措施。

（4）建筑总面积。文物建筑的总面积应作为划定其防火分区的重要指标，因为对总面积越大的建筑实施消防保护就越困难，越需要有效阻止火势蔓延和更加完善的自动消防系统，满足灭火要求。

（5）平面布局。文物建筑的平面布局对于防火设计和人员逃生能力具有很大的影响，开敞空间防火压力最小，随着分隔复杂程度的增加，文物建筑的防火压力随之也加大。

7.2.2　文物建筑火灾自动报警系统

（1）火灾探测器种类

目前常见的火灾探测器有如下几种，在选择探测器时，要考虑建筑形态、建筑构造材料，还要考虑探测器的功能特点，科学合理布置。

◆ 离子感烟式火灾探测器：离子感烟式探测器是点型探测器。它的原理是在电离室中充入少量放射性物质，射线使局部空气成电离状态，经电压作用形成离子流，这样电离室中的空气就具有了导电性。当烟粒子进入电离化区域时，它们与离子相结合，电离室中的空气导电性降低。当导电性低于预定值时，探测器发出警报。

◆ 线型光束感烟探测器：这种探测器可以对警戒范围内设定的线形窄条四周烟气参数进行探测。线型光束感烟探测器在使用时需要将光束发射器和接收器分开相对放置，中间用光束连接。光束发射器和接收器相分离是线型光束感烟探测器和点型感烟探测器的主要区别。

◆ 感温火灾探测器：感温火灾探测器，简称温感，其探测火灾的主要原理是热敏元件的利用。当火灾发生，燃烧产生大量热量，周围环境温度急剧上升，热敏元件发生物理变化，温度信号转变成电信号，从而被识别而发出报警。

◆ 火焰探测器：物质燃烧时除产生烟雾和放出热量外，还会产生可见或不可见的光。火焰探测器可以探测光照的强度和火焰的闪烁频率，因此，它适用于有强烈火焰辐射、需对火焰做出快速反应的场合，而不适用于有采光或火焰前浓烟扩散的地方。

（2）文物建筑火灾自动报警系统设计要点（张磊 2017）

首先，文物保护单位的设备安装是设计中的难点，由于结构特殊，加之文物保护的要求，所以建筑的主体性结构是不允许破坏的，木结构梁架构造体量比较大，在设置探测器时，要充分考虑到梁对探测效果的影响。在没有吊顶的房间，还要充分考虑屋顶高度及坡度的影响。每个独立的重要场所应作为防火分区，设置火灾探测器、手动火灾报警按钮，区域报警控制器最好设在有人值班或值班人员经常管理的地方。

其次，对于对结构的非破坏性要求，线路敷设一般采用明敷设的方式，避免在建筑梁柱上开孔开洞，同时又要考虑到内部的美观与效果，所以线路走向是需要特殊考虑的，结合具体环境隐蔽处理全部线管，施工完成后，一般再用防火涂料将管线与梁柱刷成统一的颜色。

第三，防火措施方面，由于线路一般采用明敷设，应使用金属管，并采取防火措施，在线路管道穿过墙体或楼板时，与墙体、楼板之间的缝隙应采用防火封堵材料填塞密实。

此外，应充分考虑组合设计，根据《火灾自动报警系统设计规范》（GB50116-2013）的规定，对于重点文物保护场所必须设置自动报警系统。我国传统文物建筑的规模一般较大，采用区域报警系统，既能够满足消防要求，又经济实用。一般情况可将感烟探测器、感温探测器和火焰探测器进行组合使用。这样就能避免火灾发生的时候产生漏报，同时也能发挥三种探测器的优点。

7.2.3 文物建筑自动喷水灭火系统

《火灾自动喷水灭火系统设计规范》（GB50084-2017）规定，国家文物保护单位、木结构古建筑为中危险等级建筑，必须安装自动喷水灭火系统。

（1）文物建筑自动喷水灭火系统的组成及分类

自动喷水灭火系统包括了湿式系统、干式系统、预作用系统、雨淋系统、水幕系统、细水雾系统等。

◆ 湿式自动喷水灭火系统由喷头、管道系统、湿式报警阀、报警装置和供水设施等组成。由于该系统在报警阀的前后管道内始终充满着压力水，故称湿式喷水灭火系统或湿管系统。

◆ 干式自动喷水灭火系统是在湿式系统的基础上发展起来的。干式自动喷水灭火系统管路和喷头内平时没有水，只处于充气状态，故称为干式系统或干管系统。因干式喷水灭火系统在报警阀后管路内无水，所以不怕冻结，不怕环境温度高，适用于环境温度低于 4℃和高于 70℃的建筑物和场所。

◆预作用自动喷水灭火系统。预作用系统由闭式喷头、管道系统、雨淋阀、火灾探测器、报警控制装置、充气设备、控制组件和供水设施部件组成。它是火灾自动探测报警技术与自动喷水灭火系统的有机结合，对受保护物体起到了双重保护作用。这种系统平时是干的，一旦发生火灾，可以实现初期火灾报警，并立即使管网充水，使系统变为湿式。该系统的这种转变过程中包含了预作用的功能，故也称之为预作用洒水系统。

（2）文物建筑自动喷水灭火系统设计的技术要点

首先，应不影响建筑本身的构造。自动喷水灭火系统由洒水喷头、报警阀组、水流报警装置（水流指示器或压力开关）等组件，以及管道、供水设施组成。由于管道内的水量重量已经很大，为不破坏建筑主体结构，一般建议使用干式系统。

其次，不影响古建筑的整体效果。文物古建筑存在不可复制性和不能破坏性，保持古建筑原貌尤为重要。自动喷水灭火系统的主管和支管在其颜色上应当选用与古建筑同色或相近色进行涂刷，在每根管上涂刷色环，对于喷头的选择则可以在不影响使用的情况下尽量选用隐蔽型或仿古型装饰盘进行“隐藏”。

第三，分开设置消火栓管网与自动喷水灭火系统管网。这样可以防止消火栓用水影响自动喷水灭火系统设备用水，同时防止消火栓平日漏水引起的自动喷水灭火系统误报警。当分开设置有困难时，为保证不产生相互影响，在自动报警阀后的管道必须与消火栓给水系统管道分开，即在报警阀后的管道上严禁设置消火栓。

7.2.4　文物建筑消防给水系统设计

人工水池给水、天然水源给水、管网给水是现阶段文物建筑主要的三种消防给水方式。若采取管网给水供水，管网供水系统需要布置成环状形式，且需布置不少于两条的输水干管和向环状管网输水的输水管。

文物建筑装有自动喷水灭火系统时，如果室外给水管道采用枝状给水方式或只有一条进水管道或天然水源和室外给水管道不能满足系统用水时，要设置消防水池。对于国家级文物保护单位的重点砖木、木结构建筑物，需要设置室内外消防给水，以确保消防安全。

如果采用天然水源供水，可设置人工水池以应对枯水期天然水源消防用水供应不足的情况，如果没有天然水源供水，需要设置人工消防水池，但不管采用何种方式供水，都需要配置固定的水泵和电源。为保障位于山上缺水地区的古建筑的日常生活用水及意外时的消防用水，可设置专门送水的管线及加压设备，自山下向上送水。

7.2.5 文物建筑移动式灭火系统设计

移动式灭火设备主要形式是灭火器，不同的灭火器适用于不同的场所和不同的可燃物，因此需要结合场所的性质、场所可燃物的类型以及可能发生的火灾类型等选择合适的灭火器。灭火器的选择必须慎重，灭火器的错误使用可能会引起燃烧的逆化学反应，并且可能引发更大的事故。古建筑火灾一般情况下可使用水型灭火器、干粉型灭火器、泡沫型灭火器等，其中在选择干粉型灭火器的时候只能用磷酸钠盐灭火器。由于碳酸氢钠无法黏附在固体可燃物上，无法灭火，只能控火，因此古建筑火灾不能使用碳酸氢钠型灭火器（李涛 2003）。

文物建筑移动式灭火系统设计时可依据文物建筑的火灾风险以及文物的重要程度，参照《建筑灭火器配置设计规范》（GB 50140–2005）的要求配置。因灭火器需人工操作，在场所厅堂内空间充足时，可考虑同时配备大中规格的手提式灭火器和推车式灭火器，特别是推车式灭火器，便于使用和维护，可扑灭和抑制早期A类火灾，一般情况下同一场所内的灭火器类型和操作方法也应相同。

为最大化程度不损害古建筑原有风貌和文化价值，使用不易留下残痕的惰性气体灭火器最为合适。相比较惰性气体灭火器来说，水基型灭火器、干粉灭火器和泡沫灭火器都会在古建筑上留下残痕。因此，可考虑对整体空间进行全淹没式惰性气体保护系统建设，但此类系统对保护区围护结构要求较高，系统建设过程中需对建筑进行较大的改造，对古建筑影响较大，且此类系统的建设成本和运维成本较高。目前除二氧化碳外，还可考虑三氟甲烷、七氟丙烷以及氮气等其他惰性气体灭火剂。

7.2.6 文物建筑中人员疏散设计

随着越来越多的文物保护单位对外开放，很多文物保护单位在高峰时期会有大量参观游客，在进行消防系统设计时应充分考虑到人员疏散的需求，主要可从以下几个方面开展相关工作（张磊 2017）。

（1）设置防火间距或防火分隔。对建筑进行扩建、改建、维修的时候，要注意设置防火间距。如果无法满足防火间距要求，可结合实际情况，采用防火墙进行防火分隔。

（2）限制参观人数。核算场所可容纳人数，控制场所内的人流量，保证建筑物内部的整洁，同时防止出现拥挤、堵塞。

（3）保持场所环境完好。及时修补已磨损的踏步凸边，防止人员疏散时滑倒，对于坡度较大的楼梯，应安装扶手，加快疏散速度。

（4）设置引导员。对于规模较大的文物保护单位，应配备疏散引导员，尤其是在出入口和瓶颈点，并应加强引导员的训练。

（5）确保安全出口和疏散通道满足要求。文物建筑防火保护区的安全出口或疏散通道数量不应少于两个，因客观条件限制不能满足的，应限制文物建筑的使用方式并控制建筑内的瞬时人数。

（6）规范安全警示标识。文物古建筑单位的重点部位和旅游热点处应设置防火标志、消防指示牌等警示标志，且古建筑和文物单位内严禁带入易燃、易爆等物品，以确保消防安全。

7.3 文物保护单位遗产监测技术系统

1972 年 11 月 16 日，《保护世界文化和自然遗产公约》（以下简称《保护公约》）在法国巴黎的第 17 届遗产大会上通过，该公约中对文化遗产和自然遗产的定义进行了界定，提出了针对文化遗产和自然遗产的国际及国家保护措施等。《保护公约》中明确提出，列入《世界遗产名录》的是全世界公认的且具有突出的和普遍价值的遗产，也明确规定了世界遗产是人类罕见的、无法替代的财富，具有一定的真实性和完整性。《保护公约》中规定的物质文化遗产是具有历史、艺术和科学价值的文物，物质文化遗产既包括不可移动文物，如古建筑、古墓葬、古遗址、石窟寺、石刻、壁画等，也包括可移动文物，如与历史有关的字画、手稿、纺织品、图书资料等。《保护公约》中将那些与人类生活密切相关，并且具有重要意义，以非物质的形式表现价值的遗产规定为非物质文化遗产。文物保护单位主要对应其中的物质文化遗产。

《保护公约》对于世界遗产的监测也提出了整体要求。遗产的监测工作主要包括两方面：一是缔约国的遗产保护者要定期对遗产的保存状况进行检查（实验室检测、人工检测、人工巡视等），并将这些监测数据和情况整理成报告提交给世界遗产委员会；二是世界遗产委员会根据缔约国所提交的报告，评定该遗产地的保护状况以及存在的问题，委员会肯定和鼓励对于遗产地保护做得好的地方，也会通报存在问题的地方，并对遗产地进行国际援助和资助，对于那些情况十分严重，而缔约国也不采取相应保护措施的遗产地，委员会会考虑将其列入《濒危世界遗产目录》。

近年来我国对文化遗产保护高度重视，并颁布了相应的管理办法以规范文化遗产的保护要求。当前，国家文物局和各级文物行政管理部门负有对文化遗产保护的监督管理职责，包括行政规划、行政执法监督、行政审批等业务。我国自 1985 年加入世界遗产委员会后，对于遗产的监测工作也是我国履行国际义务、承担国际责任的表征。遗产地的监测应遵循真实性、完整性、客观性、动态性、最小干预等原则。

7.3.1 世界文化遗产地监测内容

由于我国地域面积大，各个世界文化遗产地差异性较大，各个遗产地在监测对象的选择方面也会有较大的区别，在选择监测对象时应根据各遗产地的实际情况来选择。系统监测和反应性监测是现阶段遗产监测工作的两个主要方式。

（1）系统监测

《保护公约》中指出，缔约国每年要对本国的世界遗产地的保护状况进行检查和评估，并要求该遗产地每6年就本遗产地的保护状况，向世界遗产委员会提交报告。报告中主要包括缔约国实施《世界遗产公约》的情况和世界遗产的具体保护情况。其中，在世界遗产的具体保护情况介绍时，要指出影响遗产的主要因素以及针对这些影响因素所开展的监测工作情况，并对监测的结果进行总结，提出相应对策。

（2）反应性监测

反应性监测对缔约国来说是一种被动监测。世界遗产中心及联合国教科文组织的其他机构及顾问咨询机构会在缔约国的世界遗产受威胁、出现问题时，派出专家进行实地考察，并形成报告提交给世界遗产委员会。世界遗产委员会根据所提交的报告形成整改意见反馈给该缔约国，然后遗产地国家根据世界遗产委员会的要求来解决遗产地出现的问题，并反馈给遗产委员会。《保护公约》中对世界文化遗产地监测内容要求见表7–1。

表7–1　世界文化遗产地监测内容（张月超 2012）

监测对象	具体监测内容
遗产影响因素的监测	建筑物和发展（房屋、商业发展、工业地带、主要的游客住所和相关基础设施、旅游设施）
	交通设施
	服务设施
	污染（海洋水污染、陆地水污染、地表水污染、大气污染、固体废弃物、过度能源投入）
	实体资源采掘
	对物理属性及构造有影响的地理环境因素（温度、湿度、相对湿度、风、光照、粉尘、水、害虫、微生物等）
	遗产的社会和文化用途
	其他人类活动（违法行为、故意毁坏、军事训练、恐怖主义等）
	气候变化和恶劣天气
	突发性的生态和地质变化
	管理和制度因素

续表

监测对象	具体监测内容
遗产地保护、管理和监测等遗产地管理活动的监测	边界和缓冲区是否足够
	保护措施（保护设计、法律体制等）
	管理系统 / 管理计划（是否足够，是否实施，是否有年度工作计划以及是否实施，当地居民是否参与管理决策等）
	财政和人力资源
	科学项目研究
	教育、信息和意识的构建
	游客管理

7.3.2 监测技术的选择和集成

监测技术应根据监测对象、监测需求进行选择和集成。监测技术的选择与集成要根据遗产地的文物本体的现状、遗产价值的载体病害特征、病害影响因素以及当前遗产监测相关领域的技术水平而定。

监测技术的选择不只是单项技术的选择和应用，也可以通过人工巡视、实验室检测、模拟试验等多种监测方式来组合使用如表 7–2 所示。如，对于遗产文物本体的监测按照确定好的监测对象，对遗产表面可选择高精度的病害识别技术和图像处理技术，对遗产内部不可视部分选择无损检测技术，及时地发现遗产的病害并采取措施。

表 7–2 世界文化遗产监测技术（张月超 2012）

监测对象		监测技术
文物本体	本体表面病害监测	高精度遗产表面病害识别技术——图像处理技术 不可视部分无损检测技术 整体结构监测技术 病害损失对比分析技术
	遗产内部不可视部分病害监测	
	遗产整体结构病害监测	
遗产价值环境	遗产地及缓冲区的范围	GIS GPS 遥感监测技术 图像处理技术
	生态环境监测	
	地形风貌监测	
	视觉效果监测	

续表

<table>
<tr><th colspan="2">监测对象</th><th>监测技术</th></tr>
<tr><td rowspan="2">环境因素</td><td>本体微环境监测</td><td rowspan="2">环境监测气象站
遥感监测技术</td></tr>
<tr><td>遗产地大环境监测</td></tr>
<tr><td rowspan="5">人为活动</td><td>本体保护和管理活动</td><td rowspan="5">人为活动的风险因素巡视和监测技术
遥感监测技术</td></tr>
<tr><td>环境保护与治理活动</td></tr>
<tr><td>遗产地及周边建设情况</td></tr>
<tr><td>遗产地法规制度规划建设及执行情况</td></tr>
<tr><td>遗产开放情况及游客活动</td></tr>
</table>

7.3.3　遗产监测信息系统

在文化遗产地日常管理和监督中，可借助文化遗产地监测系统开展相关工作。由于各文化遗产地面临多种多样的风险因素，病害形式也各不相同，且各类风险在不同时期会产生不同的影响，所以需要监测的信息量大且差异性较大。为了向文化遗产的管理提供数据支撑，需要建立相应的信息管理和反馈机制，通过对采集和处理的文化遗产价值载体所面临的风险信息和保存状态信息等进行深入分析，可以为文物保护提供数据支持。

以敦煌莫高窟为例（张正模 2012），莫高窟保护的对象包括：敦煌莫高窟保护范围内的石窟建筑、窟前木构建筑、窟前寺院遗址、古塔；敦煌莫高窟洞窟内壁画、塑像以及构成洞窟整体的其他部分。莫高窟保护对象及其材质决定其环境影响因素主要包括：气象因素－温湿度、光照、地表温度、风速风向；空气污染物－颗粒物、污染性气体；自然灾害－地震、洪水等；游客对环境的影响。

莫高窟当前的遗产监测系统主要包括以下类型：

（1）气象监测

针对莫高窟石窟重点保护区影响文物本体的主要气象要素类型，利用全自动气象监测站，对石窟所处区域的空气温度、地表温度、相对湿度、蒸发量、降雨量、辐射强度、风向、风速、气压进行监测。

（2）空气质量监测

针对莫高窟石窟重点保护区内影响文物本体的空气颗粒物类型，利用全自动空气质量监测站，对莫高窟的 PM10、PM2.5、相对湿度、空气温度、SO_2 等进行监测。

（3）地震监测

依据莫高窟岩体地质构造类型和地震断裂带位置，采用先进地震监测仪器对莫高窟窟文物本体周围布点，包括 9 个数字测震台、10 个强震台和 1 个监测台网。

（4）微环境监测

微环境主要包括洞窟的温湿度、CO_2、噪声和震动等因素。

选取不同结构、位置、年代的价值等级较高的非开放洞窟和所有开放洞窟进行温湿度监测，窟内监测仪布点依据洞窟形制、大小布设。利用高精度温湿监测仪，定时采集温湿度数据，通过无线网络，把采集数据实时传入监测中心。对陈列中心、院史陈列馆、藏经洞陈列馆等展馆进行温湿度监测，通过无线网络将高精度温湿监测仪定期采集的环境数据实时传入监测中心。

选取游客进窟频率、数量以及形制、大小不同的开放洞窟进行 CO_2 监测，并选取适当数量的洞窟监测本底对照值。采用高精度监测仪，定时采集洞窟内数据，设置报警阈值，实现预警和洞窟的临时关闭。

在噪声和震动方面，采用高精度微振动传感器、无线数据采集网络、无线数据转发网络、户外传声器单元、数据控制单元对石窟进行监测，获取遗址周围由于交通、施工、游客等引起的微振动环境和爆破、音响等引起的强噪声环境数据。

（5）文物本体监测

监测内容以侧重于崖体、壁画、舍利塔、古建筑等外观为原则，通过历史照片现场对比方式及时发现问题。通过历史资料的对比，从中遴选出壁画病害严重、塑像病害严重的洞窟列入监测范围。通过长期定点、定时跟踪监测，发现病害的发展规律，为保护修复研究提供依据。

（6）崖体监测

主要包括崖体风化监测、崖体内温湿度监测、崖体稳定性监测。针对崖体监测，主要采用定点风化量测量和高清摄像方法，定点风化量测量采用在崖面上植入带有刻度的不锈钢尺，每个月用高清摄像头对钢尺的刻度进行人工记录。

第八章　文物保护单位安全与应急综合管理平台

当前，文物保护单位在专项技术系统建设方面相对成熟，但从业务应用角度出发的系统建设不足，在信息分发、指挥调度、跟踪反馈方面缺乏高效的系统支撑，对知识库、规则库、处置方案库等的构建和利用不足，降低了在安全和应急指挥时的资源和数据使用效率和效能。因此，应在充分利用现有资源的基础上，按照预防与应急并重、常态与非常态结合的要求，依靠信息技术和公共安全科技，建立一套集“事前预防、事发应对、事中处置、事后恢复”为一体，管理“标准化、精细化、规范化”、指挥“快捷化、高效化、科学化”的安全与应急综合管理平台，使事故得到及时、快速的处理，变被动的救灾抗灾为主动的防灾免灾，为日常监测预警、有效预防和妥善应对各类突发事件提供先进的技术支撑，实现“文物、人员、设施的全保护”、“预防、报警、处置的全流程”、“相关部门、相关人员的全参与”、“管理信息、技术信息、指挥决策信息的全整合”，全面提高文物保护单位安全管理与应急指挥能力，提升整体防范水平。

本章以安全与应急综合管理信息集成共享的框架、内容和相关技术方法介绍为基础，对安全与应急综合管理平台的业务需求、架构、应用模式和功能等进行了系统分析，可为文物保护单位的综合管理平台建设提供参考。

8.1　安全与应急综合管理信息源

文物保护单位安全事件类型复杂多样，事件监测和预警的主体也不尽相同。近年来传感器技术和网络技术的不断发展，为实时的报警信息提供了更加异构、多源化的信息源头。与此同时，视频监控、人工巡视等也为多元化的事件预警信息的共享提供了信息渠道。但当前各专项监测预警系统之间普遍存在信息共享不畅通、各专网间彼此协调配合不够的问题。单纯依靠独立的预警系统难以发挥整体功能，多源、异构信息之间的集成共享成为文物保护单位实现实时监测预警的前提。

8.1.1 信息类型与主要内容

安全监测预警主要结合传感器、视频图像、文本录入等形式进行信息的实时采集，信号源形式主要为各传感器监测信号、视频图像信号、文本语义信号等。如表8–1所示，基于多源信息集成共享的安全事件监测预警主要包括以下事件的监测预警（李季梅等 2018）：

（1）自然灾害监测预警，主要对象包括地质灾害（如地震、地面沉降等），地貌灾害（如泥石流、滑坡、崩塌等），气象灾害（如台风、雨涝等），水文灾害（如洪水、水污染等），生物灾害和海洋自然灾害等类型。文物保护单位除通过单位内部构建的视频专网及传感器网络进行实时的自然灾害监测预警外，还可以通过外部网络与相关单位（如国家地震局网站）进行信息的交互共享。

（2）重大事故灾害监测预警，主要对象包括交通事故、火灾、电气事故、危化品事故、设施损毁事故等类型。在重大事故灾害监测预警中，主要结合视频、消防等多元化的信息获取方式，实现对突发事故的实时、可靠监测。如火灾监测预警中，由于文物保护单位的特殊性，一旦发生火灾将造成不可预估的损失，文物保护单位可利用感烟、感温、光辐射等探测器，及时准确地对火灾进行监测报警。

（3）公共卫生事件监测预警，主要对象包括传染病疫情、食品安全事故、中毒事件、群体性不明原因疾病等。

（4）社会安全事件监测预警，主要对象包括群体性踩踏事故、暴力恐怖事故、社会动乱事件、重大社会治安事件等类型。随着近年来文物保护单位的对外开放，客流量日趋增多。为应对大客流，可通过部署视频及传感器（如红外计数器）网络实时进行客流容量、客流密度、客流位置、客流方向及客流速度等参数的监测。除此以外，各种安防相关的传感器设备可以针对周界围墙内外各种异常情况进行安全防护监视，实现周界监控、禁区防范等功能。

（5）生命线系统故障监测预警，主要对象包括交通、通讯、供水、供电、供气工程等系统的故障监测预警。生命线系统一旦有问题，造成的功能破坏及次生灾害更强。可通过视频、文本、传感器设备（如水压传感器、流量传感器、超声波传感器、红外热传感器、漏磁传感器、超声波传感器）等实现对相关安全事件的监测预警。

（6）生态环境事件监测预警，主要针对各种直接环境污染和衍生污染行为的安全监测预警，以避免环境污染及对公众的身体损害。生态环境事件监测预警包括大气、水浸、土壤、室外陈设病害、动物、病虫害、温湿度等监测预警类型。

表 8–1 安全事件监测预警分类及信息源

安全事件监测预警分类	安全事件子类	具体安全事件监测	信息源
自然灾害监测预警	地质灾害	地质灾害监测预警	视频、文本、传感器设备
	地貌灾害	地貌灾害监测预警	视频、文本、传感器设备
	气象灾害	气象灾害监测预警	视频、文本、传感器设备
	水文灾害	水文灾害监测预警	视频、文本、传感器设备（如水位传感器、雨量传感器、湿度传感器）
	生物灾害	生物灾害监测预警	视频、文本
	海洋自然灾害	海洋自然灾害监测预警	视频、文本、传感器设备
重大事故灾害监测预警	交通事故	交通事故监测	视频、文本
	火灾爆炸	消防事故监测	视频、文本、传感器设备（如温湿度传感器、气体浓度传感器、光电传感器、激光传感器）
	电气事故	电气事故监测	视频、文本、传感器设备（如电气火灾监控探测器）
	危化品事故	危化品事故监测	视频、文本、传感器设备
	设施损毁事故	设施监测	视频、文本、传感器设备

续表

安全事件监测预警分类	安全事件子类	具体安全事件监测	信息源
公共卫生事件监测预警	传染病疫情	游客体温监测	视频、文本、传感器设备（如红外热传感器）
	食品安全事故	食品渠道监测	视频、文本
	中毒事件	饮用水监测 室内气体监测	视频、文本、传感器设备（如污水传感器、烟雾传感器、浑浊度传感器）
	群体性不明原因疾病	游客体温监测	视频、文本、传感器设备（如红外热传感器）
社会安全事件监测预警	群体性踩踏事件	客流容量监测 客流密度监测 客流位置监测 客流方向监测 客流速度监测	视频、文本、传感器设备（如红外热传感器）
	暴力恐怖事故	客流组成监测 入侵监测预警	视频、文本、传感器设备（如红外热传感器）
	社会动乱事件	客流组成监测 客流位置监测 客流密度监测	视频、文本、传感器设备
	重大社会治安事件	客流方向监测 客流速度监测 住宿容量监测	视频、文本、传感器设备
生命线系统故障监测预警	交通基础设施故障	交通道路监测 交通设施监测	视频、文本、传感器设备
	通讯管线故障	通讯管线故障监测	视频、文本
	给排水管线故障	供水管线故障监测	视频、文本、传感器设备（如水压传感器、流量传感器）
	供电管线故障	供电管线故障监测	视频、文本
	供气管线故障	供气管线故障监测	视频、文本、传感器设备（如超声波传感器）
	供暖管线故障	供暖管线故障监测	视频、文本、传感器设备（如压力传感器、流量传感器、红外热传感器）

续表

安全事件监测预警分类	安全事件子类	具体安全事件监测	信息源
生命线系统故障监测预警	石油管线工程故障	石油管线工程故障监测	视频、文本、传感器设备（如漏磁传感器、超声波传感器）
生态环境事件监测预警	大气污染	大气环境监测	视频、文本、传感器设备（如气体浓度传感器、大气压力传感器）
	水污染	水污染监测	视频、文本、传感器设备（如浊度传感器、污水传感器）
	土壤污染	土壤环境监测	视频、文本、传感器设备（如土壤水分传感器、土壤温度传感器、土壤电导率传感器、土壤 PH 值传感器）
	固体废弃物	环境卫生监测	视频、文本
	水土流失	水土流失监测	视频、文本
	森林火灾	森林火灾监测	视频、文本、传感器设备（如温度传感器、烟雾传感器、风速传感器、湿度传感器）
	室外陈设病害	室外陈设监测	视频、文本、传感器设备

8.1.2　信息集成共享规范

从数据内容和数据物理分布两个视角考虑文物保护单位安全管理与应急指挥的信息集成。数据集成的规范要求包括数据内容、数据组织和数据交换三个维度，如图 8–1 所示。

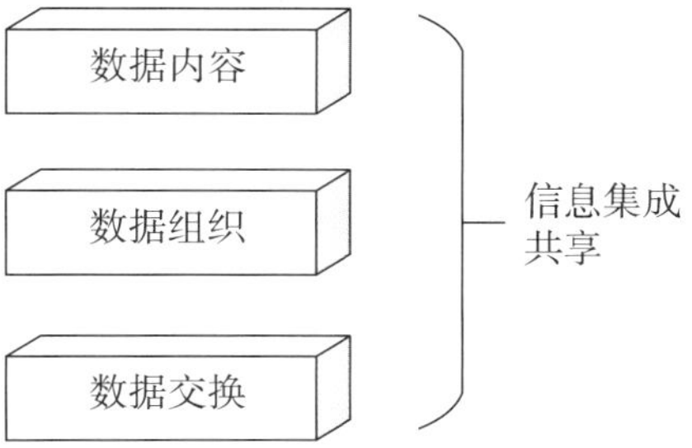

图 8–1　数据集成共享规范内容

（1）规范文物保护单位安全预警信息语义的“数据内容”维度，包括数据模式、数据元和文物保护单位安全预警信息代码的相关规范；

（2）规范多源、异构、海量文物保护单位安全预警信息数据管理的“数据组织”维度，包括信息分类和数据描述的相关规范；

（3）规范文物保护单位安全预警信息共享的“数据共享”维度，包括数据共享格式、数据共享模式和数据共享技术的相关规范。

从数据物理分布视角来看，是将分布在不同物理地点的文物保护单位安全预警信息进行集成，实现从各分散数据源到共享数据库的数据集中和共享（环境保护部信息中心 2013）。

（1）数据内容规范

数据内容规范主要用于文物保护单位安全预警信息系统集成过程中为实现共享的数据库建设提供依据。文物保护单位安全预警信息内容采集对象包括客流信息、安消防信息、生物灾害等业务信息。

实现数据集成需要统一的数据模式作为数据内容集成的基础，以保证集成的相关人员对统一的数据模型有准确的、无歧义的理解。要求符合数据集模式标准、数据元标准和信息代码标准。

数据元用于确立某种类别的数据在其名称、含义、表示格式、标识等方面的特征，用数据的分类与编码形式确立对某种类别的数据做进一步的分类，并对分类结果赋予特定代码，以达到对该种数据类别或其分类结果在语义上的无歧义理解。

信息代码是将具有某种共同特征的文物保护单位安全预警数据归并在一起，使之与不具有共性的文物保护单位安全预警数据区分开来，然后设定某种符号体系进行编码，使之能够进行计算机或人工识别和处理，保证文物保护单位安全预警数据得到有效的管理，并能支持高效率的查询服务。通过编码可准确地识别文物保护单位安全预警数据，并能按类别开发利用数据，规范各种文物保护单位安全预警信息的集成与共享。

（2）数据组织规范

数据组织规范用于数据资源的分类和管理。文物保护单位安全预警信息数据组织包括信息分类与数据描述。

信息分类是根据信息的属性或特征，将其按照一定的原则和方法进行区分和归类，并建立起一定的分类体系和排列顺序，以便更好地管理和使用信息。文物保护单位安全预警数据的采集、管理、利用等过程，可根据现有的信息分类标准分别进行信息的分类。

数据描述采用元数据实现对数据的描述。元数据是从外部对数据的规范化描述，是按照一定标准，从信息资源中抽取出相应的特征，组成的一个特征元素集合。这种规范化描述可以准确和完备地说明信息资源的各项特征。文物保护单位安全预警信息元数据用以描述文物保护单位安全预警信息相关的数据的标识、内容、管理等信息。文物保护单位安全预警信息元数据可进一步用于文物保护单位安全预警信息系统开发和运行中元数据的采集、元数据库建库等。

（3）数据交换规范

数据交换规范包括数据交换格式和数据交换技术部分，用于异构文物保护单位安全预警信息系统之间数据的传输和交换。

数据交换格式是数据的一种特定编排格式，是数据格式不同的多个源数据系统进行数据交换的中介标准格式，以保护数据共享活动中对某类业务交换数据的共享要求，保证在双边或多边的数据共享中各方对所共享数据的无歧义理解和自动处理。数据交换时应采用数据交换格式标准，以满足异构文物保护单位安全预警信息系统间数据交换的需求。数据共享交换标准应在数据集模式标准、数据元标准和信息代码标准的基础上制定。数据交换格式规范化应包括规范化抽象的数据交换格式和基于具体技术的数据交换格式两部分内容。

数据交换技术包括两大类：

一是将待集成的数据移植到新系统的数据库中，可以通过以下两种方式实现：

同构的数据之间，可以通过数据库复制技术实现数据的共享。

异构的数据之间，可以通过数据的抽取、转换、加载过程来实现数据的整合、共享。

二是不进行数据的物理移动而实现数据的交换和共享，可以通过以下两种方式实现：

通过应用之间或者应用与数据库之间的数据访问接口实现，通过中间件进行交换，利用中间件访问异构的数据源，实现不同应用间的数据交换。

采用数据联邦的方法，通过建立一个虚拟层在后台真实数据库和访问之间建立一个映射，将多数据库集成为统一数据视图。这种方式可通过单一的预定义的联邦接口访问各类应用数据库，而无须改变源数据和应用。

进行数据交换时，应遵循已颁布的相关技术规范。

8.1.3 信息集成共享架构

安全事件预警信息集成共享中专项监测预警系统实现某类特定事件的预警，网络总体架构遵循一般的传感器网络架构，如图 8-2 所示。专项监测预警系统中，传感器与现场控制器之间的数据传输方式包括有线方式和无线方式两种。有线方式可基于 CAN 总线、HART 协议等，无线方式可采用 ZigBee、Wi-Fi 等方式。

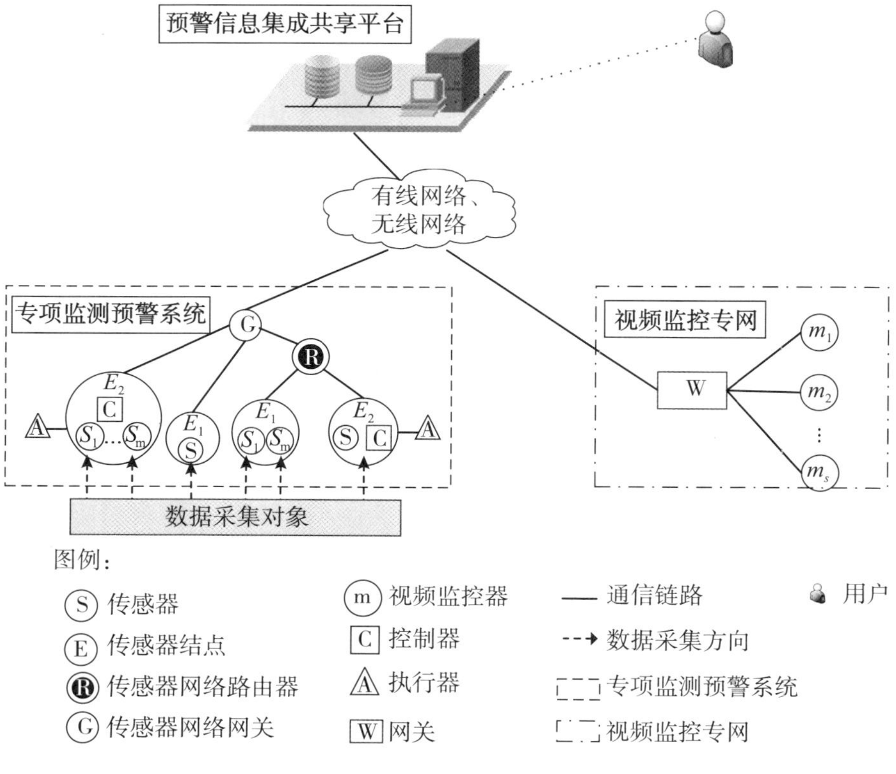

图 8-2　信息集成共享架构

现场控制器与后台数据中心的数据传输通过接入网设备接入到传输网络。核心网可采用基于IP协议的数据网络。视频监控器经过网络交换机，将视频监控信息通过视频监控专网接入预警信息集成共享平台。在安全监测预警信息集成共享应用中，专项监测预警系统的传感器节点（E）作为一个设备，可以由传感器（S）单独组成（E_1），也可以由传感器和控制器（C）共同组成（E_2）。组成传感器结点的传感器可以有一种或多种，同一传感器可以有一个或多个。控制器负责调解控制设施内的参数，执行器（A）应根据控制器输出的指令执行具体操作。传感器结点和路由器（R）经由网关（G）通过有线网或无线网与服务器或用户端相连接。

在安全监测预警信息集成共享应用中，视频监控专网通过部署多个视频监控器（m），实现视频信息的实时采集。

在实际应用中，可根据具体环境特点、结点距离、能源供给等情况部署传感器网络。此外，在安全监测预警信息集成共享应用中，用户可通过文本录入的形式对文物保护单位安全监测预警信息进行上传。

8.1.4 信息集成共享方式

（1）点对点集成共享方式

点对点数据交换方式是传统的集成共享模式。实现应用系统之间，或应用系统与其他数据源之间的数据访问。

◆ 相关方

包括请求数据的应用系统、提供数据共享的应用系统及数据库、数据访问接口，如图8-3所示。

◆ 实现方法

采用应用接口或数据库访问接口实现。

图8-3 点对点集成共享方式示意图

◆ 适用范围

用于集成要求明确、集成关系简单的系统间的数据交换。集成的相关应用系统应属于相同等级的安全域。

（2）集中集成共享方式

数据集中集成共享方式是对需要共享的多个异构数据源进行整合和数据的集中管理，供多个系统共享和使用。共享数据库可以采用独立于任何具体应用系统的共享信息库，即将需要共享的信息从每个应用的数据库中复制到一个共享的公共数据库中。

◆ 相关方

包括多种异构数据源、独立的数据库（多种数据存储形式）、数据整合工具、数据访问渠道等，如图 8-4 所示。

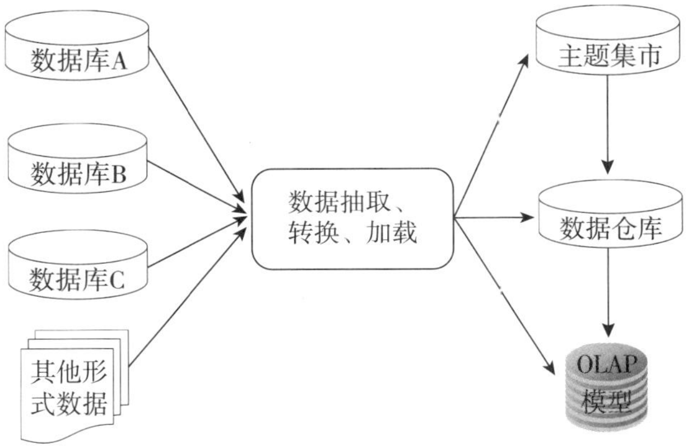

图 8-4　集中集成共享方式示意图

◆ 实现方法

采用 ETL 等整合工具，采用存储过程开发等手段。

◆ 适用范围

适用于对可共享数据的集中管理。数据中心可参考此模式进行数据资源整理。

采用数据集中集成共享方式时，要求原始数据按照数据内容的要求进行数据内容的整理，按照数据组织的要求进行数据组织和管理，按照数据交换格式和交换技术的要求实现数据整合。这种方式可以实现多种异构数据源之间的数据集成，可对共享数据资源进行综合的管理，为多种形式数据利用提供基础，但数据共享的实时性相对较差。

（3）汇集数据集成共享方式

汇集数据集成共享方式可以实现汇总数据库与各项数据库之间需共享数据间的传输和交换。

◆ 相关方

包括各级报送的数据资源、数据提交 / 接收工具，数据传输渠道等，如图 8–5 所示。

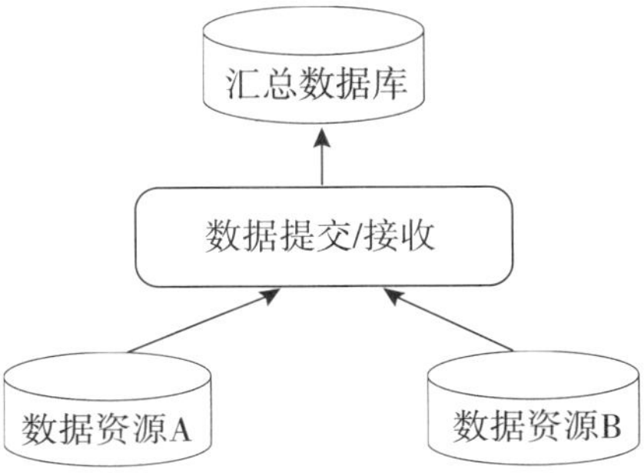

图 8–5 汇集数据集成共享方式示意图

◆ 实现方法

可采用消息中间件进行数据的提交和接收。可以开发专用的提交 / 接收工具，利用 ETL 工具实现。

◆ 适用范围

用于各级进行数据报送和接收的过程。

采用汇集数据集成共享方式时，要求原始数据按照数据交换格式或数据库结构进行数据准备，按照汇总数据库要求的数据提交周期提交数据。

（4）与外部数据集成共享方式

与外部数据交换是指本单位信息系统与外部相关单位进行数据交换。单位内部不同安全级别网络间的数据交换也可参照此模式，隔离方式依相关信息安全标准要求来确定。

◆ 相关方

包括内部数据库、外部数据资源、数据交换区、数据传输渠道等，如图 8–6 所示。

◆ 实现方法

按数据交换技术要求，与外部单位进行数据交换。

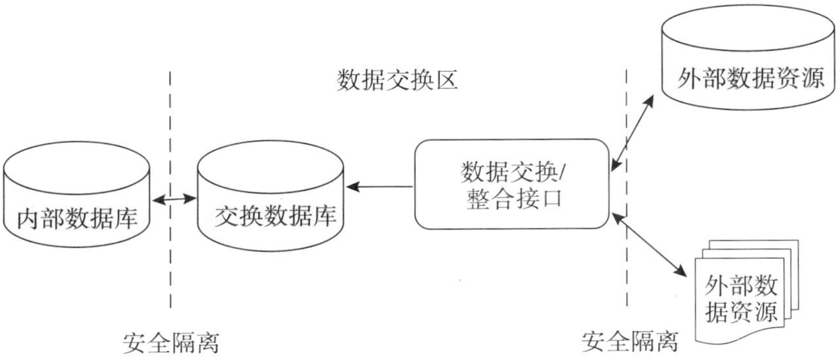

图 8-6 与外部数据集成共享方式示意图

◆ 适用范围

本单位数据与外部单位间数据交换的过程。

与外部数据集成共享时需要建立数据交换区，按照安全相关规定，实现与内部数据库之间、与外部之间的安全隔离，应具备支持多种异构数据的接收和整合能力，同时，对外提供数据时按照数据交换格式的要求准备数据。

8.2 安全与应急综合管理平台设计

8.2.1 业务需求

对文物保护单位的各类任务进行归类、汇总，可以更清晰的定义出管理需求，如图 8-7 所示。

（1）风险管理业务需求

风险管理首先是开展风险辨识和评估，明确风险类型和等级，对风险清单进行维护和管理，在此基础上结合异常天气、敏感时期、重大活动等进行风险事件的叠加和触发，制定风险管控方案，管控方案一般从管理措施、技术措施与应急准备三个方面编制，具体可以分解为人员与机构建设、预案与制度建设、物资与设备建设、宣教与培训开展等。风险等级的高低可根据日常安全工作的执行结果动态调整。

（2）隐患管理业务需求

隐患管理的目的是对风险管控任务的落实状况进行监督检查，可按照

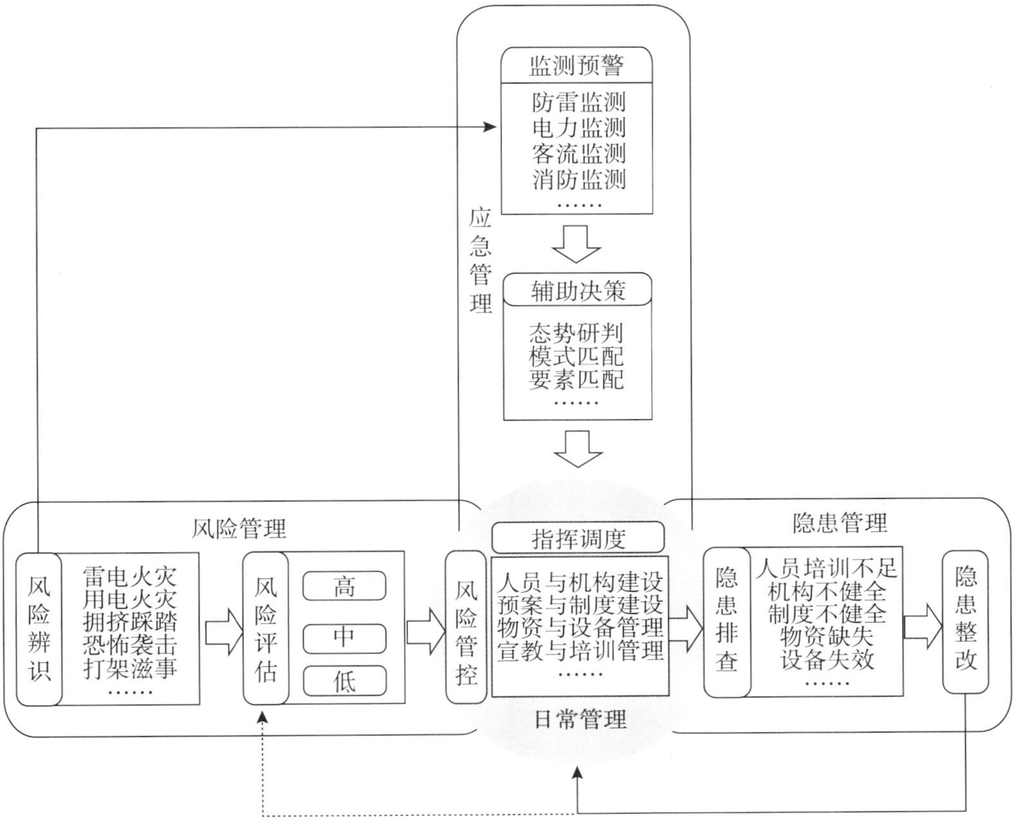

图 8-7　安全管理与应急指挥一体化管理业务需求

PDCA 规则，通过隐患排查、隐患整改与验收，实现闭环管理。其中，隐患整改任务可分为在日常管理中实施的制度体系建设、组织机构建设、物资设备建设等工作。通过建立常态化的隐患排查机制，以隐患自查自报、隐患监督核查为主线，基于系统积累的数据分析当前安全管理综合态势，为专项治理提供决策支持。

（3）应急管理业务需求

应急管理以风险辨识结果为基础，基于区域内存在的风险类型开展监测和预警，在达到触发条件时，通过辅助决策支撑，形成处置方案，调度应急队伍、应急物资、应急装备等，并将相关任务指令、事件发展情况和应急处置状况传递给相关人员，实现可视化协调指挥、有序调度、有效监督，提高应急效率。在应急管理中调用的资源也是日常管理中形成的各类资源。

（4）日常管理业务需求

日常安全管理是风险管控工作、隐患整改工作和应急指挥调度工作的落脚点，包括安全检查、教育培训、应急演练、危化品管理、奖惩管理、审核与评估等工作。可按照主管部门职责分工进行任务派发和落实，如可按照应急、交通、公安、消防、教育、开放等部门的分管业务和责任，对重点活动或场所的安全进行综合管理。最终，形成适应本地区、本行业、本单位的安全管理机构与人员、制度与标准、物资与设备、预案与方案等。

8.2.2 平台架构

文物保护单位安全与应急综合管理平台的架构包括基础环境支撑层、信息采集层、数据资源支撑层、应用支撑服务层、综合应用层、信息发布层以及用户层七个层级，如图 8–8 所示。

（1）基础环境支持层

基础环境支撑层包括网络基础设施和各类配套设备，网络基础设施即整合计算机网络系统、有线通讯、无线通信网络等构建的统一网络及通讯平台，其他配套设施包括存储器、各类服务器等。基础环境支撑层是整个系统的最底层，其网络系统为系统的数据传输、数据交换提供可靠环境，其通讯调度系统为对讲、会议、通话录音、发布命令、反馈信息、紧急广播提供基础硬件条件，数据库服务器和各应用服务器为系统运算、数据存储、数据备份提供硬件环境。

（2）信息采集层

信息采集主要有两种来源，一是人工输入，即各类安全管理人员及工作人员的电脑、pad 等终端输入，二是现有安防系统、消防系统等相关技术系统的监测信息。平台能够统一接入、统一管理、统一提供服务，在保持各子系统相对独立的同时，实现多系统集中管理、协同工作的集成目标。系统间繁杂的信息交换和设备联动都可通过平台集中处理，内容包括各类报警信息、各传感器及各场所信息、各岗位及人员工作状态信息等。

（3）数据资源层

通过整合各类信息资源，形成统一的数据资源共享平台，为应急管理和指挥

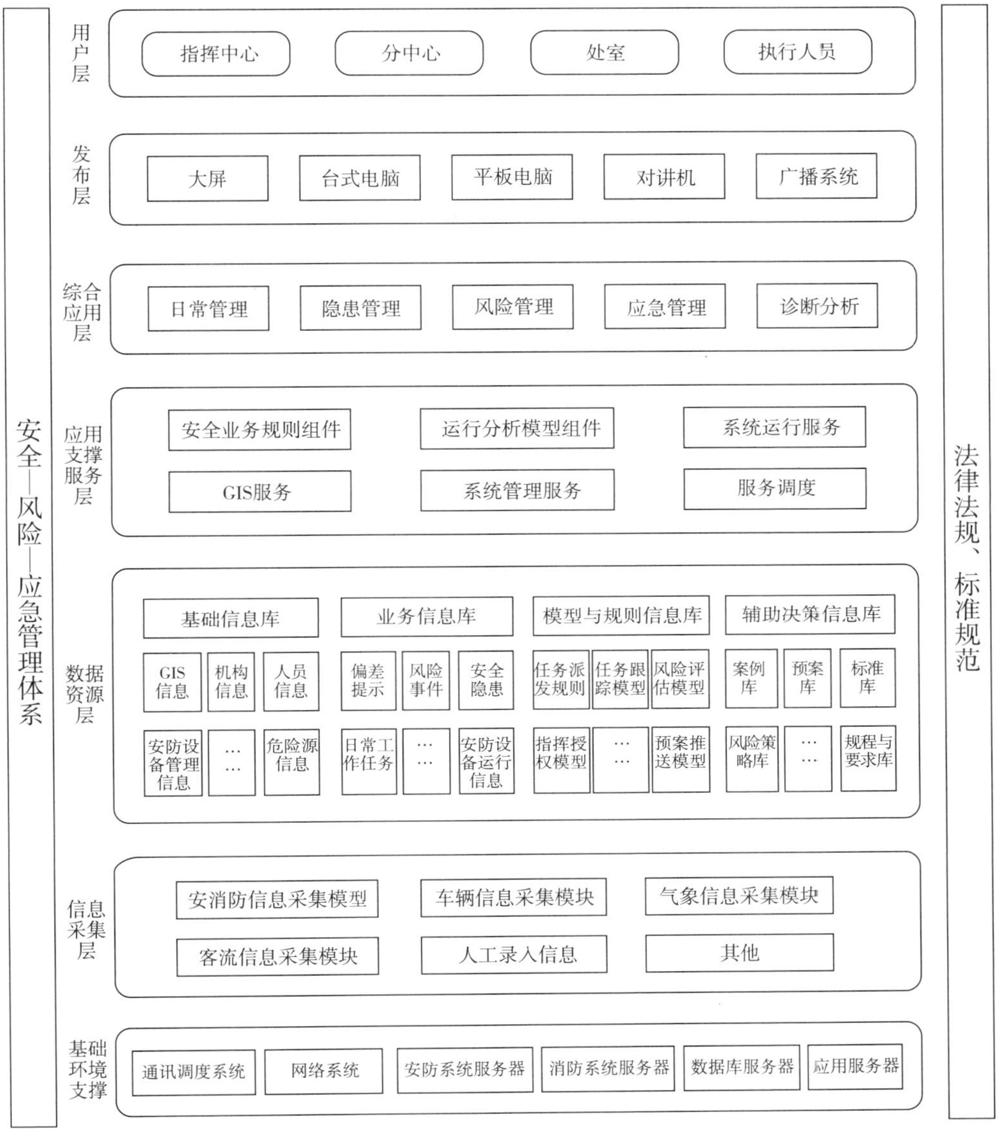

图 8-8　平台总体架构

决策提供数据支持，包括基础信息库、业务信息库、模型与规则库、辅助决策信息库四类数据库等。数据资源层主要为综合应用层提供基础编码数据、基础业务字典、基础业务规则、基础业务模型等基础数据。人员机构信息服务于日常管理模块实现工作任务分配、执行、反馈，辅助应急管理模块实现应急人员、资源调度。基础地理信息与安防设备信息辅助应急处置实现联动，辅助监测预警模块分析各区域实时状态。工作执行偏差、安全隐患信息辅助风险管理模块结合资源数据，更准确有效识别风险，控制风险。预案与案例库信息辅助实现日常演练培训并进行修正，结合辅助决策规则，实现应急指挥时识别并处理相关参数，自动推荐最佳方案。

（4）应用支撑服务层

应用支撑软件主要是为平台各项应用功能的实现提供支撑，包括系统应急预案数字化、运行分析模型组件、数字共享与交换、GIS 接口服务、系统管理服务、服务调度等。应用支撑服务层主要为综合应用层提供各类规则、模型、服务。安全业务组件辅助日常安全管理模块自动完成通用安全工作任务的制定、自动实现部分安全工作任务的检查，大幅度提高工作效率。GIS 服务以 GIS 软件为平台，建立地理空间数据库，为综合应用层提供各类 GIS 服务，辅助应急处置模块实现区域联动，辅助日常安全管理模块实现各类传感器状态跟踪，工作情况反馈，供运行分析模型组件通过对历史案例和事件的分析运算，提高辅助决策的科学性和效率。

（5）综合应用层

综合应用层帮助用户优化组合不同技术系统的操作界面，统一权限、统一日志、统一风格，通过构建日常管理、隐患管理、风险管理、应急管理、资源管理功能等提高整体使用效率，帮助用户建立快速反应的操作机制，减轻操作人员的工作负荷，帮助用户协调开展跨系统业务流程，根据实战效果不断进行灵活的业务流程调整，提升人机配合的默契程度。

综合应用层同时是系统各功能层与用户交互的枢纽。综合应用层是主要业务功能层，会调用下层的各级服务和功能。同时，在综合应用层内部，各个业务模块之间，也存在互相调用服务或功能。如资源信息模块，为本层的其他各业务模块提供用户、资源、设备等各类基础信息。风险管理模块为日常安全模块提供工作标准、任务检查标准、风险提示标准。应急管理模块产生的历史数据和案例数据、日常安全模块产生的日常安全工作数据，为辅助决策提供支撑。

（6）发布层

发布层通过大屏、PC 终端、对讲机等方式与用户进行交互。

（7）用户层

用户对象主要包括应急指挥中心、各处室及相关工作人员等。一旦发生紧急事件，可以迅速同相关的人员进行通信。

（8）运行保障

平台以“安全、风险与应急管理体系”为业务保障，以法律法规和相关标准为基础保障，确保系统稳定运行，提升业务规范化水平和安全管控水平。

8.2.3　业务处理流程

平台核心模块包括三大部分：前端信息采集模块、数据分析与处理模块、结果推送与展示模块，如图 8-9 所示。

前端信息采集模块主要信息来源为现有的安防系统、消防系统等技术系统采集的数据以及人工输入的数据。综合应用系统通过集成服务组件，使用串口连接访问、事件端口转发、WebService 服务访问的方式，采集和侦听技术系统发生的事件数据，如报警事件、故障事件、操作日志等。采集到技术系统的数据后，通过应用服务组件对数据进行标记和整理，再通过数据库访问组件存入到相关的业务数据库日志表。技术系统的数据主要进入安防系统运行信息库、消防系统运行信息库等，人工录入的数据主要进入日常工作任务数据库、风险控制任务数据库、应急处置任务数据库、值班信息数据库、事件接报数据库等。

平台以各数据库资源为支撑，以业务信息库数据为基础，结合基础信息库的内容，通过相应的规则和模型，在运行分析组件等支撑服务的综合应用下，生成相应的预警及提示，如偏差提示、安全隐患、风险事件等。预警及提示信息根据相应的规程与要求、工作方案、风险控制策略等辅助决策信息，基于匹配与推送规则实现各项行动方案的生成和派发。

各项行动方案主要推送和展示到三类终端：一是指挥中心的各显示设备，二是相关的部门和处室的显示终端，三是相关人员的手机和对讲机等移动终端。显示控制集成组件判断显示消息的类型、显示端的类型、显示的方式要求等，将不同的消息选择推送到应急指挥中心拼接大屏、安全业务 PC 客户端、对讲机等用户界面显示，将相关消息以屏显和语音等方式通知用户。

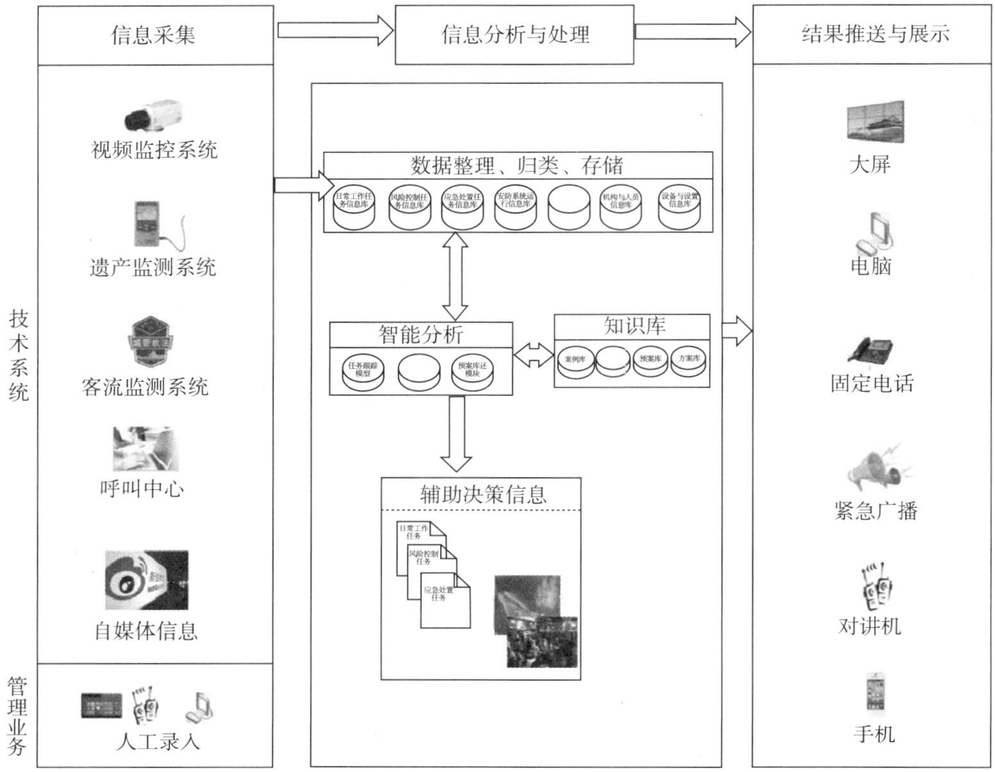

图 8–9 平台业务处理流程

其中，信息分析与处理环节是平台研判各类信息实现辅助决策的主要环节，需要利用“预案—案例—事件”组合推演式辅助决策技术，基于共享多维信息的快速分析，通过模式匹配、要素匹配等方法，快速实现“组织机构—救援队伍—应急资源—应急任务—调度方案”各要素的修正，为区域应急联动、现场处置、应急演练和教育培训等提供辅助支撑，流程见图 8–10。

8.2.4 平台应用模式与构成

由于平台中日常安全管理的功能主要是各业务部门使用，存在大量表单操作且客户端数量较多，为方便部署和维护，采用 B/S 架构的应用模式。应急调度指挥功能的实际用户主要集中在应急指挥中心内部，且指挥调度要求响应速度快，需要良好的用户体验和多种方式的显示控制，故使用 C/S 架构的应用模式更有效。鉴于上述原因，平台采用以 B/S 应用模式为主、C/S 应用模式为辅的混合应用模式及组件化技术进行构建，如图 8–11 所示。

平台在风险触发后，以事件和任务为驱动，集成多个技术系统数据，满足常态下安全工作开展、应急资源准备管理和非常态下基于事件的突发事件流程化处置管理、风险控制考核等需求。平台综合融入救援队伍库、应急物资库、专家信息库、典型案例库、法律法规库、风险隐患库、预案库、事件信息库、文档资料库等数据库资源，实现与通信调度系统、视频监控系统、入侵监测系统、消防报警

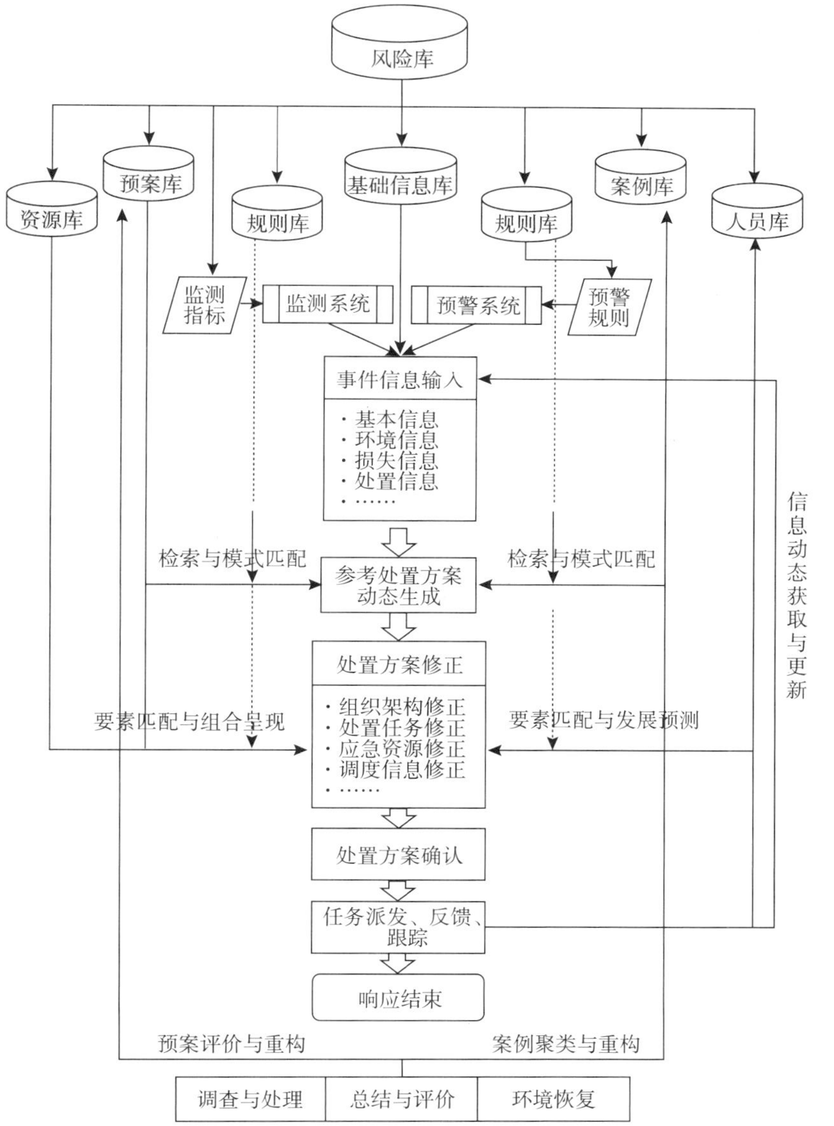

图 8–10　辅助决策流程图

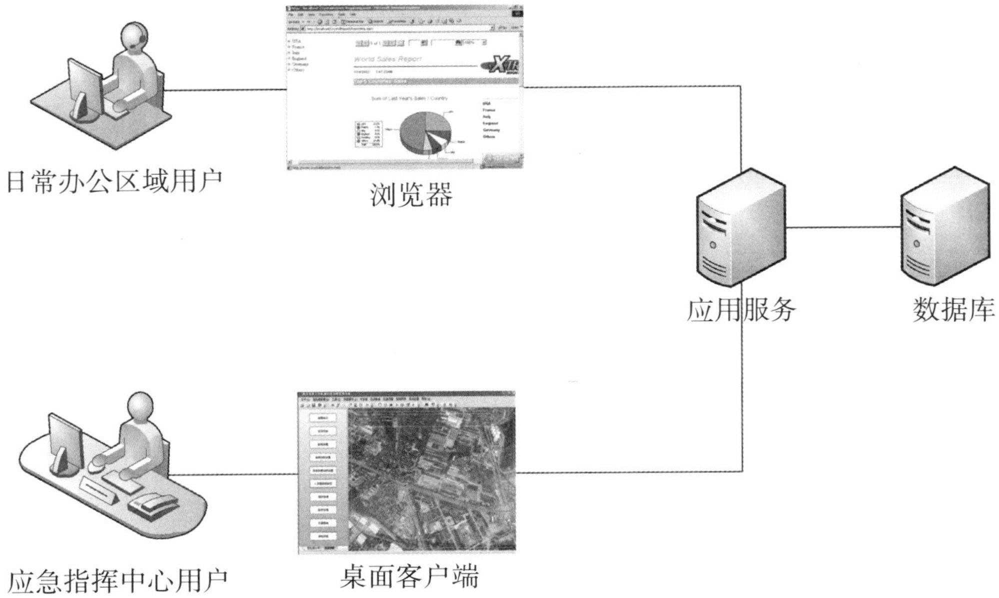

图 8-11　平台应用模式

等子系统和计算机网络等硬件平台的无缝连接，提供安全工作业务管理和应急指挥决策支持，确保科学高效决策和指令快速传递。系统架构在统一的安全保障体系、权限管理和监管环境上，实现统一用户管理和权限配置。

平台采用三层架构实现，分为用户界面层、应用服务层、数据及文件存储层，如图 8-12 所示。用户界面层包含功能视图文件集，提供用户功能界面的定义。同时还包括实现用户体验的相关页面效果组件、从用户视图界面到业务对象的绑定方式定义。应用服务外观框架，实现统一的界面视图模型访问接口，以及灵活配置。业务实体组件，采用面向对象的方式定义业务对象及相关属性、约束和方法。业务规则组件，实现业务运行所需秉承的业务规则的定义，以及进行规则判断需要比对的相关方法和约束。系统服务实现业务功能运行所需的系统功能，比如大屏显示控制组件、通讯指挥接口组件、各监控系统的集成组件、地图服务、权限管理等。为保证数据服务功能的实时性和稳定性，可采用双机热备的形式存储业务数据，数据同时保存到两台服务器，并采取负载均衡保证服务性能。保存的数据包括基础信息、规则模型、业务信息和辅助决策信息等。主要数据以结构化的方式存储到数据库的关系表中，其他视频、音频、图片、电子文档和配置文件等存放到服务器文件目录中。

图 8-12 平台软件构成图

（1）应急管理模块结构设计

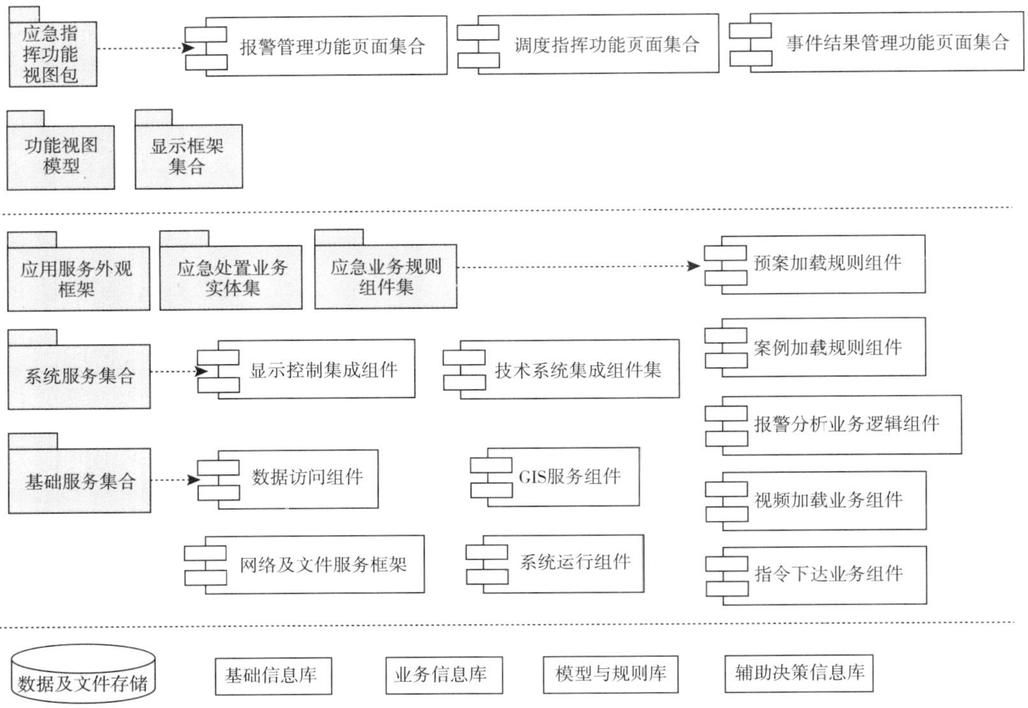

图 8-13　应急管理模块结构图

如图 8-13 所示，用户功能界面使用桌面客户端界面作为前端。界面视图包含报警管理功能页面视图、调度指挥功能页面视图、事件结果管理功能页面视图。功能视图模型包括从用户视图界面到业务对象的绑定方式定义。显示框架实现用户体验的相关页面效果组件。应用服务层包含应用服务外观框架、应急处置实体组件、业务规则组件、系统服务、基础服务。数据及文件层包括基础信息、规则模型、业务信息和辅助决策信息等，主要数据以结构化的方式存储到数据库的关系表中，其他视频、音频、图片、电子文档和配置文件等可存放到服务器文件目录中。

（2）其他功能模块结构设计

安全管理等其他功能模块采用三层 B/S 架构实现，如图 8-14。用户功能界面使用浏览器界面作为前端。界面视图包含个人工作功能页面视图、安全工作功能页面视图、风险控制功能页面视图、辅助决策功能页面视图和系统管理功能页面视

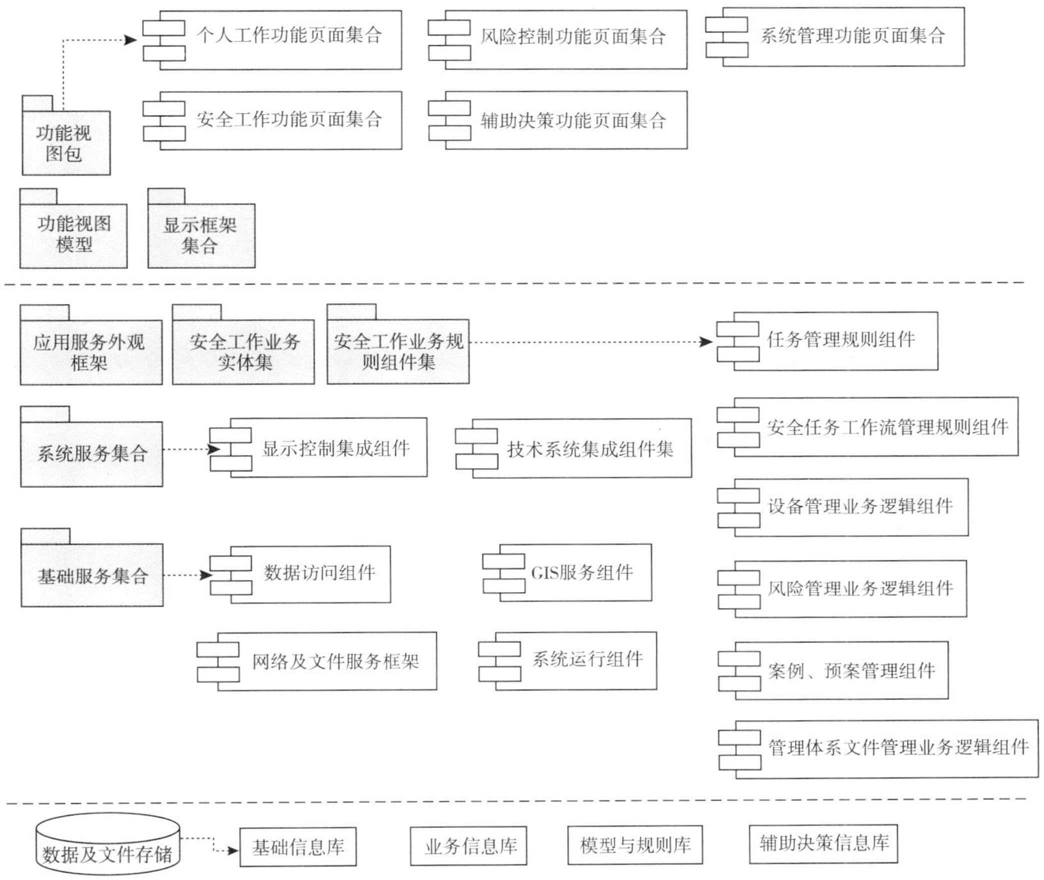

图 8–14　其他功能结构图

图。功能视图模型包括从用户视图界面到业务对象的绑定方式定义。显示框架实现用户体验的相关页面效果组件。应用服务层以 SOA 的方式实现提供 WebService 访问接口与用户界面交互，包含应用服务外观框架、业务实体组件、业务规则组件、系统服务、基础服务。

（3）数据访问及交互的设计

安全管理功能与应急管理功能通过数据库共享数据，双方通过各自视图模型访问业务实体与业务规则，都通过基础服务组件访问业务数据和文件，通过技术系统集成组件访问技术系统数据，数据库访问交互过程如图 8–15 所示。

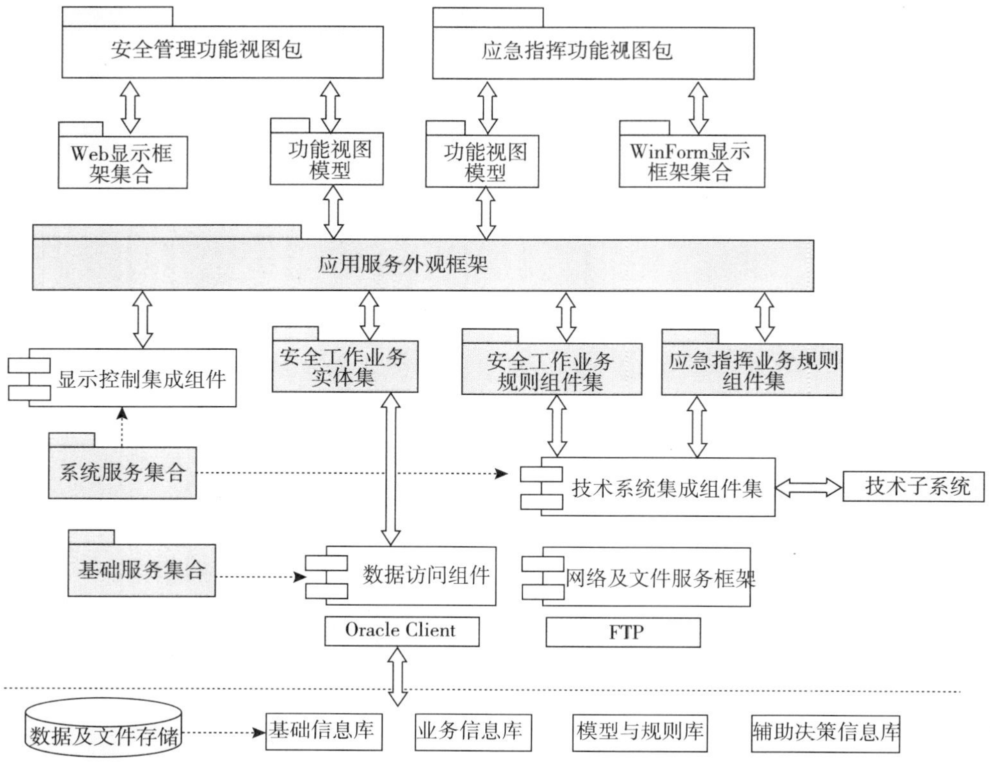

图 8-15 数据访问过程

8.3 安全与应急综合管理平台主要功能

安全与应急综合管理平台主要包括日常管理、风险管理、应急管理、辅助决策、基础信息和系统管理六个子系统，具体功能结构如图 8-16。

8.3.1 日常管理子系统

日常管理设计的总体目标是以计划任务管理为基础，结合例行任务，在技术保障系统提供相关任务联动下，通过安全任务由上至下、逐级分解等功能，实现重点安全任务责任到人、集中管理的全生命周期管理；通过安全任务的反馈与认定，由下至上汇总任务完成情况，实时关注安全任务进度，从时间和闭环两个维度进行偏差提示，确保安全任务按时、按质有效完成。

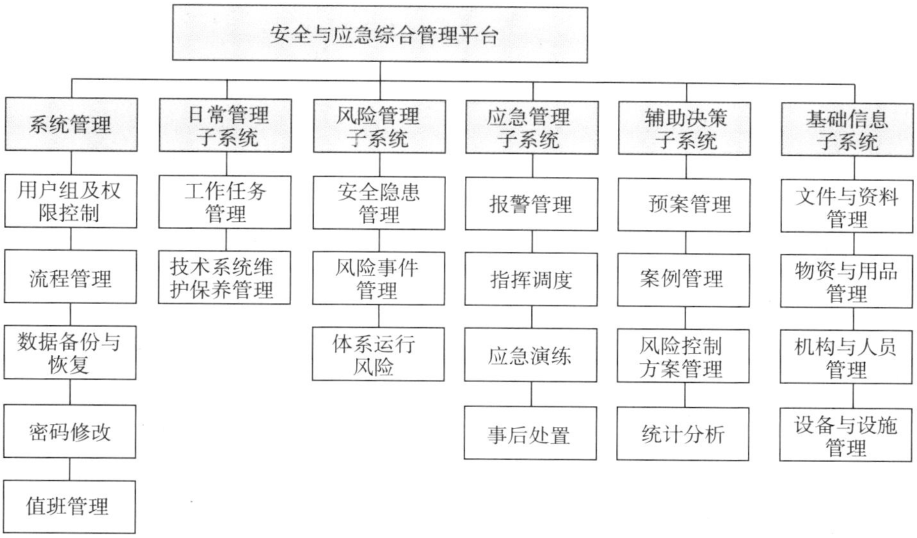

图 8-16　平台功能树

日常管理包括工作任务管理、技术系统维护保养管理两大部分。

（1）工作任务管理

工作任务管理具体包括计划任务管理和例行任务管理。工作任务可以按照不同的标准进行分类，其中最基本的分类体系为 6 “E” 模型，即所有的任务都可以归属于教育（Education）、工程（Engineering）、强制（Enforcement）、效率（Efficiency）、环境（Environment）和评估（Evaluation）。文物保护单位可根据具体 6 “E” 的实行状态来保证年度安全管理目标的实现。

计划任务是以年初制定的年度安全计划方案为基础，以任务的形式落实到具体的部门、人员、完成时间、资金等，对于此类计划，需要根据执行情况以及年度内的常规风险控制措施的执行情况进行适当调整。例行任务主要纳入的是安全保卫部门及其监管的各项主要任务，如巡更检查、开门检查、封门检查等。对于例行任务同样需要落实到具体的部门、人员、完成时间、资金等。对工作任务按照部门、人员进行任务派发，形成任务列表。

工作任务通过系统平台派发给相应的部门或人员，可以通知到其相应终端或以其他形式通知，任务完成后可以将结果反馈至系统平台，如需要开会集中进行任务执行汇报则可以事后将执行进度录入至平台。在执行过程中，从时间、闭环和内容三个维度进行监控，出现问题则进行偏差提示并存档，重新调整原任务或重设替代工作，直至任务结束。工作过程中发现的安全问题和隐患需要提交相关记录。通过对工作执行过程进行记录，可以实现电子留痕、工作偏差提示、绩效考核等，如图8-17所示。

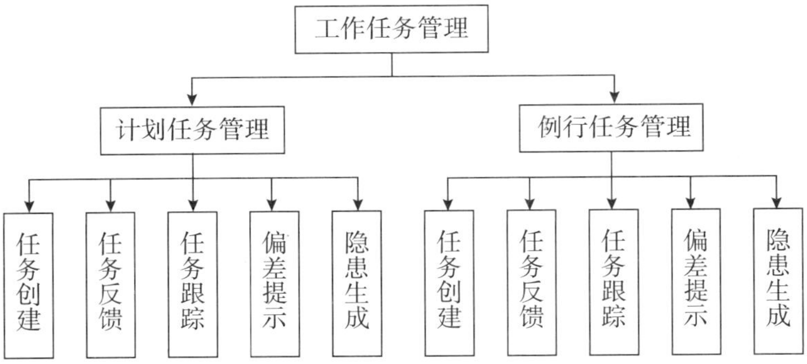

图 8-17 工作任务管理功能结构

◆ 任务创建。该模块实现任务添加、修改、删除、查询等，任务可分解成子任务，根据子任务的完成情况确定父级任务的完成情况，指定任务执行人、部门、要求完成时间、计划发布时间等信息。任务创建完成后，可派发给执行部门和执行人，并通过系统实现短信通知。

◆ 任务反馈。任务执行人通过该功能界面接收工作任务，并反馈任务执行结果，上传相关结果附件。

◆ 任务跟踪。该模块实现任务执行情况跟踪反馈及结果查询。任务发布人通过反馈内容和附件验收反馈结果。

◆ 偏差提示。该模块实现对任务执行偏差的提示及结果查询。任务发布人通过任务验收结果进行规则比对，记录不符合规则要求的工作偏差信息。

◆ 隐患生成。该模块实现任务执行过程发现的隐患的记录。任务发布人在验收任务反馈时记录任务执行过程中发现的安全隐患。

在实际运行时，当反馈工作任务完成情况时，用户界面通知应用业务组件自动查询相关业务的规则模型库，读取该业务验收规则数据。通过业务组件与反馈数据进行自动对比，产生工作偏差。业务组件将该结果记录到工作任务偏差数据表。当结果记录完成后创建新的改进工作任务，指定责任人，记录到工作任务数据表。推送消息到显示集成控制组件。

（2）技术系统维护保养管理

技术系统维护保养管理需要按照国家标准及文物保护单位实际需求对平台集成的安全防范技术系统、火灾报警系统等进行设备状态监测，如图 8–18 所示。

平台需要实时获取各系统的运行状态，对报警信息进行分析，对于设备故障进行相应的维修任务派发，对于事件报警则进行相应的复核和处置。对于接入平台的各系统，平台都应能够实时获取运行状态，记录故障点位相关信息，进行无故障工作时间统计，能够通过复核确认，获得误报率，能够通过与人工事件报警记录的对比获得漏报率。对于平台记录的技术保障系统的各类记录能够按照厂家、设备类型、点位等进行统计分析，为设备选型及第三方管理提供依据。

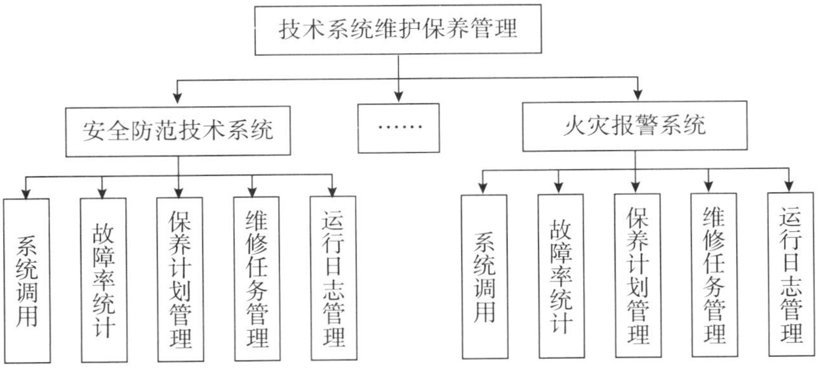

图 8–18　技术系统维护保养管理功能结构

◆ 系统调用。实现技术系统的各类传感器的空间及状态信息在同一地图上的完全再现，可显示视频监控摄像机有效的视域，可直观表达有效监控范围和视角。通过集成实现各系统数据的信息共享和互用，实现数据在时间上的同步记录和再现。

◆ 故障率统计。通过系统集成组件访问各技术系统的数据接口，定期采集系统主要设备运行状态指标，实现系统实时故障率和持续故障率的统计，可为系统运行、产品和维保质量的绩效管理提供基础数据。

◆ 保养计划管理。实现第三方保养计划的生成、编辑等，对于系统记录的技术保障系统的各类指标能够按照厂家、设备类型、点位等进行统计分析，为设备选型及第三方管理提供依据。

◆ 维修任务管理。实现基于故障率统计的系统维护保养计划的生成、编辑等，并据此自动创建第三方保养计划和维修任务。

◆ 运行日志管理。该模块实现系统运行日忘的生成、存储。

8.3.2 风险管理子系统

风险管理方面设计的总体目标是对文物保护单位保护目标存在的风险进行识别、评估、控制和跟踪，分析各类风险控制涉及的具体工作、部门和人员，实现风险的减少、降低、消除。风险管理以安全隐患的控制为基础，同时对由于特殊天气、特殊时期或重要事件而衍生出的各类风险事件进行控制，对由于设备选型、规则设定不合理导致的体系运行风险进行控制如图 8–19 所示。

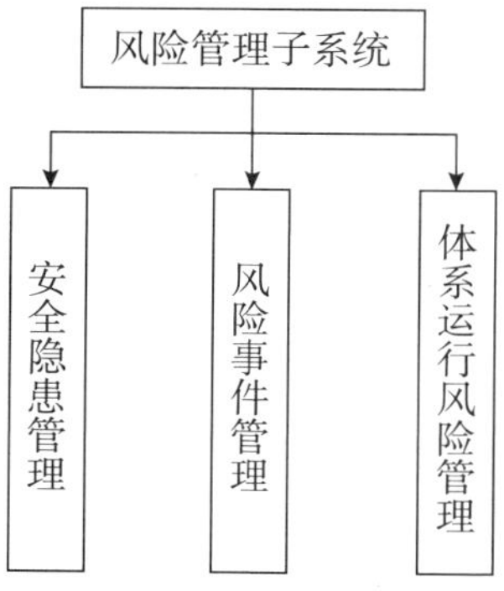

图 8–19　风险管理子系统功能结构

在风险事件被记录时，用户界面通知应用业务组件自动查询规则模型库，读取该风险类型规则数据。通过与反馈数据进行自动对比，产生预警结果。该结果将被业务组件同时记录到风险事件日志表。当结果记录完成，业务组件首先发送触发消息通知运行分析组件。然后，业务组件再次加载辅助决策信息库中的风险控制方案信息，根据预警信息的类型判断适用的规则，最后创建新的安全处置工作任务，指定责任人，记录到工作任务数据表。推送消息到显示集成控制组件。运行分析组件收到触发消息后，首先通过查询基础信息库和地理信息库，判断提示信息所处的位置。创建预警提示消息，指定要推送到的显示端参数和显示方式参数，然后推送到显示控制集成组件。

（1）安全隐患管理

安全隐患指在日常工作中发现的不符合相关规定或存在异常的各类信息，安全隐患的整改可以落实到日常工作任务。通过安全隐患的有效管理实现隐患信息的快速发现、控制和整改，实现事前预防和控制，如图 8–20 所示。

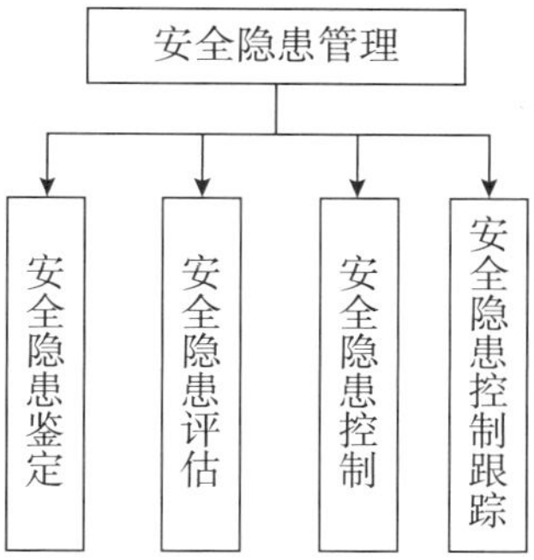

图 8–20　安全隐患管理功能结构

安全隐患鉴定模块实现安全隐患的识别和创建，在业务组件记录界面输入安全隐患信息，并提交业务信息数据库记录。安全隐患评估模块实现安全隐患级别的评估，评估时可查询相关评估规则进行参考，同时可记录和查询评估结果。安全隐患控制模块实现安全隐患控制措施的制定和派发，根据评估结果创建控制改进任务，派发给指定的责任人。安全隐患控制跟踪模块实现安全隐患控制措施的跟踪和提示，查询安全隐患控制任务的反馈结果，并对其验收，记录验收结果。

（2）风险事件管理

风险事件主要指由于异常天气、特殊时期和重要事件而导致的各类风险事件，风险事件的控制可根据工作方案进行任务派发和管理，如图 8–21 所示。

风险事件鉴定模块实现风险事件的识别和创建。当风险事件出现时，风险责任人通过本模块功能记录风险事件的内容，包括时间、事件、类型等。风险事件评估模块实现风险事件级别的评估，并记录和查询评估结果。在本模块可同时查询相

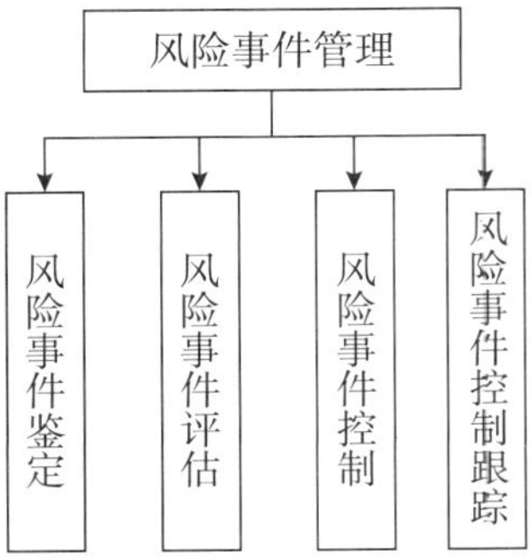

图 8-21 风险事件管理功能结构

关事件评估规则，作为事件评估的依据。风险事件控制模块实现风险事件控制措施的制定和派发。创建相关控制工作任务，并派发给相关责任人。风险事件控制跟踪模块实现风险事件控制措施的跟踪和提示。跟踪时验收任务反馈情况，并记录验收结果。

（3）体系运行风险管理

体系运行风险主要是指系统性的风险，如通过技术系统日志挖掘发现的设备选型风险，通过工作偏差提示统计分析发现的规程与要求存在的风险等，体系运行风险的控制需要通过安全例会等进行识别、评估，制定控制方案，如图 8-22。

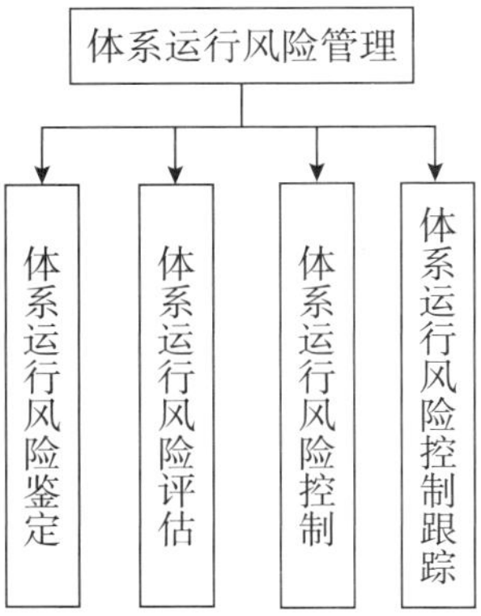

图 8-22 体系运行风险管理功能结构

8.3.3 应急管理子系统

应急管理子系统是系统平台的核心功能之一，可以辅助应急指挥人员有效部署和调度应急队伍、应急物资、应急装备等资源，可及时将相关任务指令、事件发展情况和应急处置状况传递给相关人员，实现可视化协调指挥、有序调度、有效监督，以提高应急效率，如图 8–23。

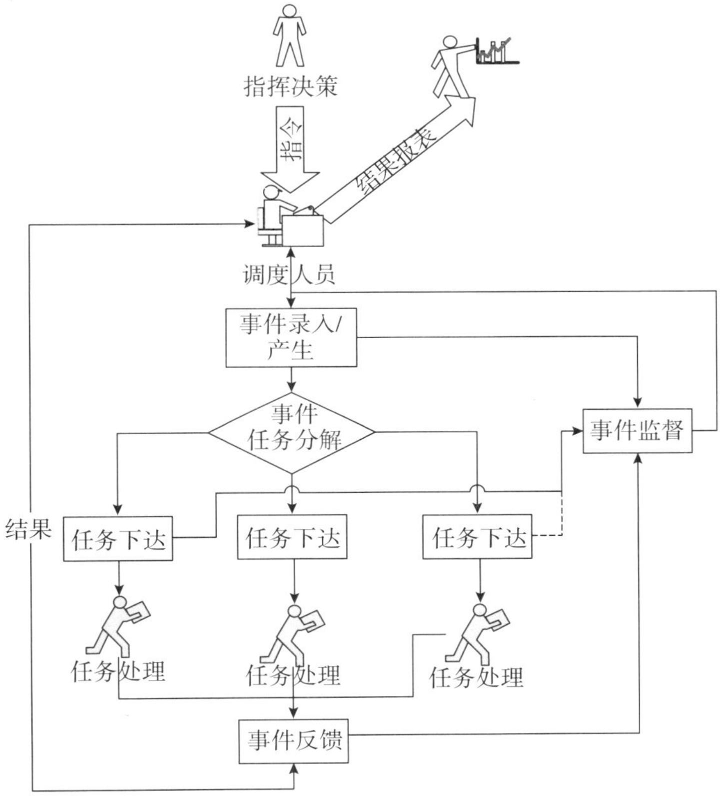

图 8–23　应急管理子系统流程

应急指挥中心负责提交报警事件，如图 8–24。警卫、安防系统值班员、消防系统值班员根据现场情况和设备信号，通知应急指挥中心值机员。值机员接收报警信息，在 GIS 地图上创建报警事件，根据事件报警信息选择事件类型和等级，形成事件报警记录。值机员根据报警进一步复核和确认信息，进行事件取消、提交处置、闭环（闭环时要指定事件级别，备注闭环原因或其他要记录的事件信息）等操作。如根据安全规则，属于严重事件时，立即提交应急处置。

系统可根据突发事件类型直接调用数字化预案，并可根据指挥人员要求合并和修改数字化预案内容，以便编制出针对性的处置方案；指挥员随时调阅突发事件的处理进度，分发应急处置任务；系统可以跟踪任务的执行情况，查询当前正在执行的任务及相关信息；任务执行过程中，各单位可以通过反馈跟踪功能，及时反映任务执行情况或遇到的问题，直至事件处置完毕，如图 8–25 所示。

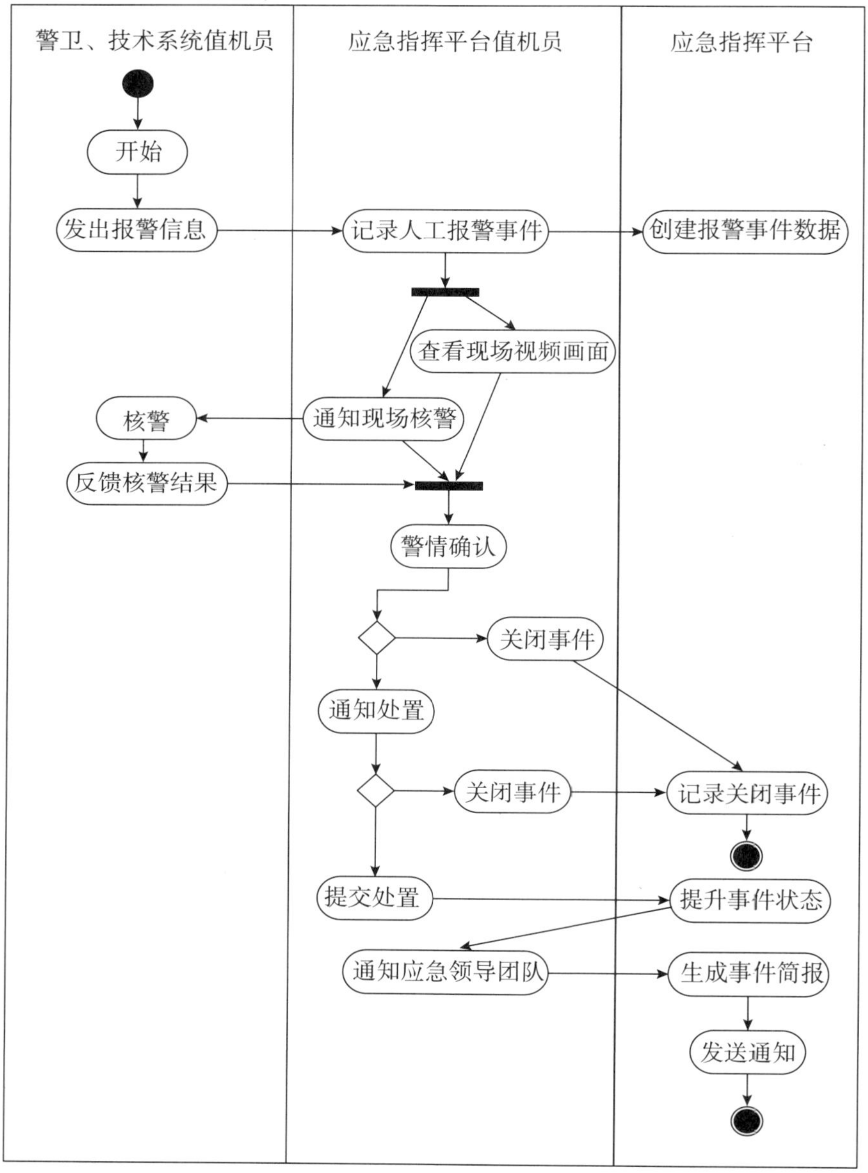

图 8–24　报警活动图

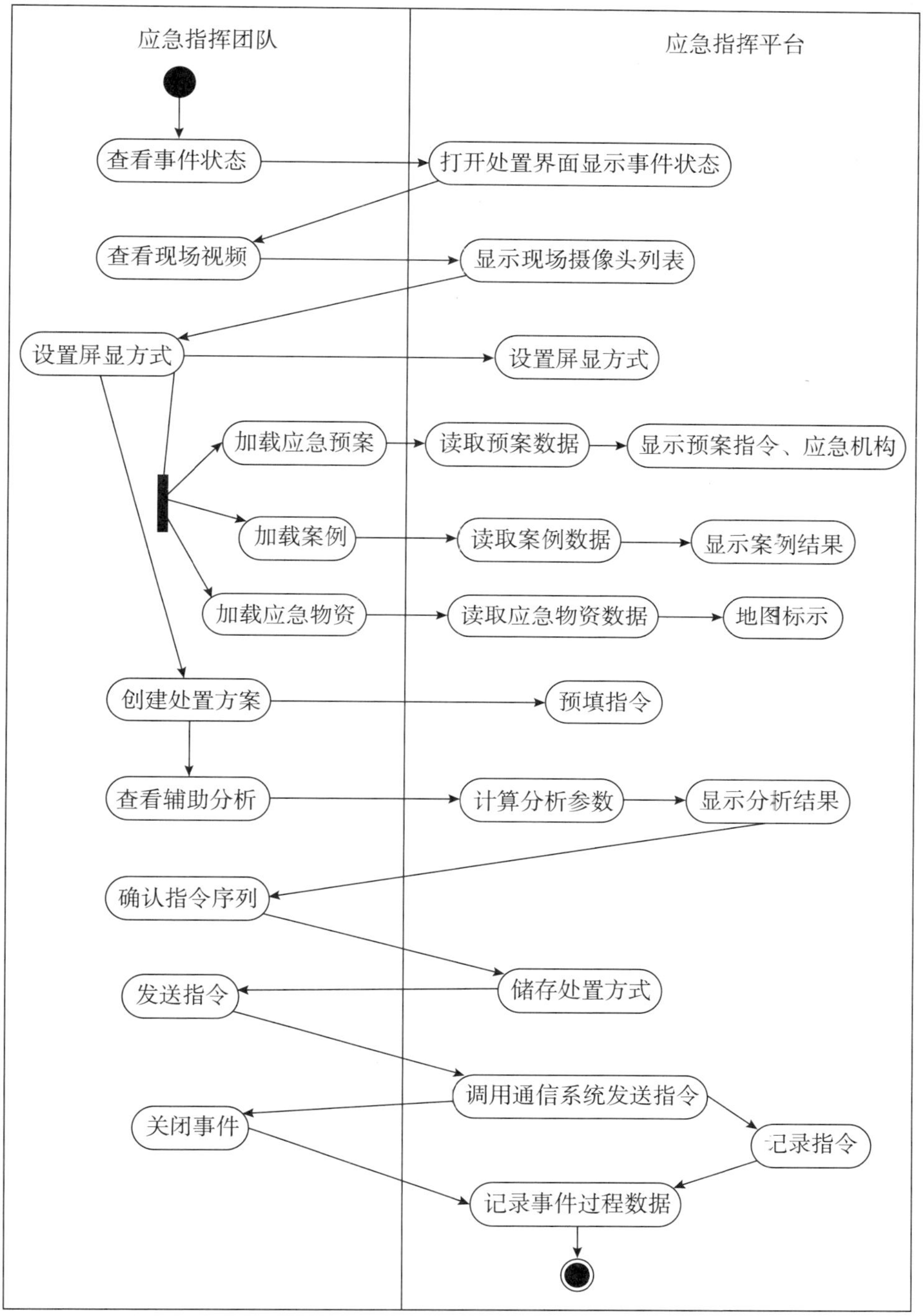

图 8–25　应急处置流程图

应急管理子系统包括报警管理、指挥调度、应急演练和事件管理功能，如图 8–26 所示。

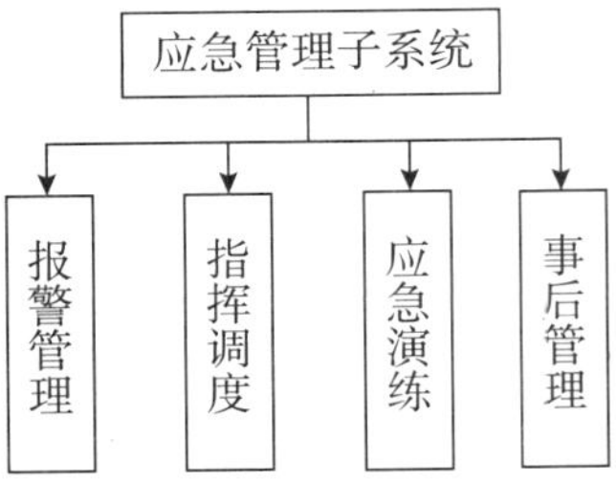

图 8-26　应急管理子系统功能结构

（1）报警管理

报警管理包括事件创建、记录管理。

事件创建：根据接收的报警信息，由值机员在 GIS 地图上创建报警事件，根据事件报警信息选择事件类型和等级，形成事件报警记录。处理人员根据相关资料，输入实际发生区域、事件内容。系统支持多种地址输入方式：

◆ 如果事件发生地点相近、类型相似，系统会提示是否重复事件，或是否为相关事件。这时系统会把相近地点的事件列出，让处理人员判断是否重复事件。若处理人员判定是一个新事件，按确认按钮，新的事件就创建成功。

◆ 创建事件时，系统自动记录下创建事件时间和处理人员姓名。连同类型、发生地点和报告人提供的资料，在数据库中形成一条新记录。处理人员在处理过程中可以不断追加新的信息，修改过的信息和时间都会如实记录。但原始信息的内容和时间保持不变，不可随意修改，以保证原始记录的准确性。

◆ 系统会自动调出一个事件类型列表供处理人员选择。事件类型是根据用户的要求预先定义的，各类事件下面还可以有各类子事件。所有的事件类型和子事件类型都可以由用户在实际的使用过程中定义和增减。不同的事件类型还可以建一个对话框，提示处理人员此类事件应补充相关信息以便处理人员或指挥员参考之用。

记录管理：根据报警进一步的复核和确认信息，进行事件取消、提交处置、闭环（闭环时要指定事件级别，备注闭环原因或其他要记录的事件信息）等操作。

（2）指挥调度

功能模块包括：突发事件信息调用和展示、处置方案生成、任务分发和任务跟踪、调度过程记录。

指挥调度功能流程如图 8-27 所示。

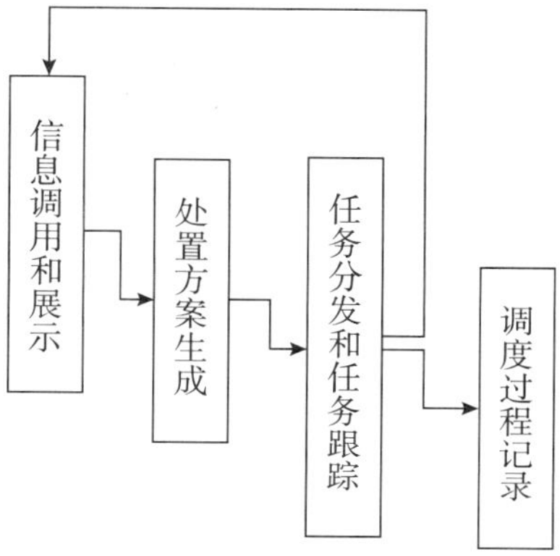

图 8-27　指挥调度功能流程

◆ 信息调用和展示

主要功能包括：突发事件信息展示，展示事件基本信息，包括事件类型、发生位置等；应急预案信息展示，自动调用并展示与突发事件相关的应急预案信息；案例信息展示，自动调用并展示突发事件相关的历史案例信息；应急资源展示，展示突发事件地点周边的各类应急资源信息，包括人力、物力资源（警报、摄像机、各类安全防范和保障人员等）的时间、空间和状态信息；现场信息展示，自动展示事件发生地点最佳角度的视频画面，以及已经布置的任务的执行情况。

◆ 处置方案生成

主要功能包括：应急预案调用，一旦遇到突发事件，系统可根据事件类型和等级直接调用数字化预案，并按照指挥人员要求合并和修改数字化预案内容，以便编制出针对性的处置方案；应急组织体系，根据事件类型和等级调入数字化预案指挥体系部分；根据事件发展情况，可维护相关的应急机构；应急任务，根据事件类型和等级调入数字化预案应急任务部分；根据事件发展情况，可维护应急任务；应急资源，根据事件类型和等级调入数字化预案应急资源部分；根据事件发展情况，可维护应急资源。

◆ 应急辅助分析

根据应急预案处理突发事件时都会遇到不可预知的问题，系统可根据应急的行业特点，归纳一些常用的辅助分析手段。

系统可按与指定点位距离的远近自动推荐相关的人员信息、资源信息；系统可自动计算“指定人员”到“指定地点”最快的到达时间和最佳行动路径；系统可提供可能的追逃路径，辅助安保人员提前到达合适的位置进行有效拦截。

◆ 任务分发和任务跟踪

主要功能包括：任务分发，任务下发方式包括短信、电话、传真等，平台自动记录下发时间、接收时间、接收人等信息，为任务的执行跟踪提供依据。处置任务反馈，任务接收单位接到任务后，执行任务，并对执行结果进行反馈；态势跟踪，指挥员可实时调阅突发事件的处理进度，应急任务分发后，系统可以跟踪任务的执行情况，查询当前正在执行的任务及相关信息；任务执行过程中，各单位可以通过反馈跟踪功能，及时反映任务执行情况或遇到的问题。根据任务的反馈情况生成处置任务状态一览表，明确显示各任务当前的状态。

◆ 调度过程记录

主要功能包括：过程记录，应急事件处置完成后，系统需要保存应急处置的全流程，包括涉及部门、人员、资源和任务流程，以及处置完成后的效果；调度过程重现，可实现该事件调度过程中相关内容的查询、调用、显示等功能。

◆ 应急指挥调度

系统可以通过电话、传真、工作组邮件等多种方式对负责该事件的人员和单位进行调度。系统允许多人同时处理同一个事件，数据的协调由应用在后台通过数据库系统实现。例如，处理人员 A 正在处理某一事件，处理人员 B 在自己座席的屏幕上也可以选择该事件进行处理。

在界面上，各条记录以列表方式显示在屏幕上。处理人员点中所处理的事件时，相应的事件资料就弹出。处理人员所做的每一步调度操作，其时间、处理人员姓名和处理内容都记录在数据库中。反馈信息和处理结果都可以记录在内。当进行处理时，系统自动根据处理人员选择的事件类别和级别，从系统中调出相应的预案进行处理。可实现与应急通讯系统的融合，实现 GIS 信息、视频信息、业务信息、通信系统融合，实现实时指挥调度功能。

（3）应急演练

应急演练实现对各类突发事件场景的模拟，分析事态、提出应对策略，对处置突发事件的步骤、各方配合联动、具体措施等进行演练，演练报告将保存到文档库中。

应急演练对演练计划、演练方案、演练数据、演练场景、演练过程、演练评估报告进行管理，涉及监测数据采集、事件报送、方案生成、指挥调度等事件处置的各个方面，达到真正锻炼队伍，提升应急管理和救援能力。

应急演练可将演练结果反馈到应急预案管理模块，实现各级各类预案的数字化管理和动态更新维护，提高预案的实用性和时效性。

◆ 演练计划制定

对演练所涉及的人员、组织、场景、流程等进行制定。应急演练计划的制定包括分组设定、人员配置、场景环境配置、演练流程配置、演练计划管理五个环节，可生成演练计划。

◆ 应急演练场景构建

创建一个虚拟事件，设定事件位置，周围建筑、人群等的信息。

◆ 应急演练过程控制

应急演练过程控制实现的功能包括模拟突发事件的触发，演练过程的全程跟踪，模拟演练指令的下达以及对演练场景和流程的调整。

◆ 演练过程记录

按照演练过程的时间顺序进行记录。

◆ 演练效果评估

模拟演练效果评估通过演练记录对演练效率、效果进行评估，形成评估报告。

（4）事后管理

事后管理包括事件结果管理和应急演练结果管理。

◆ 事件结果管理

实现按照事件发展及其应急过程顺序，回看历史突发事件的视频、音频等相关事件记录，并可与应急预案模型进行比对，分析其偏差内容，进行应急效能评估和预案更新；

◆ 应急演练结果管理

实现按照演练过程回看当时演练的视频、音频等相关事件记录，并可与应急预案模型进行比对，分析其偏差内容，评估演练效果，并修订应急预案等。

8.3.4 辅助决策子系统

为了有效地支撑日常管理、风险管理和应急管理，一方面需要充分借鉴相关的经验与案例，另一方面需要对已有的数据进行统计分析，挖掘潜在的规律，发现存在的问题，有针对性地进行改进，进一步提高工作效率。

辅助决策子系统包括预案管理、案例管理和统计分析，如图 8–28 所示。

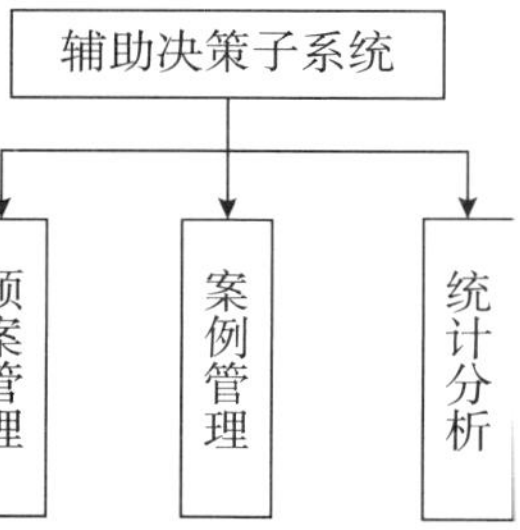

图 8–28 辅助决策子系统功能结构图

（1）预案管理

◆ 文本预案管理

文本预案是为了能够快速有效地应对突发事件，根据事件的特点、以往应对类似事件的经验、对事件结果的预测分析而预先制定的行动方案。它是以文本为表现形式的突发事件应急预案，是应急预案的直观表现形式，也是目前应急预案的主要形式。

文本预案管理将预案按等级、类型等组织起来，方便相关人员在应急过程中快速定位预案内容。系统提供对文本预案的增加、删除、修改、查询等功能。

具体功能包括：预案分类树管理，该模块实现预案分类树的管理，包括分类树的增加、修改和删除功能；预案录入，该模块实现预案录入，信息包括预案名称、预案文本内容、分类、等级、版本、编制单位、发布时间、发布单位等信息；预案查询，该模块实现预案的查询、查看，包括按名称、类型、编辑单位等属性进行查询，也支持组合查询和模糊查询；预案修改，该模块实现预案的修改、删除操作，实现预案名称、预案文本内容、分类、版本、编制单位、发布时间、发布单位等属性的修改；预案评审记录管理，该模块实现预案评审过程的管理，包括预案评审记录增加、修改、删除；预案版本管理，该模块实现对不同预案版本的管理；预案附件管理，该模块实现对预案附件信息的上传、下载、删除等。

◆ 预案数字化管理

数字化预案管理是在职责规定、步骤安排、资源调集、信息发布流程等重要环节严格遵循文本预案规定的前提下，以文本预案为依据，当突发事件发生后，可以根据事件信息和其他与之相关的数据信息，借助于应急平台提供的信息化手段，快速生成直观、有效的执行方案，并可以对方案进行实时调整的功能。

预案数字化管理采用《电子政务数据元：设计和管理规范》（GB/T19488-2008），将应急预案对象（组织分工、业务流程）或资源（组织、系统、数据）进行数字化的管理。

主要功能包括：组织机构管理，主要是对文本预案中指挥体系的管理，对应急机构、应急人员的管理，具体功能包括增加、修改和删除操作；应急流程管理，主要是对文本预案中应急流程的管理，包括流程增加、流程修改和流程删除操作；应急任务管理，主要是对每个组织所对应任务的管理，包括任务目的、任务执行地点、任务时间要求、任务内容、任务负责人和任务对应的相关行动数据等信息，每个任务可包括子任务，包括任务增加、任务修改和任务删除操作；应急资源管理，主要是对每个组织和任务需要的相关应急资源的管理，资源包括资源名称、资源类型、资源要求、资源数量、资源位置、资源联系方式等，方便在指挥调度的时候，及时准确的进行资源部署，功能包括资源增加、资源修改和资源删除操作；预案专题图管理，主要是对预案涉及的各类专题 GIS 地图进行管理，包括专题地图制作、专题地图修改、专题地图删除等操作。

◆ 数字化预案调用

数字化预案调用主要包括数字化预案导入、数字化预案合并及数字化预案执行监控，如图 8–29 所示。

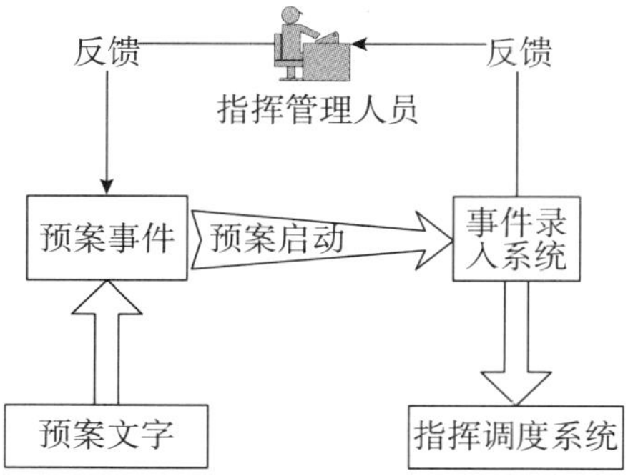

图 8–29　数字化预案调用流程图

数字化预案导入功能实现根据事件类型和级别自动匹配预案并进行显示，可选择导入哪些预案，包括自动匹配、手工选择预案和预案导入功能。数字化预案合并功能对数字化应急预案模型进行衔接与合并，采用应急预案的标准化、数字模型化与统一的科学表达方式，利用数字化模型的特点，实现多个应急预案数字模型化的相互衔接与汇总合并，修改和调整应急组织、应急任务、应急流程、应急资源和应急专题图等，包括数字化预案合并功能、应急组织维护、应急任务维护、应急流程维护和应急资源维护功能。数字化预案执行监控，根据任务反馈执行状况，实现对数字化预案执行状态的监控，包括任务执行状态显示、某个时间段任务执行情况统计、某个组织所有任务执行情况统计等。

（2）案例管理

案例是为了能够支撑突发事件应对，对文物保护单位历史案件或其他同类场所发生的案例进行统一管理。

案例管理将案例按所述事件等级、类型等组织起来，方便相关人员在应急过程中快速定位相关案例内容。系统提供对案例的增加、删除、修改、查询等功能。

具体功能包括：

◆ 案例分类树管理

该模块实现案例分类树的管理，包括分类树的增加、修改和删除功能。

◆ 案例录入

该模块实现案例录入，信息包括案例名称、案例文本内容、分类、等级、版本、编制单位、发布时间、发布单位等信息。

◆ 案例查询

该模块实现案例的查询、查看，包括按名称、类型、编辑单位等属性进行查询，也支持组合查询和模糊查询。

◆ 案例修改

该模块实现案例的修改、删除操作，实现案例名称、预案文本内容、分类、版本、编制单位、发布时间、发布单位等属性的修改。

◆ 案例评审记录管理

该模块实现案例评审过程管理，包括案例评审记录增加、修改、删除。

◆ 案例版本管理

该模块实现对不同案例版本的管理。

◆ 案例附件管理

该模块实现对案例附件信息的上传、下载、删除等。

（3）规程管理

规程管理是以文物保护单位现有的安全管理制度、工作流程/标准、预案等为基础，提取相关的工作规则和标准，实现规程的更新维护、关键字查询等功能。规程的构建应借鉴国内外先进经验和方法，遵循国际博协、ISO 45001 以及我国国家和行业相关标准等，涵盖安全、保卫、职业健康、环境、消防、风险鉴定、评估与监测、应急准备与应急处置，是相关数据库初始化和模型建立的基础，是系统顺利运行的保障。

（4）统计分析

统计分析的对象包含日常安全管理工作、风险管理和应急管理各环节的数据；维度包括时间、季节、天气等不同方面；角度包括闭环、时间等方面；展现形式包括图、表等不同类型；能够提供结果的另存、导出等不同输出，如图 8-30 所示。

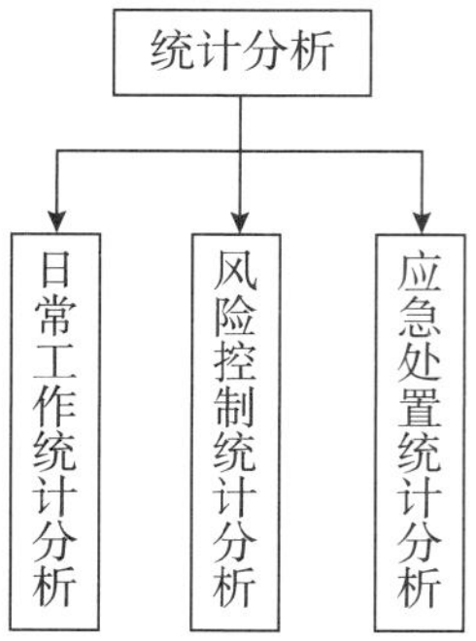

图 8-30 统计分析功能结构

具体功能包括：

◆ 日常工作统计分析。实现日常工作管理过程中的任务、偏差提示等的分析，可进行对象、时间、展现形式等维度的选择，提供结果的导出。

◆ 风险管理统计分析。实现风险控制过程中的任务、偏差提示等的分析，可进行对象、时间、展现形式等维度的选择，提供结果的导出。

◆ 应急管理统计分析。实现应急处置过程中的任务、偏差提示等的分析，可进行对象、时间、展现形式等维度的选择，提供结果的导出。

8.3.5 基础信息子系统

基础信息子系统是对平台中涉及的各类信息进行管理和调配，包括文件与资料、物资与用品、设备与设施、机构与人员。具体功能包括资源的录入、更新维护、地图标注、查询等管理功能，如图 8-31 所示。

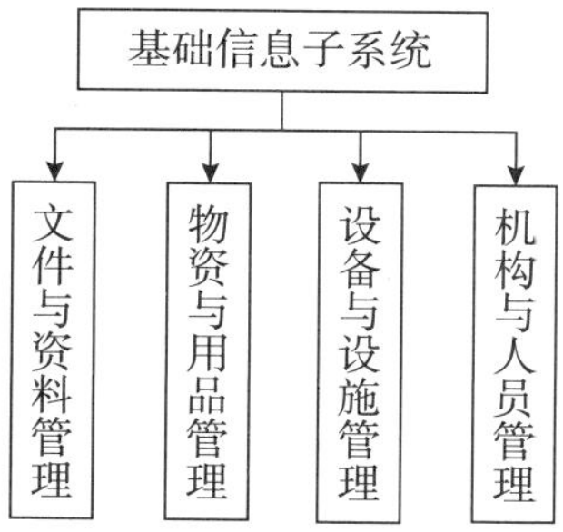

图 8-31 基础信息子系统功能结构

（1）文件与资料管理

文件与资料包括文物保护单位各项安全管理制度、规范、标准等，相关的法律法规、标准规范等。功能模块包括文件与资料维护审核、文件与资料检索统计。

◆ 文件与资料维护审核

实现文件与资料信息的录入、编辑等功能，有审核权的用户可以对信息进行审核确认。

◆ 文件与资料检索统计

根据各文件与资料的特点，系统需提供多样的检索与统计模式，对检索及统计的结果采用表格、直方图、饼图等形式进行展现。

（2）物资与用品管理

物资与用品包括各类与安全和应急相关的资源和用品。平台获取资源信息后，能够实现资源的查询、资源的利用分析、资源的地理信息展示，同时这些数据为指挥调度提供决策支持。功能模块包括物资与用品资源维护、物资与用品资源检索统计、物资与用品资源地图展示分析。

◆ 物资与用品资源维护

实现物资与用品信息的录入、编辑等功能，有审核权的用户可以对信息进行审核确认。

◆ 物资与用品资源检索统计

根据各类物资与用品的特点，系统需提供多样的检索与统计模式，对检索及统计的结果采用表格、直方图、饼图等形式进行展现。

◆ 物资与用品资源地图展示分析

基于地理信息系统，实现各类物资与用品的地图展示，查询方式包括多边形查询、画圆查询等，可点击某类物资浏览其详细信息。

（3）设施与设备管理

设施与设备包括各类与安全和应急相关的设施与设备。平台获取资源信息后，能够实现资源的查询、资源的利用分析、资源的地理信息展示，同时这些数据为指挥调度提供决策支持。功能模块包括设施与设备资源维护、设施与设备资源检索统计、设施与设备资源地图展示分析。

◆ 设施与设备资源维护

实现设施与设备信息的录入、编辑等功能，有审核权的用户可以对信息进行审核确认。

◆ 设施与设备资源检索统计

根据各类设施与设备的特点，系统需提供多样的检索与统计模式，对检索及统计的结果采用表格、直方图、饼图等形式进行展现。

◆ 设施与设备资源地图展示分析

基于地理信息系统，实现各类设施与设备的地图展示，查询方式包括多边形查询、画圆查询等，可点击某类设施与设备浏览其详细信息。

（4）机构与人员管理

系统管理员能够维护文物保护单位安全与应急相关的组织机构信息，组织机构信息包括文物保护单位安全与应急相关的职能部门架构、所有人员信息以及业务相关部门、人员信息，其人员信息为系统通讯录的信息来源。组织架构图既能展现各部门的基本信息、职能职责，又能展现各部门工作人员的基本情况。功能模块包括机构与人员信息维护审核、机构与人员信息检索统计。

◆ 机构与人员信息维护

实现机构与人员信息的录入、编辑等功能，有审核权的用户可以对信息进行审核确认。

◆ 机构与人员信息检索统计

根据各类机构与人员信息的特点，系统需提供多样的检索与统计模式，对检索及统计的结果采用表格、直方图、饼图等形式进行展现。

8.3.6 系统管理子系统

系统管理服务实现指挥中心内系统的统一桌面集控，在集成化的客户端界面上完成不同类型系统设备的集中控制，统一鉴权、统一日志，减少误操作，提高操作效率。可以灵活地定义角色群组，然后定义每个角色群组的权限，最后定义角色群组的人员，这样就可以相对灵活地满足权限不断变化的需求。

（1）值班管理

对值班工作进行管理，功能包括排班管理、调班管理、值班情况展示、值班情况统计、值班信息通知和值班表报送等模块。功能结构如图 8–32 所示。

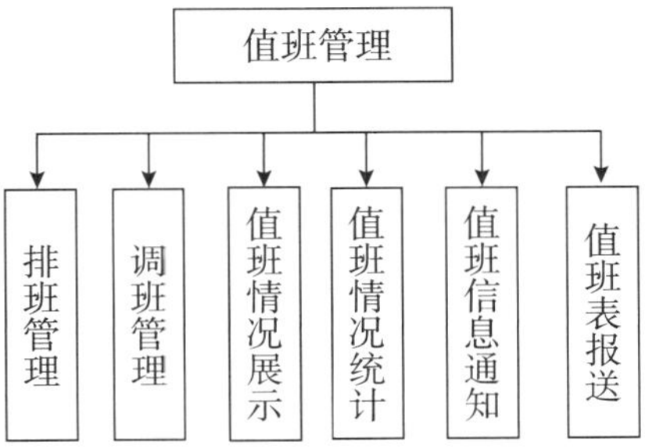

图 8–32　值班管理功能结构

◆ 排班管理。该模块实现值班人员的排班管理，可进行班次、班组、排班规则的设定，生成排班表。

◆ 调班管理。该模块根据调班流程实现值班人员调班管理。

◆ 值班情况展示。该模块将某时间段内的值班情况进行综合查询展示，方便值班人员掌握值班情况。

◆ 值班情况统计。该模块实现值班时间等情况的统计分析。

◆ 值班信息通知。该模块根据排班信息提前以各种方式通知、提醒值班人员。

◆ 值班表报送。根据排班信息，按照预定流程提供值班表报送功能。

（2）用户组及权限控制

创建各种不同的用户组（角色），指定人员所属角色，创建用户组的功能范围和数据操作范围。比如管理员能对数据进行增、删、查、改操作，可以查询所有数据，而普通用户只能查询权限范围内的数据。

（3）流程管理

◆ 创建流程模板：根据计划类型创建一组任务并设定任务先后关系及相关责任角色。创建计划任务时可一次性创建多条任务，或设定某任务完成后自动创建下一任务。

◆ 流程设计器：流程设计器用于定义或更新流程定义。里面涉及包、模板和版本的概念。资源即流程模板（例如例行任务模板、巡更工作模板），权限可以细分为维护、只读以及不可见等。

◆ 流程管理控制台：对流程实例进行管理，可以通过集合进行管理，例如对流程实例的管理、对活动实例的管理、对工作项实例的管理、对时间服务的管理等。

（4）数据备份和恢复

◆ 数据库自动备份：设置自动执行数据库热备份，然后把指定目录下的数据库备份文件，按设置好的周期拷贝到其他电脑或移动硬盘。

◆ 数据库手动备份：定期使用数据库一键备份工具，手工备份一次数据库，并把备份的目录拷贝到其他电脑或移动硬盘。

◆ 附件手动备份：指定目录下的附件文件备份到其他电脑或移动硬盘，无需停止服务就可以拷贝。

◆ 完整备份系统数据：按照固定周期把数据库文件整体备份到其他电脑或移动硬盘，备份后再启动服务。

◆ 数据恢复：通过手动或自动方式对备份的数据进行恢复。恢复前，先执行“服务停止”程序，停止系统运行。数据恢复后，执行“服务启动”程序，恢复系统运行。

（5）集成管理

集成管理负责设置与外部业务子系统的集成方式。采用适配器技术接入，负责各个业务子系统之间的信息交换、设备联动以及中间数据处理等业务。负责配置管理运行服务器的联动策略和运行参数，并且提供指挥中心系统设备统一管控界面。

第九章　典型案例分析——敦煌研究院

敦煌研究院是负责世界文化遗产敦煌莫高窟、天水麦积山石窟、永靖炳灵寺石窟，全国重点文物保护单位瓜州榆林窟、敦煌西千佛洞、庆阳北石窟寺管理的地厅级综合性研究型事业单位，这也造就了敦煌研究院“一院、五所、六地”的管理现状。各窟地理位置分散、安全管理方式较为传统，风险因素较为复杂，鉴于此种情况，敦煌研究院基于各石窟安全管理现状，梳理建设了敦煌研究院安全管理体系，并在安全管理体系的基础上利用信息化手段，设计了一套覆盖六处石窟的安全管理与应急指挥平台，形成了以日常管理、风险管理、应急管理为核心，综合展现各类关键信息资源及成果，在常态下发挥监控与预警的功能，应急状态下提供参谋与指挥功能的文博系统安全管理新模式。

本章以敦煌研究院为例，将前文所述的安全管理、风险管理、应急管理理论和技术方法在实践领域的应用进行了系统介绍（注：本章节中介绍的平台系统目前正在研发阶段，所展示内容为设计内容）。

9.1　敦煌研究院基本情况

敦煌研究院前身是1944年成立的国立敦煌艺术研究所。国立敦煌艺术研究所的成立标志着敦煌莫高窟进入了有效保护、管理与研究的历史时期。1949年中华人民共和国成立后，更名为敦煌文物研究所，制定了“保护、研究、弘扬”的方针，加大了保护、研究的力度，陆续开展了大规模石窟加固，壁画、彩塑维修，壁画临摹，敦煌石窟历史、壁画内容研究等多项工作。1984年，敦煌文物研究所扩建为敦煌研究院，机构得以扩大，多学科专业队伍得以形成，步入了国际合作、科学保护、敦煌学多领域研究、敦煌文化艺术在国内外广泛展示和弘扬的新阶段，敦煌事业得到了全面长足的发展（樊锦诗 2014）。2017 年 1 月甘肃省文物局下属的麦积山石窟艺术研究所、炳灵寺文物保护研究所、北石窟寺文物保护研究所被整体移交敦煌研究院管理，敦煌研究院的管理范畴进一步扩大。

目前，敦煌研究院管辖单位多、安全责任大，文物保护研究与旅游安全管理是研究院关注的重点问题，敦煌研究院院属各部门、单位一直面临包括文物盗窃、火灾、文物破坏、拥挤踩踏、游客肇事、自然灾害、恐怖袭击等方面的威胁，一旦发生任何重大事故，将会在国际国内造成巨大的负面影响和不可估量的损失，直接影响包括文化资源被破坏、旅游环境被破坏等，间接影响包括旅游地形象受损及连带其他影响等。

近年来，敦煌研究院不断加强安全与应急管理体制、机制建设，已经取得了很大成效：

（1）安全与应急管理组织体系基本形成

目前，敦煌研究院已经组建了安全管理委员会（以下简称“安委会”）。安委会主任为主管安全的院领导，副主任为副院长和副书记，办公室主任为保卫处处长，委员为各部门负责人；部门安全领导小组组长为各部门负责人；保卫处是敦煌研究院安全保卫工作的职能部门，负责制定安全工作方案和应急预案，检查并督促安全工作各项制度和要求的落实，协同接待部门做好游客疏导工作等；旅游开放管理委员会负责开放区域观众旅游秩序及景区旅游环境的维护。出现突发事件时，突发事件应急处置总指挥由安全管理委员会主任担任，应急指挥部工作由安全管理委员会办公室（保卫处）承担，根据突发事件的不同类型和级别，安全管理委员会依托有关职能部门设立应急处置行动小组。

（2）各类规章制度和应急预案日趋完善

敦煌研究院编制了《敦煌研究院安全管理办法》，规定了下属各部门和单位的安全工作，包括部门安全管理职责、人员职责、安全管理制度（会议制度、培训制度、安全检查及隐患整改制度、旅游开发制度、工作洞窟管理制度、保护区施工管理制度、车辆管理制度、易燃易爆管理制度、突发事件应急处置制度、文物展陈管理制度、外来人员管理制度、值班 / 执勤 / 巡逻 / 清场 / 警卫制度)、事故报告程序,调查和处理规定、奖惩规定等。在应急预案方面,敦煌研究院建立了总体应急预案,并在此基础上,制定了恶劣天气应急预案、反恐及安全保卫应急预案、火灾事故灭火应急预案、文物损毁被盗应急预案、游客拥挤踩踏事件应急预案、栈道垮塌应急预案、突发公共卫生事件应急预案、交通事故应急预案等,同时还制定了文物安全、消防灭火等相关演练方案。同时为更好地形成敦煌研究院自上而下的应急工作机制,敦煌研究院要求西千佛洞文物保护研究所、榆林窟文物保护研究所、麦积山石窟艺术研究所、炳灵寺文物保护研究所、北石窟寺文物保护研究所制定自身预案,并与敦煌研究院应急预案进行衔接。

(3)应急装备、物资、队伍建设初具规模

敦煌研究院保卫处根据日常安全管理和保卫工作的需要,储备了一定数量的应急装备和物资,包括防火服、灭火器、防爆盾叉等。为更好地处理院内火灾事故,保卫处专门购置了专业消防车一台。除了购置应急装备和物资外,敦煌研究院保卫处还建立了一支专业应急队伍,应急队伍按照半军事化的方式进行管理,并按照应急管理的基本要求,定期组织队伍开展培训教育、演练等工作,强化了队伍的专业处置能力。

(4)应急工作机制初步建立

敦煌研究院在应急预案的基础之上,根据敦煌研究院可能发生的突发事件的特点和规律,初步形成了行之有效的应急工作机制,包括突发事件的监测预警机制、预防与准备机制、突发事件应对机制、信息报送机制和善后处置机制等。

(5)安全技术系统逐步完备

敦煌研究院安全技术保障系统目前主要包括安全防范技术系统、消防报警系统,遗产监测系统等。监控中心是全院文物安全技术防范、消防报警、应急广播、地震监测、安全通信指挥调度等多系统组成的调度、监控、指挥中心。消防中心设置在监控中心内,监控中心内布置了安防监控设备、大型显示屏及火灾报警的图形显示装置等。

9.2 敦煌研究院安全管理体系

敦煌研究院在现有安全管理工作的基础之上，通过梳理现阶段自身的安全工作职责以及各部门工作职能，基于“PDCA 循环管理理论”，参照《职业健康安全管理体系要求及使用指南》(GB/T 45001-2020)，建立了完善的安全管理体系、明确了整体的安全管理组织架构、形成了闭环管理的安全管理机制。

(1) 敦煌研究院整体安全管理组织架构

敦煌研究院形成了院领导—处室—科室—员工的自上而下直接管理、自下而上反馈汇报的整体安全管理组织架构。在整个安全管理组织过程中，敦煌研究院安全保卫处作为安委会办公室，对整个安全管理工作的执行过程进行监督、检查、指导和支持，整体安全管理组织架构图如图 9-1 所示。

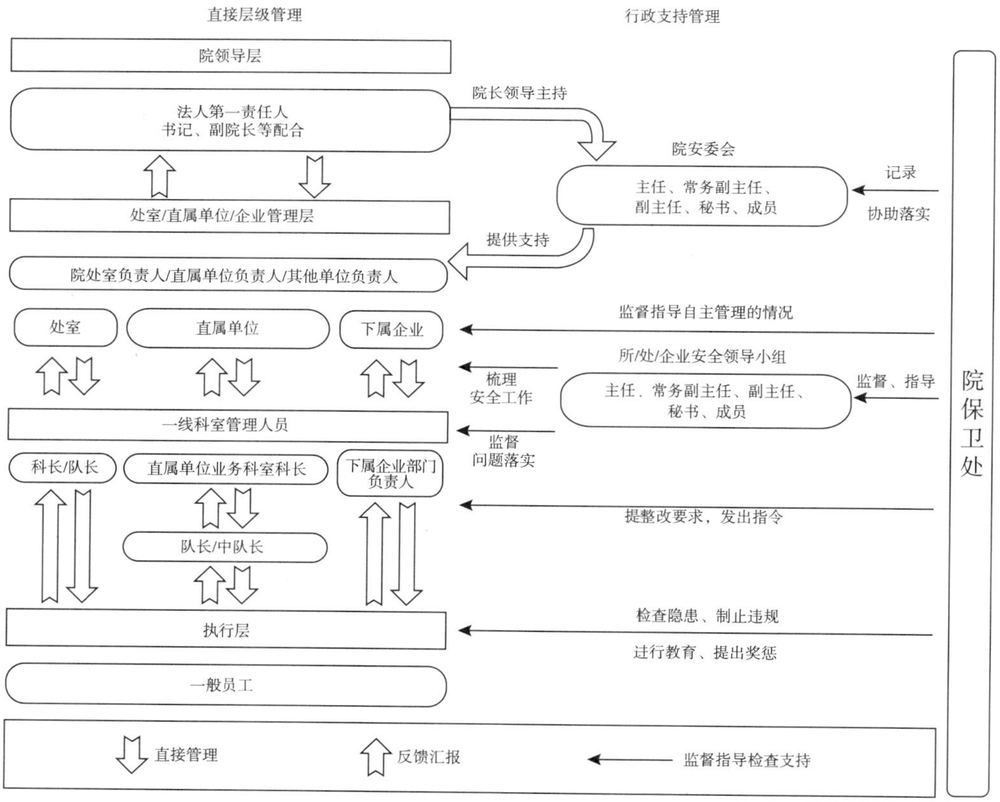

图 9-1 敦煌研究院整体安全管理组织架构

各下属石窟形成了领导层—科室—队 / 小组—员工的安全管理组织架构。领导层为下属科室的安全管理工作提供资源；科室对下属队 / 小组安全管理工作提供资源，同时对其工作的执行情况进行考核；队 / 小组对具体员工工作执行情况进行监督考核。在安全工作的执行过程中，也形成了员工—队 / 小组—科室—领导层的信息反馈的机制。保卫科内部则形成了科长—小组—科员的安全管理组织架构，对全所不同层级安全管理工作的组织和实施提供支持，具体安全管理组织架构如图 9–2 所示。

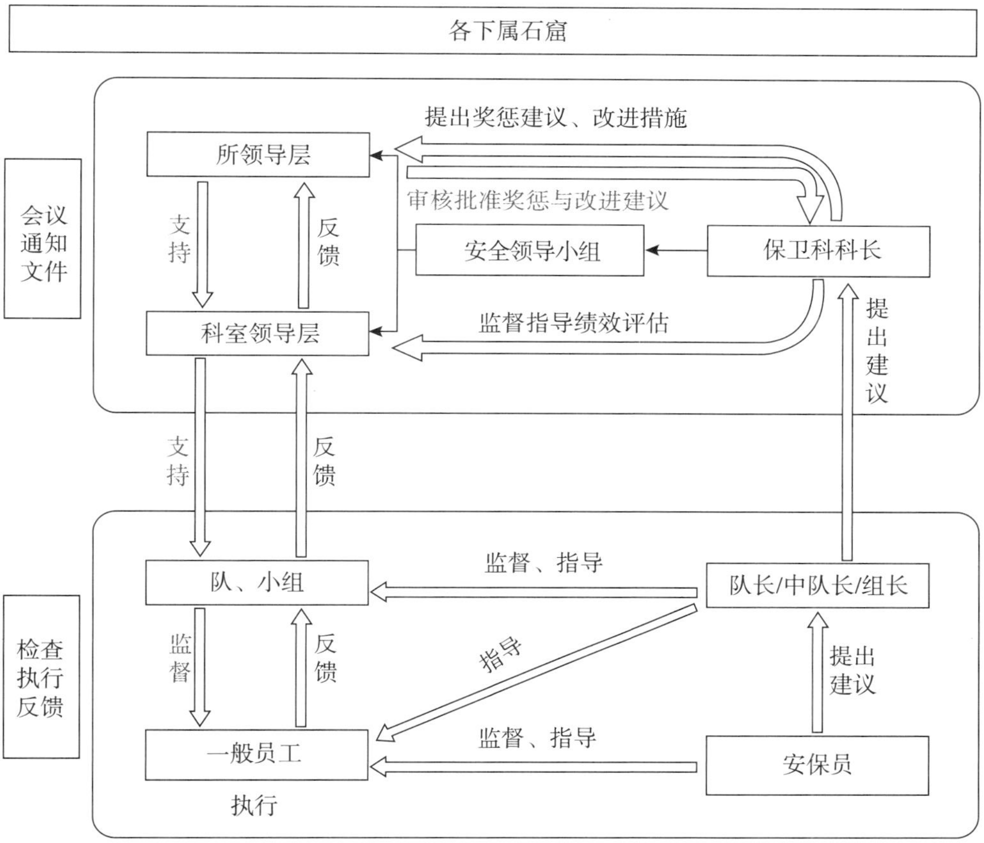

图 9–2　敦煌研究院下属石窟安全管理组织架构

（2）敦煌研究院在安全管理方面的方针政策

敦煌研究院结合自身的业务内容确定和明确了安全管理体系方针政策，并形成文件传达给了所有内部员工和相关方，现行的敦煌研究院安全管理体系方针政策声明如表 9–1 所示。

表 9–1 敦煌研究院安全管理体系方针政策声明

敦煌研究院安全管理体系方针政策声明
敦煌研究院承诺建立一套公众信任的管理机制 敦煌研究院遵循相关法律法规要求 敦煌研究院对游客、院内工作人员提供安全保障资源 敦煌研究院将保持整洁，以便游客参观 敦煌研究院建立相关安全制度来保障游客、院内工作人员、景区游览设施的安全 敦煌研究院建立临时和长期的设备设施维保制度 ……

（3）敦煌研究院在安全管理方面的目标

敦煌研究院在其内部明确了具体的安全目标。现阶段的目标是具体、可测量、能达到、切合实际、有时效性的。敦煌研究院年度安全管理体系目标如表 9–2 所示。

表 9–2 敦煌研究院年度安全目标

敦煌研究院年度安全目标
敦煌研究院年度偷窃事件 0 起 敦煌研究院年度火灾事故 0 起 敦煌研究院经济损失 5 万元以下 ……
敦煌研究院年度环境目标
废弃物处理合格率 100% 污水处理合格率 100% ……
敦煌研究院年度健康目标
员工职业病例 0 起 劳动用品发放率 100% 工伤事故 0 起 ……

（4）总体年度执行方案

敦煌研究院围绕年度安全目标，建立、实施和保持实现其目标的方案。第一，建立研究院总体年度执行方案，并按照月度进行目标与方案分解，如表 9–3 所示；第二，根据敦煌研究院的月度执行方案，分解为敦煌研究院各部门的月度执行方案，保卫处与办公室负责监督、指导其他部门月度执行方案的执行情况；第三，利用相应管理例会制度，每月 / 每季 / 每年汇总与评估上述方案的执行情况。

表 9–3　敦煌研究院安全管理方案登记表

敦煌研究院安全管理方案登记表 编号：　部门　年份　No.							
	□教育 □强制 □工程 □环境 □效率 □评估						
序号	措施内容	目标	启动时间	完成时间	责任部门	相关部门	资金预算
1	内部教育						
1.1	安保工作培训	4 次	1 月	12 月	保卫处		
1.2	环保要求教育	4 次	1 月	12 月	办公室		
1.3	职业健康教育	4 次	1 月	12 月	人事处		
	……						
2	外部教育						
2.1	急救培训	1 次	6 月	6 月	红十字会		
2.2	特种作业培训	1 次	3 月	3 月	市应急局		
	……						
3	日常教育						
3.1	安全周例会	52 次	1 月	12 月			
	……						
审核意见： 签署：　日期							
审批意见： 签署：　日期							

（5）组织架构、各岗位相关职能

敦煌研究院根据自身的管理架构形成了安全管理组织架构，明确了各部门的安全管理工作职责和要求，梳理了各岗位人员的安全管理工作职能，如表 9–4 所示。

表 9–4　敦煌研究院各级人员安全管理责任制

编号	各级人员安全管理责任制	版本	实施日期
DHYJY–03–01	各级人员安全管理职责和权限	A/0	2020 年 1 月 1 日
DHYJY–03–02	敦煌研究院安全管理组织结构图	A/0	2020 年 1 月 1 日
DHYJY–03–02–01	院长	A/0	2020 年 1 月 1 日
DHYJY–03–02–02	党委书记	A/0	2020 年 1 月 1 日
DHYJY–03–02–03	常务副院长	A/0	2020 年 1 月 1 日
DHYJY–03–02–04	分管安全副院长	A/0	2020 年 1 月 1 日
DHYJY–03–02–05	其他副院长	A/0	2020 年 1 月 1 日
DHYJY–03–02–06	保卫处处长	A/0	2020 年 1 月 1 日
DHYJY–03–02–07	保卫处副处长 / 处长助理	A/0	2020 年 1 月 1 日
DHYJY–03–02–08	其他部室处长	A/0	2020 年 1 月 1 日
DHYJY–03–02–09	其他部室副处长 / 处长助理	A/0	2020 年 1 月 1 日
DHYJY–03–02–10	保卫处科长	A/0	2020 年 1 月 1 日
DHYJY–03–02–11	与日常安保活动相关的部室科长	A/0	2020 年 1 月 1 日
DHYJY–03–02–12	安保员	A/0	2020 年 1 月 1 日
DHYJY–03–02–13	巡更员	A/0	2020 年 1 月 1 日
DHYJY–03–02–14	传达室人员	A/0	2020 年 1 月 1 日
DHYJY–03–02–15	停车场管理人员	A/0	2020 年 1 月 1 日
DHYJY–03–02–16	义务消防队	A/0	2020 年 1 月 1 日
……			

（6）日常运作程序

敦煌研究院从服务质量、人员健康、安全管理和环境保护等方面进行日常安全管理，涉及教育培训、检查、改进等方面。相关制度和规定如表 9–5 所示。

表 9–5　日常运作程序

人员健康管理
敦煌研究院职业健康管理规定 敦煌研究院女职工保护制度 敦煌研究院劳动保护管理规定 敦煌研究院防暑降温规定 ……

续表

安全管理
敦煌研究院安全保卫制度 敦煌研究院消防管理制度 敦煌研究院用电安全管理制度 敦煌研究院安防设备管理制度 ……
环境管理
敦煌研究院卫生管理制度 敦煌研究院废弃物处理规定 敦煌研究院污水处理规定 敦煌研究院气象灾害应对办法 ……

（7）内部安全规程与控制

敦煌研究院在内部实际工作过程中，针对所有可能对人员、文物等造成危害的工作制定了相应的管理规定，对于部分可能造成严重后果的关键性工作，加强了流程审批管理，内部安全规程与控制如表 9–6 所示。

表 9–6　内部安全规程与控制

内部安全规程与控制
明火作业管理 火灾防范规定 单位内车辆运行交通安全 车辆进出及物品检查规定 ……

（8）职业健康和环境管理制度

敦煌研究院结合自身实际，根据研究院全员工作岗位及院内环境，识别职业健康危害，制定了相应的职业健康和环境管理制度。例如粉尘、雾霾天气防护，背部防护，听力防护，食堂废水、废油管理规定，生活垃圾管理规定等。

（9）培训制度

敦煌研究院建立了培训方案，确定培训范畴，列出培训类别，如表 9–7 所示，根据年度培训计划方案，实施全员的培训教育。

表 9–7　培训计划

内部培训
安保工作培训 应急管理培训 消防技能培训 ……
外部培训
急救培训 特种作业人员培训 ……

（10）检查制度

敦煌研究院将安全检查工作与月度执行方案相结合，分别建立了单位内安全管理委员会月度例会和现场检查规定、相关部门月度例会与现场检查规定、保卫处每周局部或专项检查规定等，如表 9–8 所示。

表 9–8　安全检查表

序号	项目	检查内容	检查方式	检查结果
1	综合管理	查责任：建立完善安全责任制，确定本部门责任、职责是否明确。	查责任书	
		查教育：是否对员工经常性安全教育，教育是否落实到位，特种作业人员是否按期培训。	查培训教育记录	
		查制度：是否贯彻落实各项规章制度。	查制度清单	
		查隐患整改：对检查部门提出的各类隐患是否按要求定期整改，未完成整改的是否落实了整改计划。	查隐患整改单	
2	现场情况	查岗位：各岗位人员（尤其是文物库房、展厅展室、配电室、监控中心、门卫、特勤等人员）上岗情况及工作内容，重点岗位交接班工作情况。	查人员值班日志、交接班记录	

续表

序号	项目	检查内容	检查方式	检查结果
2	现场情况	查作业人员：各岗位人员是否熟知本岗位安全职责，并遵守执行；特种（设备）作业人员是否持证上岗，有职业健康危害岗位是否建立监测制度；岗位操作人员是否正确穿戴合格的劳动防护用品。	现场询问 现场检查 检查记录	
		查标识：各类游客引导、安全指示标识是否清晰可见。	现场检查	
		查安防消防设施：查消防、安防设备运行情况；日常检查、保养及维护情况；消防设施配备情况。	查记录	
		查重点区域：查文物库房、展厅展室、配电室、监控中心等重点区域的环境卫生，有无可燃物及危险化学品，重点区域消防通道、安全出口是否畅通。	查记录、现场检查	
3	应急管理	查应急：是否建立、制定完善的应急管理体系及组织机构；目前现有的应急预案的是否合理，是否开展应急预案培训及演练工作；应急救援设备、设施及物资配备、使用情况是否符合要求。	查应急预案、应急演练及培训记录，查应急物资清单及使用记录	
4	其他	其他存在的隐患记录。		

（11）事件报告、调查、原因分析、报告编写程序

敦煌研究院建立了事件上报机制与流程；制定事件报告模版，进行事件描述、原因分析、整改措施与批准审核落实；对事件进行知识管理，创建数据库，且可随时添加国内外其他地区的典型案例，以方便内部进行学习与告知，如表 9–9 所示；此外研究院还建立了险肇、未遂事件报告制度和要求。

表 9–9 上海外滩踩踏事件案例分析表

事件信息	
地点	上海市外滩风景区陈毅广场
具体位置	陈毅广场东南角通往黄浦江观景平台的上下人行通道阶梯处
日期	2014 年 12 月 31 日
事件类型	踩踏事故
性质	对群众性活动预防准备不足、现场管理不力、应对处置不当引发拥挤踩踏造成重大伤亡和严重后果的公共安全责任事件。

续表

损失情况	36人死亡，49人受伤
事件描述	2011年起，上海市连续三年在外滩风景区举办新年倒计时活动，鉴于安全等方面存在不可控因素，2014年将活动取消，黄浦区政府12月30日正式发布活动取消信息。2014年12月31日大量不知活动取消的群众前往外滩，出现人群密集情况，当晚22时37分，外滩陈毅广场东南角北侧人行通道阶梯处北侧的单向通行警戒带被冲破以后，大量游客逆行涌上观景平台。23时23分至33分，上下人流不断对冲后在阶梯中间形成僵持，继而形成“浪涌”。23时35分，僵持人流向下的压力陡增，造成阶梯处有人失衡跌倒，继而引发多人摔倒、叠压，致使拥挤踩踏事件发生。
原因分析	
直接原因	公共场所人员大量聚集，未提前进行疏散引导，最初有人员跌倒，继而引发人群慌乱，造成踩踏事件。
根本原因	1. 对新年倒计时活动变更未做风险评估。 2. 新年倒计时活动变更信息宣传不到位。 3. 应急准备不足，未提前配置足够数量的安保人员。 4. 监测人员流量变化情况未及时研判、预警，未发布提示信息。 5. 应急处置不当，在警力明显不足的情况下，未及时提出增援申请。
改进和学习	
控制措施	1. 目前国内公共安全管理方面存在盲点，对于一些大型活动、特殊节假日期间活动需要建立一套完整的管理体系并进行风险评估、做好充分的准备工作，填补该区域的管理空白。 2. 优化管理程序，制定安保方案和应急处置预案，合理安排人群通行路径。 3. 落实岗位责任制，安全责任逐级落实到基层和岗位。 4. 加强宣传教育，进一步提升社会公众安全意识和能力。 5. 加强与医疗、武警、消防单位的联动机制，对于可预见性的大规模人群聚集，提前做好人力部署，现场对人群进行强制分流。 6. 使用密集人群监控预警系统与应急指挥系统，提前预警和疏散从而避免出现人员过于集中的情况。
照片	

续表

（12）宣传教育制度

敦煌研究院建立了宣传教育制度，策划举办安全月活动，制作安全知识手册、安全警示标志标识，宣传游客服务、环境保护、职业健康等规定，如表 9–10 所示。

表 9–10　宣传类程序文件示例

编号	文件名称	版本号	实施日期
DHYJY–04–01	安全培训管理程序	A/0	2020 年 1 月 1 日
DHYJY–04–02	临时工作人员、交流人员的安全告知程序	A/0	2020 年 1 月 1 日
DHYJY–04–03	讲解员安全培训规定	A/0	2020 年 1 月 1 日
DHYJY–04–04	安全员培训规定	A/0	2020 年 1 月 1 日
DHYJY–04–05	警员培训规定	A/0	2020 年 1 月 1 日
DHYJY–04–06	班前喊话管理规定	A/0	2020 年 1 月 1 日

（13）审核与评估制度

敦煌研究院建立、实施并保持不符合项报告与整改程序，识别、纠正不符合项，制定措施减少其安全后果，然后调查不符合项产生的原因，并采取措施避免再度发生，最后记录和评价所采取的纠正措施和预防措施的结果，保持其有效性。

敦煌研究院按计划时间间隔，组织所有部门参与安全管理体系年度管理评审工作。管理评审的输入包括所有关于敦煌研究院安全管理的信息，管理评审的输出与安全绩效、方针、目标等更新决策相关，如表 9–11 所示。

表 9–11 年度管理评审会议纪要模板示例

年度评审会议纪要			
序号	项目	执行	完成日期
1	安全管理体系有效性评审		
1.1	内审结果		
1.2	安全管理方针的适宜性		
	……		
2	安全管理体系充分性评审		
2.1	人力资源充分性		
2.2	财务资源的充分性		
	……		
3	安全管理体系适用性评审		
3.1	法律法规及其他要求评价		
3.2	机构、活动、服务的变化		
	……		
记录		记录日期	
审核		审核日期	
批准		批准日期	

（14）合规性评价要求

合规性评价是通过识别和获取适用于本单位的相关法律法规和其他要求，在保持所识别的信息处于最新状态的基础上，定期对适用法律法规的遵守情况进行评价。为了保证履行法律法规要求的承诺，敦煌研究院也开展了合规性评价工作，如表 9–12 所示。

表 9–12 合规性评价状态汇总表

序号	法律法规及标准名称	文件号	实施日期	适用的条款或内容	执行状态或证明材料	合规状态		适用部门	评估与维护部门	评价日期	整改日期	备注
						合规	不合规					
A. 国家法律法规												

续表

<table>
<tr><th rowspan="2">序号</th><th rowspan="2">法律法规及标准名称</th><th rowspan="2">文件号</th><th rowspan="2">实施日期</th><th rowspan="2">适用的条款或内容</th><th rowspan="2">执行状态或证明材料</th><th colspan="2">合规状态</th><th rowspan="2">适用部门</th><th rowspan="2">评估与维护部门</th><th rowspan="2">评价日期</th><th rowspan="2">整改日期</th><th rowspan="2">备注</th></tr>
<tr><th>合规</th><th>不合规</th></tr>
<tr><td colspan="13">B. 部级规定</td></tr>
<tr><td></td><td></td><td></td><td></td><td></td><td></td><td></td><td></td><td></td><td></td><td></td><td></td><td></td></tr>
<tr><td colspan="13">C. 国家标准 行业标准</td></tr>
<tr><td></td><td></td><td></td><td></td><td></td><td></td><td></td><td></td><td></td><td></td><td></td><td></td><td></td></tr>
</table>

（15）文件及记录控制

敦煌研究院针对内部文件，分别建立了文件审批规范、文件编写规范、记录文件管理、文件变更程序等，如表 9-13 所示。

表 9-13 受控文件变更记录

<table>
<tr><td colspan="2">敦煌研究院管理体系受控文件变更表格
编号：</td></tr>
<tr><td>文件名称：</td><td>部门：</td></tr>
<tr><td>文件变更编号：</td><td>页码：</td></tr>
<tr><td colspan="2">检验变更内容：
（*若可能，请包涵所有文件编号）</td></tr>
<tr><td colspan="2">更改原因： 请打钩 □编辑更改□其他</td></tr>
<tr><td>紧急：
是□否□</td><td>建议生效日期：</td></tr>
<tr><td>审核者意见：
签名：
日期：</td><td>保卫处审核意见：
签名：
日期：</td></tr>
<tr><td>院长审核意见：
签名：
日期：</td><td>文件编号：
修改号：
生效日期：</td></tr>
</table>

（16）运行管理

安全管理体系是一套完整的管理程序，它是计划、实施、检查及改进共同组成的一个闭环、螺旋上升的模式。从建立管理的方针、制定管理目标开始，然后为实现该管理目标制定一套完备的管理制度并实施运行，同时对制度的运行情况进行检查，对不合格的内容提出改进等，从而开始新一轮的循环，不断提高管理水平。

敦煌研究院在建立并运行安全管理体系过程中，从制度和人员两个方面进行管理。制度方面，根据敦煌研究院的实际情况，制定切合实际的管理目标，并根据该目标不断完善安全管理制度，并加以贯彻实施；人员方面，做好员工的教育培训工作、使之知晓安全管理的运行要求，并执行相关制度。

9.3 敦煌研究院风险管理

9.3.1 风险管理委员会组织结构及职责分工

当前敦煌研究院安全管理委员会在承担安委会工作的基础上，兼顾敦煌研究院风险管理委员会工作职责，负责组织和开展敦煌研究院风险管理工作；敦煌研究院风险管理委员会包括风险管理委员会主任、风险管理委员会总协调以及部门负责人，相应的职责与权力如下：

（1）风险管理委员会主任

院长作为风险管理委员会主任，负责风险的整体策划与统筹管理，履行如下职责与权利：

- 指定风险管理委员会总协调；
- 指定风险管理委员会构架内各部门职能负责人；
- 定期组织召开风险管理例会；
- 授权风险管理委员会总协调负责监督、收集各项风险执行措施的落实情况与进度；
- 指定风险降低 / 消除措施的责任人；

◆ 对风险执行过程中发现的问题进行决策；

◆ 对风险降低 / 消除措施提供支持，协调实施措施所需的人员、设备、财务与技术资源；

◆ 审核与监控风险降低 / 消除措施的执行情况与状态反馈；

◆ 在突发状况下，可临时召开风险管理会议。

（2）风险管理委员会总协调

风险管理委员会主任任命分管保卫处院领导作为风险管理总协调，负责风险管理执行过程中的上传下达，履行如下责任与权力：

◆ 在风险管理委员会主任不在情况下，代理主持风险管理例会；

◆ 对风险评估方法、模型进行定期分析与更新；

◆ 协助部门负责人对当前风险态势从安全保卫角度进行专业分析；

◆ 协助部门负责人对消除 / 降低风险可能性与严重性的执行措施进行分析；

◆ 分析本院整体风险等级、现阶段状况及发展趋势；

◆ 在风险管理委员会上向所有与会人员介绍风险态势及后期发展趋势；

◆ 协助主任每月 2 次定期召开风险管理委员会例会；

◆ 跟踪风险措施执行责任人的措施落实情况与执行效果；

◆ 监督本院风险评估表与措施执行状态表的更新；

◆ 对内部组织提供风险管理、风险辨识相关培训；

◆ 在突发情况下，要求管理委员会主任召开临时会议。

（3）部门负责人

各部门负责人作为风险管理委员会成员，同时也是风险措施执行负责人，履行如下职责与权力：

◆ 按时出席风险管理委员会例会，若因故无法出席，应提出申请并指派代表出席，并在事后向代表详细了解例会要求；

◆ 进行与自身相关的处 / 室 / 部门的风险辨识，列出所有风险；

◆ 进行与自身相关的处 / 室 / 部门的风险评估，分析风险发生的可能性和后果的严重程度，并得出风险等级；

◆ 在不熟悉风险评估程序时，向风险管理委员会总协调寻求帮助；

◆ 当被指定为风险降低 / 消除措施落实责任人时，根据措施要求与完成期限执行措施；

◆ 在风险降低 / 消除措施执行过程中，若有需要，向其他职能负责人寻求合作与协助；

◆ 在每次例会前向风险管理总协调反馈措施执行状况及效果；

◆ 根据要求，选派人员接受风险管理培训；

◆ 在突发情况下，出席管理委员会主任召开的临时会议。

敦煌研究院通过此风险管理委员会组织构架及对构架内人员赋予相应的权利和义务，每月进行风险的鉴定、评估与控制，从而保障全院风险的可控性。

根据风险管理委员会的各岗位人员的职责和分工，相应岗位人员在不同的风险管理流程中承担了不同的职责，主要职责划分为负责、执行和监督，具体职责划分如表 9–14 所示。

表 9–14 组织构架内人员在风险管理流程上的职责表

流程	风险管理委员会		
	主任（副主任）	总协调	各部门
风险管理策划	R，A	S	S
风险鉴定	S	R	A
风险严重性评估	R	A	S
风险可能性评估	R	A	S
风险降低措施执行	R，S	S	A
监控与持续改进	R，S	A	R
R 代表负责；A 代表执行；S 代表监督。			

9.3.2　敦煌研究院风险管理基本流程

敦煌研究院在风险评估工作开展前期，与第三方专业机构共同制定了一系列的访谈清单和调研问卷，随后按照既定计划开展现场调研工作。调研结束后，根据调研结果判定风险等级，为下一步敦煌研究院下属石窟安全状态的提升提供参考。

具体执行评估过程中，主要依靠现场调研、人员访谈、文件查阅等方式搜集和分析各石窟现阶段所面临的风险，并根据现阶段各石窟工作现状，分析各石窟可采取的风险控制措施和安全态势等级，具体工作流程如图 9–3 所示。

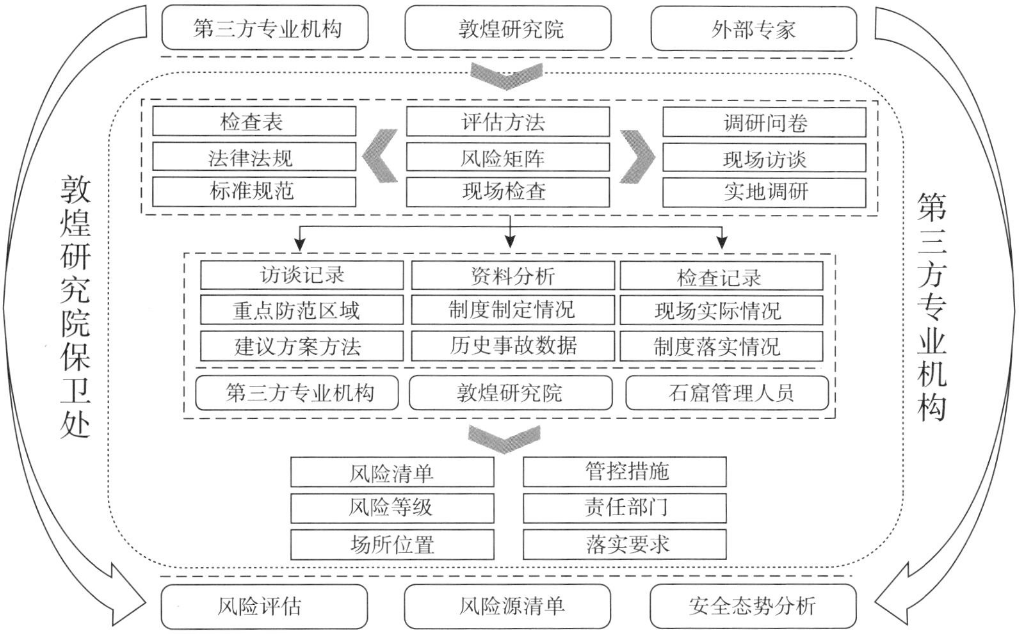

图 9–3　敦煌研究院风险评估工作流程

按照以上工作流程，具体风险评估工作共分为四个阶段：

（1）第一阶段

本阶段是项目实施前期的准备阶段，这一阶段需要有专业人员配合敦煌研究院保卫处制定风险评估的技术路线，确认风险评估方法和要求等内容，做好风险评估的前期准备。

（2）第二阶段

本阶段是项目实施的主要阶段，通过现场调研、访谈以及检查记录等方式，与各石窟的工作人员共同确认各石窟的风险源清单及其风险等级；在该阶段的实施过程中，通过与各石窟工作人员的交流与沟通，将风险评估的工作方法和技术要求等内容向其进行培训，并明确其风险评估的职责和任务。

（3）第三阶段

这一阶段是对第一阶段和第二阶段工作成果的总结和分析。以前两个阶段形成的成果为基础，形成各石窟的风险评估报告、风险清单以及管控措施清单。所形成的成果文件交由各石窟工作人员确认，特别是管控措施的负责部门及人员以及相应管控措施的可执行程度，必须由相关石窟具体工作人员确认并实施。

（4）第四阶段

本阶段主要是对风险评估成果的修改完善阶段，在前期成果的基础之上，根据各石窟工作人员和敦煌研究院保卫处的修改建议进行修改和完善，并就具有争议的地方进行深入交流和讨论，以确保所有风险评估结果及管控措施的落实要求得到各方的认同。

通过四阶段的风险评估工作的组织和实施，可以尽可能全面的辨识评估出各石窟可能存在的各类风险，并可以与风险管控措施的具体执行人员确认风险管控措施的可执行程度，确保风险管控措施的具体落实，由此既可以全面评估可能存在的风险，又可确保风险管控措施的执行和落实，实现整体风险处于可控状态。

9.4 敦煌研究院应急管理

应急处置体系与模型构建是指建立敦煌研究院应急管理模型，设立标准应急响应机制，针对各类事件建立相应应急流程，确保在警情发生后，应急响应人员各司其职，能迅速有效地进行应急处置。

敦煌研究院根据风险评估结果，研究框定敦煌研究院事故类型，结合应急机构与职责、制度、标准及应急流程，编制突发事件总体预案及其他专项应急预案，如表 9-15 所示。

表 9-15　突发事件应急准备及响应程序

应急准备与响应			
YJ-01	管理机构与人员职责及权限	YJ-06-07	突发事件人员疏散预案
YJ-02	应急响应级别规定	YJ-06-08	售票处人员聚集处置预案
YJ-03	应急准备程序	YJ-06-09	危化品泄漏应急预案
YJ-04	应急响应程序	YJ-06-10	馆内办公场所 / 营业场所应急预案
YJ-05	应急物资使用与库存管理	YJ-06-11	密闭场所消防救援应急预案
YJ-06	专项应急预案管理方案	YJ-06-12	电气事故应急预案
YJ-06-01	藏品 / 展品盗窃应急预案	YJ-06-13	爆炸物处置预案
YJ-06-02	藏品 / 展品抢劫应急预案	YJ-06-14	火灾事件处置预案
YJ-06-03	食物中毒应急预案	YJ-06-15	人为破坏文物事件处置预案
YJ-06-04	馆内人群拥堵应急预案	YJ-06-16	停电处置预案
YJ-06-05	公众踩踏事件应急预案	YJ-06-17	防震减灾预案
YJ-06-06	突发个体 / 群众肇事事件应急预案	YJ-07	应急演练

敦煌研究院梳理了详细的应急管理委员会的行动、汇报交流流程与现场应急行动小组的执行流程，编制了相应记录文件来规范流程的实施，完善了应急设施设备的定期检查、保养与使用登记流程等程序及制度。

演练是对预案进行优化和调整的有效手段。敦煌研究院在完善应急预案的基础上，还配套编制了应急演练计划，针对实际最有可能发生的各类风险事件进行演练、培训。年度演练计划地点覆盖了办公场所、开放景区、未开放景区；人员覆盖所有院内工作人员（以保卫处为主），同时覆盖游客和部分外部机构力量；演练方式分为全告知型、半告知型和不告知型三类；类型涵盖最可能发生的事件，如火灾、人员踩踏等。

9.5　敦煌研究院安全管理与应急指挥平台

敦煌研究院已经建立了完整有效、自上而下层层落实的安全与应急管理体系，为进一步提高整体的安全与应急管理效率，敦煌研究院根据我国文博系统、消防系统、安防系统的相关标准及规范、国际博物馆协会（ICOM）、国际博物馆安全委员会（ICMS）等机构制定的博物馆管理标准，基于敦煌研究院现有的技术、管理资源，梳理并优化安全管理制度、流程，建成了一套集“事前预防、事发应对、事中处置、事后恢复”为一体，管理“标准化、精细化、规范化”、指挥“快捷化、高效化、科学化”的安全管理与应急指挥平台，实现洞窟、古建、观众的全保护，实现敦煌研究院及下属各单位的安全运行与监管的信息化，实现所有人员在统一的管理规则、统一的地理信息平台、统一的业务平台上资源共享、协同工作，提升敦煌研究院安全管理水平，同时提升监测和预防能力，提高辅助领导决策和智能指挥的能力，进而全面提升安全与应急综合保障能力，整个系统平台架构如图 9-4 所示。

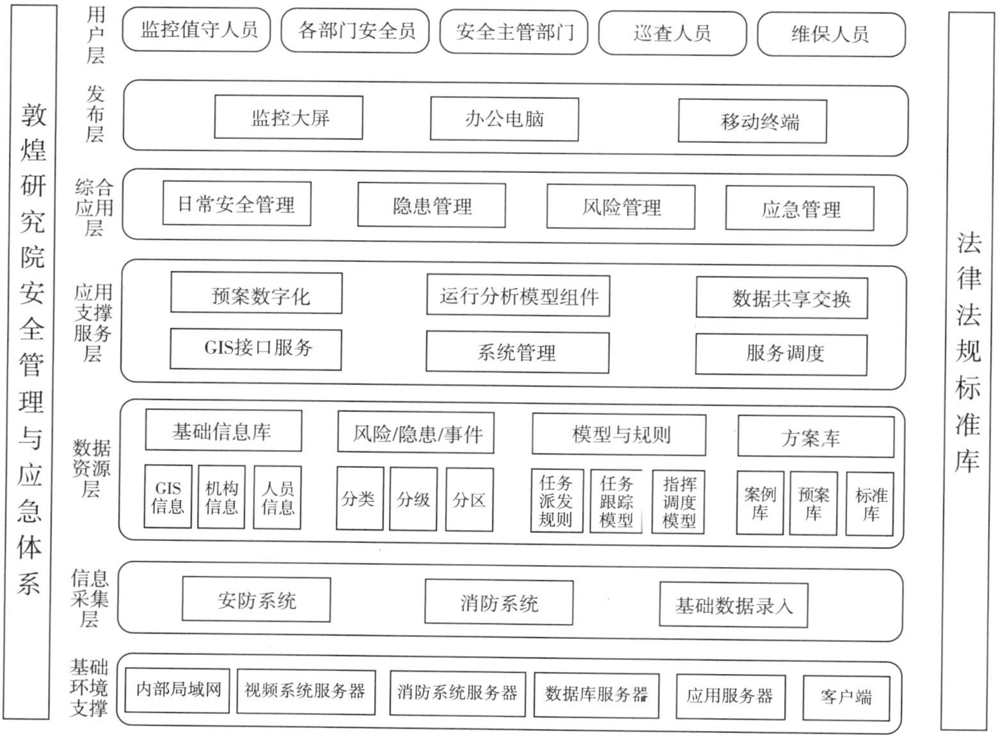

图 9-4　平台架构示意图

该平台是一套以敦煌研究院质量管理体系、安全管理体系和环境管理体系等日常管理要求为基础，基于消防系统、视频监控系统等技术系统建立起来的安全管理与应急指挥平台，平台包括安全运行与监管系统、集成监测与应急指挥系统和移动安全管理终端程序（APP）三大部分。

9.5.1　安全运行与监管系统

安全运行与监管系统可对敦煌研究院日常安全运行状况进行管理，主要可实现对日常安全、隐患及风险的管理，具体功能模块包括日常安全管理、隐患管理、风险管理、应急管理、集成管理、基础信息管理、知识库管理、统计分析以及系统管理九大功能模块。

（1）日常安全管理子系统

日常安全管理子系统可对全院日常安全工作进行管理，包括年度工作方案管理，安全检查、消防专项检查、培训教育与演练、奖惩管理、值班管理等功能。

◆ 年度安全工作方案管理

系统可自动管理下一年度的安全工作任务，利用系统可对年度工作任务的执行情况进行记录、发布和进度监控，可实现方案创建、方案审核、方案发布与推送、任务提示、进度反馈与审核等管理功能，系统界面如图 9–5 所示。

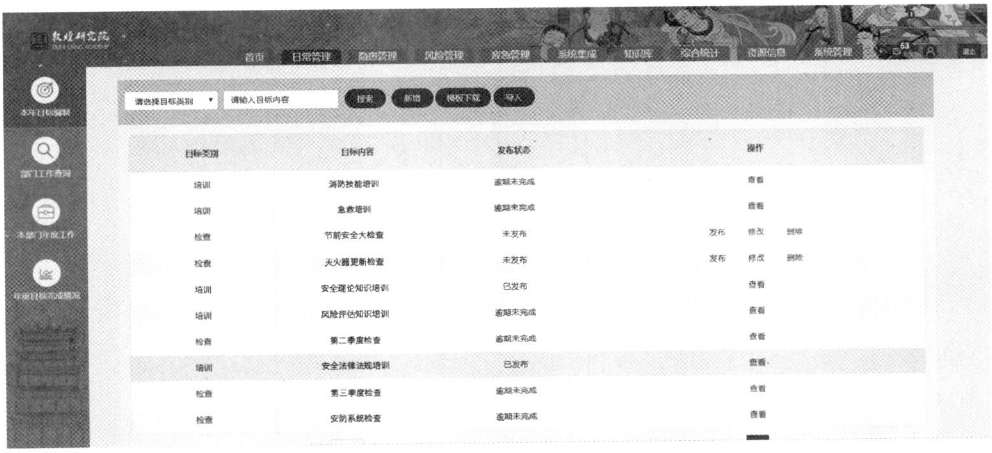

图 9–5　年度安全工作方案管理界面

◆ 安全检查管理

以安全管理体系为基础，针对安全管理体系管理要素，可利用系统制定和发布安全检查任务，并跟踪执行情况。安全检查功能模块下，包括日常安全检查任务维护、检查表维护、检查任务创建、检查任务发布与推送、检查任务提示、进度跟踪与审核等功能，系统界面如图 9–6 所示。

图 9–6 安全检查管理界面

◆ 培训演练管理

参照敦煌研究院管理体系要求，系统可针对院内安全培训和应急演练的计划、实施等进行管理，在系统平台内可发布、反馈培训教育和应急演练的任务，确保教育培训演练工作落实，系统界面如图 9–7 所示。

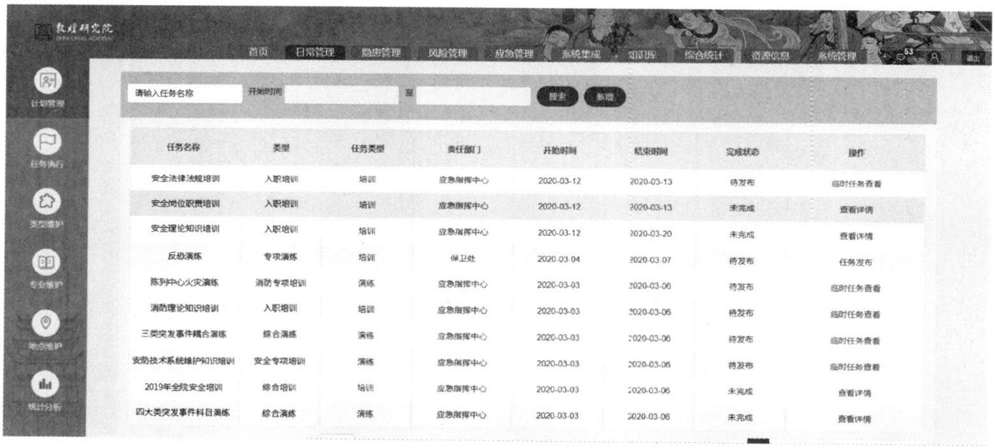

图 9–7 培训演练管理界面

◆ 奖惩管理

该功能模块根据敦煌研究院安全管理要求，实现院内安全工作的奖惩情况管理，包括奖惩规则维护、奖惩通告模板维护、奖惩记录审核、奖惩通告发布与公示等，系统界面如图 9–8 所示。

图 9–8　奖惩管理界面

◆ 值班管理

该功能模块可实现安全管理人员值班管理，包括值班日历维护、排班与发布，并将值班信息发送给相关人员，使所有值班人员了解当前值班人员信息，系统界面如图 9–9 所示。

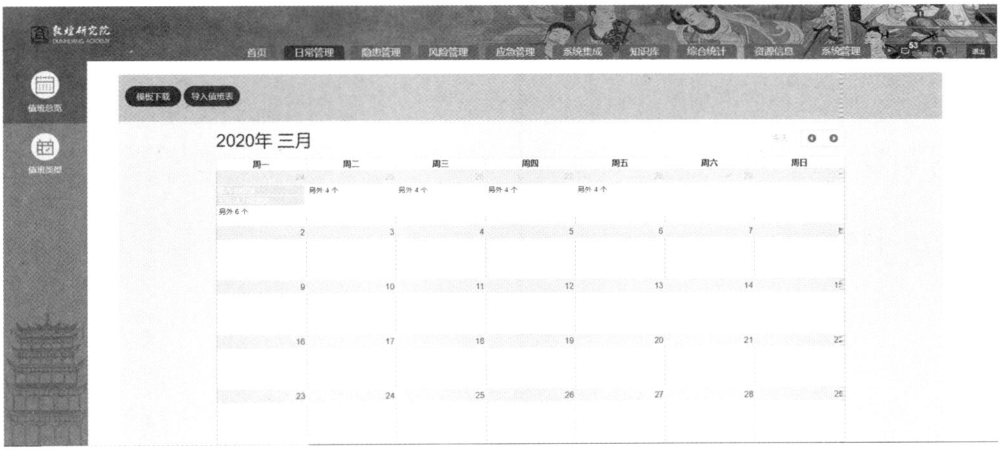

图 9–9　值班管理系统界面

（2）隐患管理子系统

隐患管理子系统按照 PDCA 式管理模式，可对消防、安防等方面存在的隐患进行闭环管理，通过与检查计划、检查通知、检查记录关联，实现隐患的发现、整改闭环流程管理。在该子系统模块下，实现隐患分级防控，建立常态化的隐患排查机制，以各部门隐患排查、保卫处（安委会办公室）隐患核查为主线，基于系统积累的数据实现隐患情况的分析，为专项重点治理提供决策支持。隐患管理子系统主要包括隐患记录、隐患整改、隐患审核、统计分析等方面，系统界面如图 9-10 所示。

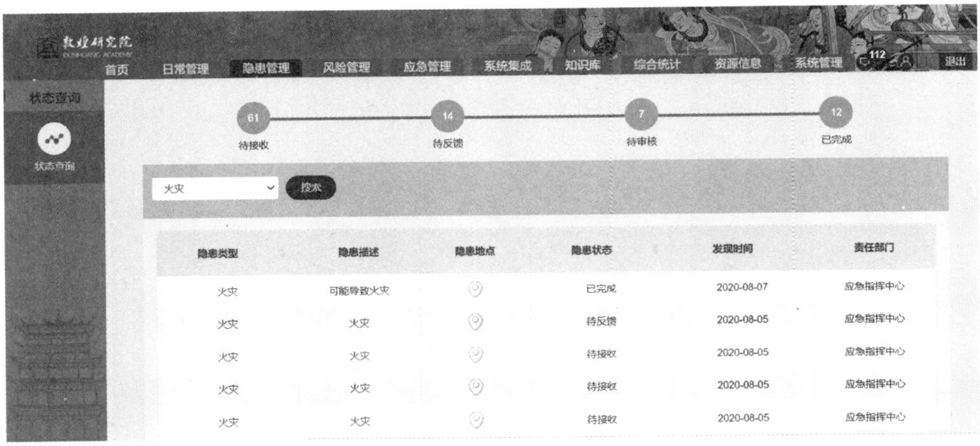

图 9-10　隐患管理界面

◆ 隐患记录

在隐患记录功能模块下，工作人员可利用自己的账号记录相应的隐患信息，并通过系统提交给隐患整改责任部门，并可在线查看本人记录的所有隐患数据以及隐患状态，系统界面如图 9-11 所示。

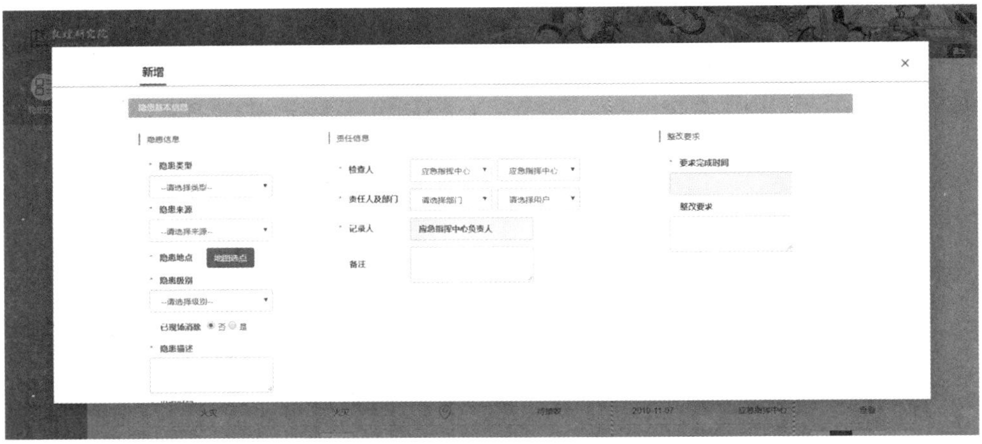

图 9-11　隐患记录界面

◆ 隐患整改

隐患整改责任部门可在线接收并反馈隐患信息，上传整改后的现场照片，并上报隐患的整改完成情况，系统界面如图 9–12 所示。

图 9–12　隐患整改界面

◆ 隐患审核

隐患整改任务在记录和派发时可明确相应的审核部门，具有审核权限的工作人员可在该功能模块下查看整改负责人提交的整改任务并审核该任务的情况，可根据隐患整改的完成情况决定是否审核通过，审核未通过的，可返回整改人继续整改，系统界面如图 9–13 所示。

图 9–13　隐患审核界面

◆ 统计分析

该功能模块可对隐患数据进行统计分析，可按照日期、类型、负责部门等进行不同维度的统计分析，系统界面如图 9–14 所示。

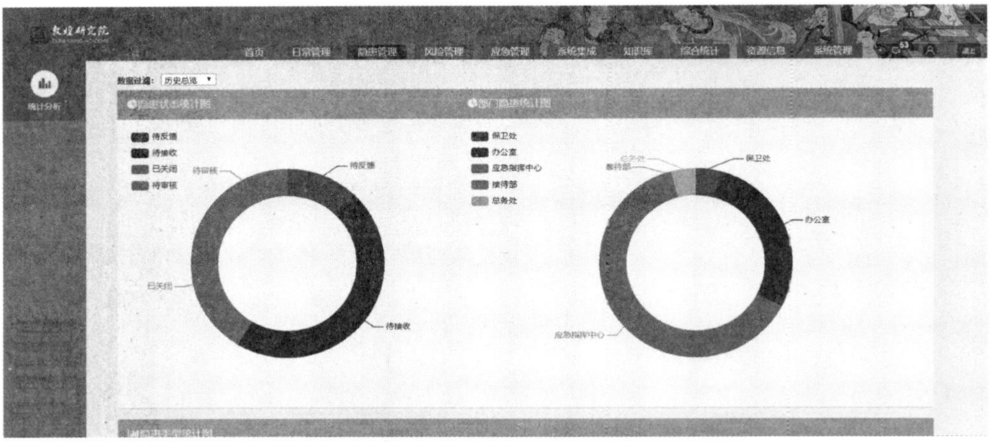

图 9–14　统计分析界面

（3）风险管理子系统

在风险管理子系统中可对风险源的基础信息、高危场所以及特殊时期进行管理。

◆ 风险源管理

该功能模块可将评估出的风险源情况上报至系统中。风险源数据包括风险源的风险类型、主责部门、风险控制措施等信息，并可在地图上标注相应的位置信息，系统界面如图 9–15 所示。

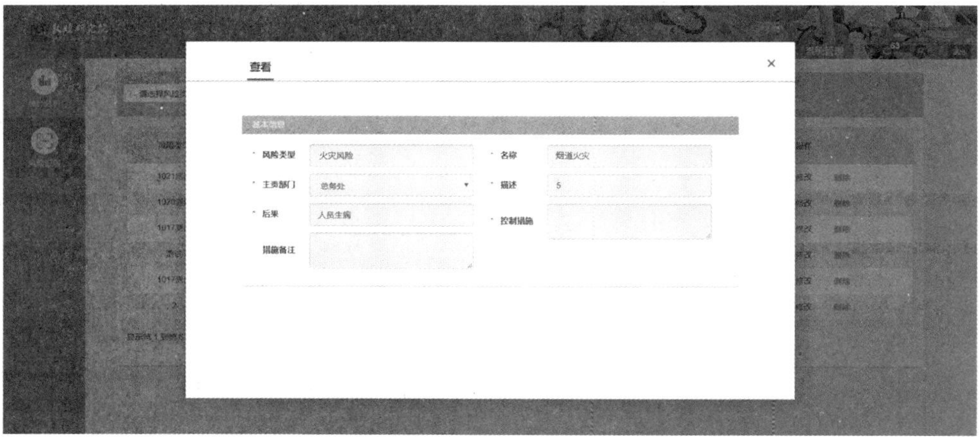

图 9–15　风险源管理界面

◆ 高危场所管理

系统可对院内变配电室、实验室、档案室等重点场所进行管理，实时展示各类高危场所的状态。场所信息可在二维 GIS 地图上进行分布展示，系统界面如图 9-16 所示。

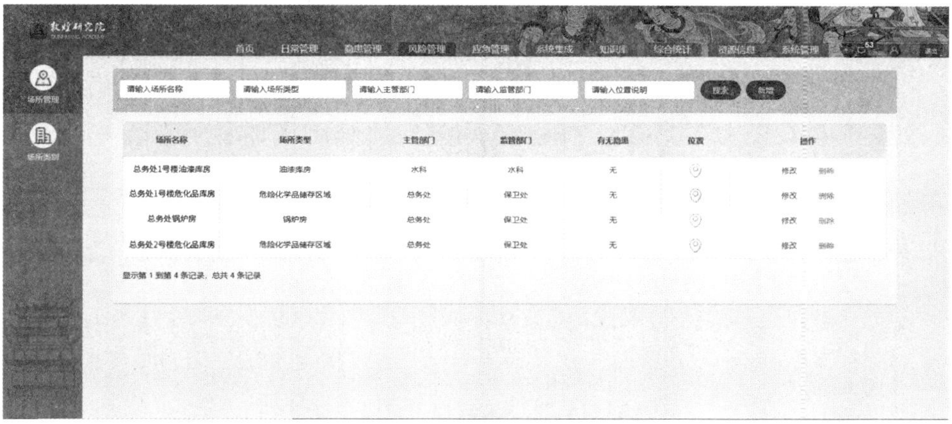

图 9-16　高危场所管理界面

◆ 特殊时期管理

针对异常天气、要人来访、重大活动等，系统可随时调取知识库管理模块中的特殊时期工作方案，结合实际情况更新并启动方案，下发各项工作任务到各责任部门，同时，实时展示各项工作任务的执行结果与工作进度，系统界面如图 9-17 所示。

图 9-17　特殊时期管理界面

（4）应急管理子系统

应急管理子系统同集成监测与应急指挥系统对接，可读取发生的突发事件信息，并可将突发事件的指挥过程和处置过程记录。系统可按照事件类型、发生时间等维度进行统计分析，系统界面如图 9–18 所示。

图 9–18　应急管理子系统界面

（5）集成管理子系统

集成管理子系统对现有消防、视频等技术系统进行集成和显示，对其相应数据进行汇总分析，实现对技术系统自身属性的管理以及技术系统监测的各类信号的及时获取和响应。集成管理模块通过接收及侦听集成的各类技术系统的数据以及录入的相关信息，实现对技术系统运行状况的监测及统计分析、集成和显示，并进行维护和查询，系统界面如图 9–19 所示。

图 9–19　集成管理子系统界面

（6）知识库管理子系统

知识库管理子系统集合了敦煌研究院现有的预案、特殊时期工作方案等知识，用以解决敦煌研究院日常安全管理、风险管理和应急管理中出现的问题，包括预案管理、风险策略与方案库管理等，系统界面如图 9–20 所示。

图 9–20　知识库管理子系统界面

（7）综合统计子系统

系统平台可利用搜集到的历史数据和其他系统的共享数据，制定不同的数据分析方案，采用可视化方式对数据进行展示。此功能可帮助管理部门及时发现异常点，系统界面如图 9–21 所示。

图 9–21　综合统计子系统界面

9.5.2 集成监测与应急指挥系统

（1）基于 GIS 地图的信息展现

敦煌研究院利用 GIS 系统将目前分散的消防系统和视频监控系统等整合在一起，同时将日常安全管理中的部分数据展示在地图中，可通过系统掌握整个敦煌研究院的安全管理状态，并可在突发事件发生后，利用 GIS 地图实现高效的应急指挥，实现事故管理、监测报警、预案关联、资源展示等功能，进而对敦煌研究院整体的安全与应急状况实现直观有效的监控和管理。

（2）应急指挥调度

事故处理时系统自动切换到应急指挥页面。显示事故信息并自动关联预案，预案转处置方案后，通过不同颜色表示派发结果。目前，系统关联的指令下发渠道包括移动 APP、对讲机、电话、手机等，下发方式为文本形式或语音形式，系统界面如图 9–22 所示。

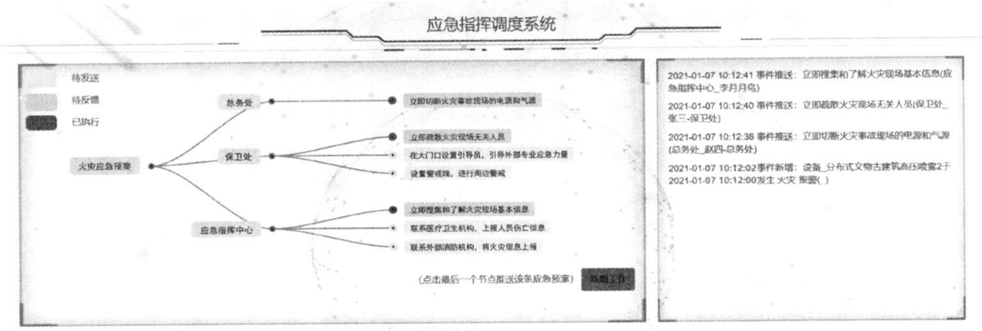

图 9–22　应急指挥调度子系统界面

9.5.3 移动安全管理终端程序

移动安全管理终端程序（即 APP 终端）可和安全运行与监管系统对接，对日常隐患进行上报和处理，可实现设备设施日常巡检管理，还可在应急指挥调度情况下充当指挥调度终端，接收和反馈相应的指令。

（1）隐患管理

工作人员在现场检查的过程中，如果发现问题，可以立刻通过 APP 终端上报隐患。该模块可对隐患进行列表显示，可按隐患的类型、时间、来源进行过滤、查询和排序。隐患整改实施人员可接收分配给自己的隐患整改任务；根据隐患整改的要求进行整改后，填写反馈整改情况，并上传整改后的图片作为整改效果验收的依据。通过自动过滤，整改审核人员可直接看到整改反馈后的隐患列表，并可查看和审核隐患整改的细节。如果隐患整改合格，将确认为“审核通过”，该隐患闭环。如果认为不合格，则确认为“继续处理”，此隐患整改任务属于未完成，需要再次进行整改处理。使用者根据自身权限，可按照隐患类型、时间、地点、状态信息进行隐患查询，并显示隐患列表；点击隐患记录，可直接进入隐患详情页面查看详情。

（2）安全检查

系统可根据计划推送巡检任务到各个移动终端，在巡查任务过程中，利用 GPS 定位监督或通过重点部位二维码扫描等方式，确保巡查人员到达巡查地点，一旦巡查人员发现问题可实时记录上报。

（3）应急指挥调度

一旦发现紧急情况，系统会展示所有人员位置，并根据人员位置（GPS 定位），合理分配紧急任务，将任务直接推送到相关人员的移动终端。任务推送到移动终端后，会在移动终端进行鸣音报警。现场人员按任务指示，进行现场的应急任务处理，处理结束后，反馈完成信息。

参考文献

安国瑞 . 2017-05-05. 非国有不可移动文物保护与利用须破解利益矛盾 [N]. 中国文物报，(003).

白晓辉 . 2013. 文物建筑防火等级分类研究 . 消防科学与技术，32 (001): 40-42.

曹明明 . 2019. 浅析博物馆文物管理中的文物保护措施 [J]. 文物鉴定与鉴赏 . (006): 112-113

陈安，陈宁，倪慧荟 . 2009. 现代应急管理理论与方法 [M]. 北京：科学出版社 .

陈安，李季梅，姚晓晖 . 2019. 基于改进风险九度分析模型的博物馆风险管理研究 [J]. 西南民族大学学报 (人文社会科学版), (4): 36-46.

陈安，李铭禄 . 2008. 现代应急管理的若干理论与实践新思路 [J]. 科技与社会，(23): 532.

陈宝智 . 2002. 安全原理 (第 2 版) [M]. 北京：冶金工业出版社，24.

陈国智，玉真 . 2019. 浅谈文博单位的消防安全管理 [J]. 低碳世界，195 (09): 381-382.

陈启慧 . 2010. 市场经济环境下文物管理体制和机制的思考 [J]. 黑龙江史志，(13): 167.

陈全 . 2018. ISO45001 : 2018《职业健康安全管理体系要求及使用指南》原理与实施 [M]. 北京：中国标准出版社，9.

陈馨 . 2012. 西汉南越王博物馆藏陶瓷枕 [J]. 文物，(11): 89-92.

陈志芬，黄靖玲，李亚 . 2019. 适应城市消防规划需求的火灾风险评估研究 [J]. 中国安全生产科学技术，15 (05): 187-193.

戴岫．2016. 浅论新时期博物馆安保管理 [J]. 中国公共管理，2016（22）：82–83.

戴晓莹．2013. 古建筑消防保护技术与消防设施选择．消防技术与产品信息，（05）：14–16.

丁福利．2015. 博物馆安全面临的形势与对策 [J]. 美与时代（城市版），（3）：14–15.

丁小峰．2019. 古建类博物馆文物保护单位消防安全 [J]. 中国博物馆．（1）：14–18.

樊锦诗，2014. 守护敦煌艺术宝藏，传承人类文化遗产——敦煌研究院七十年 [J]. 敦煌研究，（3）：1–5.

高庆华，马宗晋，张业成．2007. 自然灾害评估 [M]. 气象出版社．

郭宏．2003. 论文物保护科学研究的内容与方法 [J]. 文物保护与考古科学，15（3）：61–64.

国际文物保护与修复中心．2010. 世界遗产灾害风险管理 [M]. 北京：联合国教科文组织驻华代表处：8–9.

国家文物局，文化部，外交部，等．2012. 关于加强和改进文物安全工作的指导意见：文物督发〔2012〕7 号 [EB/OL]. http://www.gov.cn/zwgk/2012-12/18/content_2292924.htm.

国家文物局. 2008. 关于加强突发事件应急预案制定和落实确保文物安全的紧急通知：文物政发〔2008〕11 号 [EB/OL]. http://www.ncha.gov.cn/art/2008/12/26/art_2237_30901. html.

国家文物局．2018. 关于印发《不可移动文物认定导则（试行）》的通知：文物政发〔2018〕5 号 [EB/OL]. http://www.sach.gov.cn/art/2018/7/8/art_2190_40948.html.

过聚容．2006. 应急管理与危机管理运行机制的比较研究 [J]. 中国管理科学，14：806–809.

韩春梅，赵康睿，张心怡．2019. 城镇化进程中社会安全风险评估指标权重赋值研究——基于层次分析法 [J]. 中国人民公安大学学报：社会科学版，（3）：133–145.

贺定超．2018. 构建新时代应急管理协调机制研究 [J]. 劳动保护，（8）：33.

环境保护部信息中心．2013. 环境信息标准汇编．北京：中国环境科学出版社．

霍巍，杨锋，谌海霞．2016. 西藏重点文物保护单位的现状、潜在资源分析与保护对策 [M]. 北京：社会科学文献出版社．85.

孔敏．2017. 博物馆安全问题的现状与改进措施 [J]. 新东方，（5）：77–79.

雷阳．2016. 浅谈新形势下如何做好博物馆安保工作 [J]. 新西部，（32）：116.

李德山．2017. 故宫博物院基础设施现状与对策 [J]. 中国文物科学研究，000（001）：43–54.

李季梅，刘霞，姚晓晖等．2018. 国家公园安全事件监测预警现状、挑战与对策——基于多源信息集成共享的研究．科技促进发展，（9）：849–856.

李季梅，姚晓晖．2019. 风险驱动下的区域安全与应急一体化管理模式．科技导报，（16）：64–73.

李明凤．2017–06–20. 文物安全责任体系剖析 [N]. 中国文物报，003.

李明明，王勇，容波，王婷．2007. 基于 GIS 的秦始皇陵兵马俑文物保护数据库研究 [J]. 宝鸡文理学院学报（自然科学版），（03）：246–248.

李涛．2003. 现代防火技术在古建筑火灾预防中的应用 [J]. 中国消防，（004）：44–45.

李晓东．2005. 文物学 [M]. 北京：学苑出版社．4.

梁丽．1997. 关于安全行为科学的探讨 [J]. 中国安全科学学报，（002）：10–13.

刘宏，郑敏学．2017. ISO 14001&OHSAS 18001 环境和职业健康安全管理体系建立与实施（第二版）[M]. 北京：中国石化出版社，76–80.

刘起富．2008. 安全防范技术在文物安全工作中的作用及对文物系统安全管理的体会 [J]. 中国安防，（10）：104–109.

刘起富．2009. 文物安全防范技术问题探析 [J]. 山西警官高等专科学校学报，17（3）：5–8.

刘霞，李佩兵．2016. 大型复杂商业综合体恐袭社会脆弱性量表——基于上海国金中心商场 IFC Mall 的实证研究 [J]. 中国软科学，（10）：168–174.

刘玉珠．2017. 加强文物保护 坚定文化自信 [J]. 行政管理改革，（10）：15–20.

罗云．2011. 风险分析与安全评价 [M]. 北京：化学工业出版社，50.

蒙慧玲．2017. 古建筑消防安全保护技术 [M]. 北京：化学工业出版社．9.

宁利君，钱重阳，谢娟．2019. 石窟寺类文保单位风险分类研究 [J]. 安全，40（12）：54–58.

逄玮，张多俭．2016. 核地勘安全生产管理体系构建与提升的思考．探矿工程（岩土钻掘工程），43（08）：88–92.

田凯．2015. 博物馆整体安全观与博物院安全管理工作 [N]. 中国文物报，12-22（5）.

王运良．2008. 文物保护单位再认识 [J]. 中国文物科学研究，（1）：62–64.

王运良．2011a. 文物保护单位管理制度与中国文物特色——新中国文物保护制度的背景考察之一 [J]. 中国文物科学研究，（01）：22–26.

王运良．2011b. 文物保护单位制度与建国初的文物保护形势——新中国文物保护制度的背景考察之三 [J]. 中国文物科学研究，（03）：75–78.

吴晓妮．2017. 博物馆安防监控技术的实际应用分析 [J]. 艺术科技，（8）：419–420

肖建莉．2004. 保护的理性呼唤——中国历史文化遗产保护管理与法规政策研究 [D]. 上海：同济大学建筑与城市规划学院．

肖建莉．2008. 我国城市文化遗产管理中的利益相关者、产权结构和管理主体研究 [D]. 上海：同济大学建筑与城市规划学院．

肖建莉．2012. 历史文化名城制度 30 年背景下城市文化遗产管理的回顾与展望 [J]. 城市规划学刊，（05）：119–126.

徐智勇．2015. 学校安全管理过程内容与方法 [M]. 北京：北京师范大学出版社，1.

许铭，吴宗之，罗云，等．2014. 基于 LOP 模型的事故隐患分类分级研究．中国安全科学学报，（7）：15–20.

许铭．2018. 危险源和隐患的内涵辨析．安全与环境工程，25（3）：160–165.

阳勇，柯锐．2018. 关于加强博物馆安全管理工作的几点思考 [J]. 现代物业，16–17.

杨晓波．2017. 浅谈故宫博物院文化创意产品的国际推广 [J]. 四川文物，（06）：90–94.

姚晓晖，李季梅．2019. 基于事件全过程的应急决策模式研究及系统构建 [J].

安全，（11）：11–17.

仪明源．2017. 试论博物馆安全管理 [J]. 技术与市场专题研究，24（7）：423.

于群力，杨秋颖．2005. 文物病害与保存环境 [J]. 文博，（1）：24–27.

张德、陈国权．2011. 组织行为学（第二版）[M] 组织行为学（第二版）. 北京：清华大学出版社．168–178.

张磊．2017. 江苏省古文物建筑消防设施系统性设计研究．南京：东南大学．

张文波，侯卫东．2017. 国际文化遗产风险防范的理论架构与策略实施——《关于文化遗产风险防范的神户——东京宣言》评述 [J]. 建筑史，（2）：231–237.

张英．2011. 试论“三防”在博物馆安防工作中的重要性与新发展．丝绸之路，（024）：98–100.

张月超．2012. 我国世界文化遗产地监测体系构建研究．北京：北京化工大学．

张正模．2012. 环境监测系统在莫高窟保护与利用中的建立．兰州：兰州大学．

浙江省文物局，2006. 浙江省文物保护单位突发事件应急预案 [EB/OL]. http://wwj.zj.gov.cn/art/2006/7/7/art_1639072_35820050.html

中华人民共和国国家市场监督管理总局，中国国家标准化委员会．职业健康安全管理体系要求及使用指南：GB/T 45001–2020[S]. 北京：中国质检出版社．

中华人民共和国应急管理部．2019. 生产经营单位生产安全事故应急预案评估指南：AQ/T 9011–2019[S]. 北京：应急管理出版社．

朱明敏．2017. 文物保护单位保护规划中文物本体及相关概念刍议 [J]. 中国文化遗产，（6）：32–36.

邹怡情．2013. 文化遗产保护中的风险评估—以“台州府城墙”洪灾为例 [J]. 中国文物科学研究，（2）：51–53.

[英] 帕特里克．博伊兰．经营博物馆 [Z]. 国际博协中国国家委员会，中国博物馆学会．2010. 南京：凤凰出版传媒集团译林出版社．1–3.

ICCROM. 2016. The ABC Method: a risk management approach to the preservation of cultural heritage[I]. Government of Canada, Canadian Conservation Institute.

The International Organization for Standardization (ISO), 2018. ISO31000: 2018, Risk Management Guidelines[S], ISO.